Peter Dyckhoff · Das Kosmische Gebet

Peter Dyckhoff

Das Kosmische Gebet

Einübung nach Origenes

Kösel

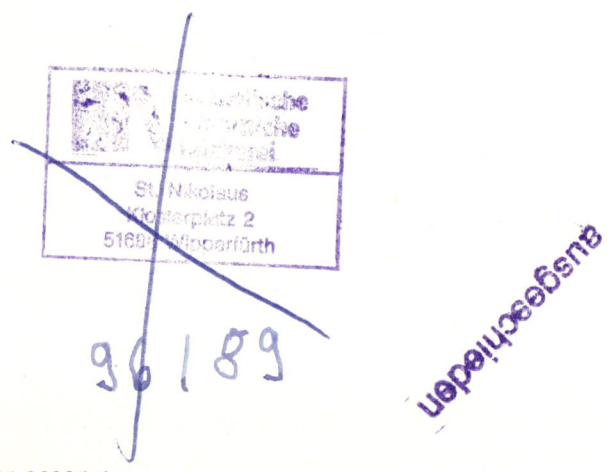

ISBN 3-466-20386-4
© 1994 by Kösel-Verlag GmbH & Co., München
Printed in Germany. Alle Rechte vorbehalten
Druck und Bindung: Kösel, Kempten
Umschlag: Elisabeth Petersen, Glonn
Umschlagmotiv: © Image Bank, München, Foto Hans Wendler

1 2 3 4 5 6 · 99 98 97 96 95 94

Gedruckt auf umweltfreundlich hergestelltem Werkdruckpapier
(säurefrei und chlorfrei gebleicht)

Inhalt

Vorwort von Henri Nouwen 9

Vom Gebet zum Kosmischen Gebet.
Hinführung zur Theologischen Meditation des Origenes . . . 15

Grund-legung 27
  1. Tue den ersten Schritt 27
    Wie soll man beten? – Was soll man beten? 28
  2. Was Voraussetzung ist 32
    Innere Einstellung 32
    Haltung 33
    Ort des Betens 34
    Himmelsrichtung 37
    Zeit 38
  3. Gegner des Gebetes sind »geschickt« 39
  4. Gebet als Chance, Umwege zu vermeiden 42
    Die Wahlfreiheit 42
    Eine aufsteigende Linie 42
    Ursache des Schicksals 44
  5. Über-geordnet 47

  6. Aufrichtigkeit und Ausrichtung auf Gott 48

  7. Die kosmische Dimension des Gebetes 50

     Vergeistigung der Seele 50

     Das Ruhegebet 54

  8. Gebet wird zum Leben – Leben zum Gebet 55

  9. Keiner betet allein 58

     Nichts geschieht rein zufällig 60

10. Widerstand 61

11. Wir bedürfen der Erinnerung 62

12. All-umfassende Wirksamkeit des Betens 63

     …im Leben Jesu 63

     …im Bauch des Wales 64

     …in meiner Realität 65

     …in der seelisch-geistigen Entwicklung 66

13. Gebetsarten 69

     Anrufung Gottes 70

     Bitten 70

     Gebete 71

     Fürbitten 72

     Danksagungen 72

     Lobpreisung 73

14. »Durch Ihn und mit Ihm und in Ihm« 73

15. Beten ist Aufbruch in ein neues Geheimnis 75

     Die Sehnsucht, geistig zu werden 75

     »Macht euch also keine Sorgen…« 76

     Symbole geistiger Wirklichkeit 78

16. Schatten – Zugabe des Wesentlichen 79

     Gesetze der Sonnenuhr 80

     Bleibende Werte 81

17. Schönheit und kosmische Weite der Seele 81

All-umfassendes Fortschreiten 85

1. Das Vater unser 85
2. »Macht es nicht wie die Heuchler...« 86
   ...und geht den bequemen Weg 88
   Äußerlichkeiten führen in die Irre 89
   Innerlichkeit führt zur wahren Erkenntnis 90
   Plappern ist ohne Sinn 91
   Einfach ist das Wort Gottes 92
3. Lebendige Verbindung 94
   Belichtung der Seele 95
   Gegenwart Gottes im Menschen 99
4. Urgrund Liebe 100
   Der individuelle Wesenskern 100
   Das Wesen offenbart sich 102
   ...auch in der Wiedererinnerung der Seele 103
5. Gott-erfüllte Innerlichkeit 106
   Tiefe Freude 106
   Gefährlicher Trugschluß 107
   Spannungsfelder 109
6. »Dein Wille ...« 110
   Gabe und Auf-Gabe 110
   Aufgabe durch Christus 112
   Für eine Welt, die besser ist als diese 112
7. Unser überwesentliches tägliches Brot 115
   Nahrung für Seele und Geist 115
   Vor-Enthaltung 117
   Hunger nach dem Wort Gottes 117
   ...auf individuelle Weise 119
   Kommunion 120
   Nahrung des Bösen 121
   Heute ist nicht nur Jetzt 122

8. Persönliche Schuldschrift 124
   Der erste Schritt 124
   Verantwortung bejahen 125
   Ins reine kommen 127
   Lossprechen durch Ihn 129
9. Die Versuchung im göttlichen Plan 130
   Leichte Gegner: fehlgeleitete Triebe 131
   Dämonische Mächte 132
   Ob arm oder reich 133
   Ob gesund oder krank 134
   Ob angesehen oder geringgeschätzt 135
   ...alle werden versucht 135
   Auch die Theologen 136
10. Kosmische Sicht- und Denkweise 136
    Heilspädagogik Gottes 137
    Rückkehr ist Fortschreiten 141
    Niemand kommt in der Versuchung um 143
    Chancen durch unsere Freiheit 145
11. Gebet: Weg zur Erlösung 146

Nachwort von Tatjana Goritschewa 149

Zeittafel 153
Negative Einschätzung des Origenes 157
Positive Wertschätzung des Origenes 162
Quellen-Hinweise 172
Literaturverzeichnis 174

Vorwort von Henri Nouwen

»Das Kosmische Gebet« ist ein Buch, das die Höhe und die Tiefe, die Mitte und die weitreichende Ausstrahlung des Gebetes beleuchtet. Obwohl es unmittelbar durch Origenes, einen geistlichen Schriftsteller des dritten Jahrhunderts, inspiriert wurde – besonders durch seine Schrift »Über das Gebet« (233 - 234) – ist dieses Buch doch für Leser des zwanzigsten Jahrhunderts bestimmt und auf ihre aktuellen, konkreten Lebenssituationen und Fragen ausgerichtet.
Im »Kosmischen Gebet« zeigt Peter Dyckhoff nicht nur die zentrale Stellung auf, die das Gebet im Leben eines Christen einnimmt, sondern auch den all-umfassenden Wert des Gebetes.
Auf der Grundlage reichhaltiger biblischer und patristischer Texte zeigt er auf, wie alle Dimensionen des Lebens und alle Dimensionen des Gebetes miteinander verwoben sind – wie das nahtlose Gewand Christi.
Nachdem eine überzeugende Theologie des Gebetes auf der Grundlage der spirituellen Sichtweise des Origenes erschlossen wird, offenbart das Buch für den Leser einen unerschöpflichen Reichtum des Herrengebetes, des »Vater unser«. Wer ernsthaft auf der Suche nach Gemeinschaft mit Gott ist, den wird dieses Buch zutiefst erfüllen. Es zeigt eine reichhaltige theologische Grundstruktur, gibt Orientierung für das tägliche Gebetsleben und antwortet auf viele praktische Fragen. Insbesondere wird ein faszinierender, umfassender Ausblick

gewährt in die weite Dimension seelisch-geistigen Lebens – gleich einer herrlichen Landschaft. Das Buch erweckt in uns die geheime Sehnsucht, diese »Landschaft« zu unserem dauernden Aufenthaltsort werden zu lassen.

Bereits als ich zu lesen begann, wurde ich mit meinem eigenen, eher bescheidenen Gebetsleben konfrontiert. Der Begriff »kosmisch« war mir zwar vertraut – meine Gebete scheinen mir aber entfernt von dem zu sein, was kosmisch ist. Ich empfinde sie als ziemlich begrenzt und sogar unbedeutend. Mein Beten ist im allgemeinen unregelmäßig, eher dem Zufall überlassen, zestreut und manchmal ein bißchen langweilig.

Das Gebet nach Origenes, das im Loslassen besteht und durch eine tiefe Ruhe und alles umfassende seelisch-geistige Liebe gekennzeichnet ist, schien mir unerreichbar zu sein.

Aber allein die Tatsche, daß ich weiterlas und das Buch nicht mit Worten abtat wie »Vielleicht ist es für andere gut, aber bestimmt nicht für mich«, machte mir bewußt, daß mehr Verbindungen zu meiner eigenen Erfahrung bestanden als ich erwartet hatte. Immer wieder bekam ich kurze Einblicke in die geheimnisvolle Wirklichkeit, die beschrieben wurde. Ich begann, mich selbst zu fragen: Welche Bedeutung habe ich? Glaube ich daran, daß ich bereits vor meiner Geburt von Gott angeschaut und geliebt wurde – und daß ich von Gott angeschaut und geliebt werde, nachdem ich gestorben bin? Darf ich darauf vertrauen, daß mein kleines, enges und kurzes Leben Bestandteil einer liebevollen seelisch-geistigen Ordnung mit kosmischer Dimension ist?

Ist es mir voll bewußt, daß Gott Fleisch angenommen hat, um mir meine eigene seelisch-geistige Bedeutsamkeit als Mensch zu offenbaren und um mir die Gnade zu einem entsprechenden Leben zu schenken?

Diese Fragen führten mich zu einer größeren Selbstprüfung, auf die ich nicht vorbereitet war. Gleichzeitig wuchs allmählich die Erkenntnis, daß Gott mich sogar inmitten meines eher kleinlichen, zerstreuten und oftmals langweiligen Gebetslebens ermutigt – sanft aber beständig – das Göttliche in meinem Inneren zu leben.

Als ich über mein Gebetsleben der letzten Jahrzehnte nachdachte, wurde mir klar, daß sich in mir ein allmählicher Wandel vollzieht – ein Wandel von dem Versuch, alles das auszuschließen, was mich von Gott wegführt, bis hin zu dem Versuch, alles das einzubeziehen, was zu Gott gehört. Diese Veränderung schien mir kaum von Bedeutung zu sein. Jetzt weiß ich aber, welch ein außerordentlicher Unterschied für mich hierin besteht.

– Anstatt Gedanken oder Gefühle zu bekämpfen, die mich von Gott abzulenken scheinen, fühle ich mich jetzt – oft durch die gleichen Gedanken und Gefühle – eingeladen, geführt und tiefer hineingenommen in die Liebe Gottes.
– Anstatt mich darum zu sorgen, eine gute »Gebetszeit« zu haben, erfahre ich erfreulicherweise einige Augenblicke, in denen ich wirklich bete – unabhängig von Gedanken und Sorgen, die ich gerade habe.
– Anstatt ein schlechtes Gewissen zu haben, weil Konzentration und innere Sammlung fehlen, erfahre ich ein Gefühl der Dankbarkeit, daß Gott in mir ist, inmitten meines inneren Aufruhrs.
– Anstatt mir Sorgen um all die Menschen zu machen, für die ich beten sollte, finde ich mich bei ihnen – diese Menschen sind in meinem Herzen.

Es ist ein Wandel von einem Beten, bei dem das Ich in der Mitte steht, zu einem Beten, in dem Gott die Mitte ist. Ich bin weniger darum besorgt, »gut« zu beten, und habe auch keine Sorge, Zeit mit Gott zu »verschwenden«.

Ich stelle mir vor, daß Jesus von diesem Wechsel spricht, wenn er uns auffordert, Vater, Mutter, Bruder und Schwester zu verlassen und allen Besitz loszulassen, um mir viele Väter, Mütter, Brüder, Schwestern und Reichtümer zu schenken.

Zunächst empfand ich Schmerz beim Loslassen einiger mir nahestehenden Menschen, doch jetzt erfüllt mich Freude darüber, daß ich sehr viele Menschen aufnehmen darf, die mir anvertraut sind. Genau das ist es, was diese Veränderung im Gebet ausmacht: vom bewußten Ausklammern dessen, was beunruhigt und ablenkt, zur inneren Hinwendung zu dem, was anzieht.

Um diesen Wechsel geht es, wenn Peter Dyckhoff die Entwicklung vom »Gebet« zum »Kosmischen Gebet« beschreibt. Es ist dieser Wechsel, der uns letztlich erlaubt zu sagen: Gebet ist Leben, und Leben ist Gebet. Es ist dieser Wechsel, der das unablässige Gebet zu einer Wirklichkeit werden läßt.

Das »Vater unser« ist eines der ersten Gebete, die wir lernen, und eines der letzten Gebete, die wir beten werden. Aber es braucht nicht dasselbe zu bleiben. Es kann wachsen von *einem* Gebet zu *dem* Gebet, von Worten, die gelegentlich an Gott gerichtet werden, bis hin zu einem Gebet, das unsere immer größer werdende Gemeinschaft mit Gott zum Ausdruck bringt, von einem Tischgebet zum kosmischen Gebet, das die gesamte Schöpfung umfaßt. Peter Dyckhoffs Buch beschreibt, wie das »Vater unser« Hauptinhalt eines jeden Gebetes sein kann.

In meinem Leben – und ich nehme an, auch im Leben vieler anderer Menschen – ist die Entwicklung vom »Gebet« zum »Kosmischen Gebet«, vom »Vater unser« als *einem* Gebet zum »Vater unser« als *dem* Gebet keine geradlinige.

Es gab Augenblicke in unserer Vergangenheit, und es wird Augenblicke in unserer Zukunft geben, in denen unser Gebetsleben sehr trocken, oberflächlich und langweilig war und ist, und in denen uns die Vision des Origenes weit entfernt von unserem Alltagsleben zu sein scheint. Aber es gibt ebenfalls Augenblicke in unserer Vergangenheit, und es wird Augenblicke in unserer Zukunft geben, in de-

12

nen wir die persönliche Erfahrung machen, angehoben zu werden und spüren, daß uns die immerwährende Liebe Gottes umfängt. Dann können wir die seelisch-geistige Einheit von allem, was existiert, *ein-sehen*.

Gott gewährt uns in diesen Momenten einen Einblick in sein Königreich und gibt uns die Kraft, auch dann ein Leben im Glauben zu führen, wenn die Sonne durch die Wolken verdeckt ist.

Ich hoffe, daß dieses Buch in allen Situationen unseres Lebens zu einer Quelle der Zuversicht und des Vertrauens wird und vielen Menschen einen tiefen Glauben an die immer gegenwärtige Liebe Gottes vermittelt.

Vom Gebet zum Kosmischen Gebet

Hinführung zur
Theologischen Meditation des Origenes

Origenes fand zu einem Glauben, der dem Leben einen Sinn gibt.
Origenes ist nicht nur in der Lage zu begeistern, sondern umfassend
Antworten zu geben auf die mannigfaltigen und manchmal offenbar
fragwürdigen Geschehnisse im menschlichen Leben. Er überschrei-
tet mit seinen Aussagen über die Ursachenzusammenhänge die
Grenzen von Raum und Zeit, die Fixpunkte unseres Daseins: Geburt
und Tod. Origenes solidarisiert sich mit dem Schicksal und bejaht es,
da er weiß, daß dieses Wegstrecke ist zu einem neuen Ziel.
Damit diese unabänderlich zu gehende Wegstrecke, die neben all der
Schönheit der Schöpfung manchmal auch Leid, Hindernisse und Ir-
ritationen offenbart, leichter zu überblicken und zu gehen ist, bietet
Origenes in seiner Schrift »Vom Gebet« existentielle Hilfen an. Wer
diese Schrift verstehen will und die kosmische Dimension erkennen
möchte, sollte sich zunächst einmal in die Theologie, Denkweise und
Erfahrungen des Origenes einfühlen.
Es ist nicht das Ziel dieser Hinführung, das Werk eines der größten
christlichen Denker theologisch zu analysieren – Intention ist es, eine
Basis zu schaffen für einen praktischen Einstieg in die wohl älteste
christliche Mystik.

»Sein Werk ist eine theologische Meditation, nicht eine wissenschaftliche Textstudie im strengen Sinn« – so der französische Kardinal Henri de Lubac (Geist aus der Geschichte, 481).

Verborgenes Wissen

Wissen und Erfahrung gehören unweigerlich zusammen. Origenes ist äußerst zurückhaltend mit der Weitergabe einer tiefen Wahrheit, die sich ihm offenbarte. Er wollte sein Wissen nur dem jeweils individuellen Entwicklungsstand angepaßt weitergeben. Da dies aber in einer allgemein zugänglichen Schrift nicht möglich ist, hat Origenes sein Wissen mehr oder weniger verschlüsselt.

»Über andere Dinge haben die Apostel zwar gesagt, daß sie existieren, aber über ihre Beschaffenheit und Herkunft haben sie geschwiegen; offenbar, um unter den später Lebenden den besonders Eifrigen, die Liebhaber der Weisheit sind, Gelegenheit zur Übung zu geben, bei der sie die Früchte ihrer Begabung zeigen können: jene nämlich, die sich so vorbereitet haben, daß sie würdig und fähig sind, die Weisheit aufzunehmen« (Peri Archon I Praef. 3).

Paulus zum Beispiel verhüllt hinter 1 Kor 15,50 f. einen tieferen Sinn. Wer dazu fähig ist, wird sich die angedeutete Geheimlehre selbst herausarbeiten. Tiefere Geheimnisse können also, je nach den Umständen, ganz verschwiegen, angedeutet oder dargelegt werden.

Origenes weiß jedoch, daß jegliches Erkennen hier auf Erden »Stückwerk« ist im Vergleich zum unmittelbaren Erkennen Gottes, das später einmal weder durch Leiblichkeit noch durch Sinneserfahrung getrübt sein wird. Wir sind auf dem Weg – alles menschliche Wissen bleibt fragmentarisch.

Themen werden oft nur kurz angesprochen – Origenes möchte uns zunächst einmal damit allein lassen. An anderer Stelle greift er die Themen wieder auf und vertieft sie. Auf diese Weise möchte er eine Überfrachtung des menschlichen Geistes verhindern, einem Vergessen vorbeugen und vor allem das Wissen vertiefen. Besonders deutlich wird diese Lehrmethode an den sieben Gebetsbeispielen aus dem Alten Testament, die viermal – jeweils unter einem anderen weiterführenden Aspekt – wieder aufgegriffen werden (sh. Kapitel 12, »All-umfassende Wirksamkeit des Betens«). So führt Origenes ganz langsam auf der Grundlage unseres eigenen Gebetes in die über alles hinausführende kosmische Dimension.

Er spricht vom Aufstieg der Seele und von der immer größer werdenden Klarheit. Die damit verbundenen Erfahrungen und Erkenntnisse erhalten wir nicht durch Entrückung, sondern über eine gotterfüllte Durchgeistigung. Ekstase als Erkenntnisweg lehnt Origenes ab. Die Persönlichkeit darf niemals ausgeschaltet oder sogar vernichtet werden. Ziel ist eine spirituelle Realität jenseits der sinnlichen Erscheinungen.

Nicht Hoffnung oder Trost, sondern Einsicht in die Wahrheit und den tiefen Sinn des Weltzusammenhangs versucht Origenes zu vermitteln. Er bezieht sich hierbei insbesondere auf Bibelstellen, die einer höheren Kenntnis bedürfen als die der bloßen Schrift und der menschlichen Sprache (Joh 21,25; 2 Kor 12,4; Offb 10,4). Was hinter den Buchstaben der Heiligen Schrift verborgen liegt, kann sich nur durch das Gebet mit Hilfe des Heiligen Geistes als Geschenk offenbaren.

Origenes möchte mit seiner Schrift »Vom Gebet« aus den religiösen Vorstellungen des Durchschnittschristen herausführen. Er erwartet, daß seine Schrift, die viele praktische Ratschläge, Empfehlungen und Weisungen für das Gebet beinhaltet, nicht nur gelesen, sondern daß das Gesagte auch praktisch in dem von ihm dargelegten Sinn eingeübt wird.

Gott – Vernunftwesen – Kosmos

Die Gebetsschrift beinhaltet eine Theologie – sie ist bedingt Voraussetzung für den Einstieg in rechtes Beten – die immer wieder diese drei Schwerpunkte erkennen läßt: Gott – Vernunftwesen – Kosmos. Gott ist für Origenes nicht mehr der Gott eines einzigen Volkes wie im Alten Testament, sondern der Gott aller Menschen und der gesamten Schöpfung. Er bezeichnet Gott immer wieder als Vater, den Herrn des Weltalls oder Kosmos.
Die ganze Entwicklung des Menschen strebt zu dem alles erfüllenden Gott durch
– die Hinwendung des Geistes zu ihm,
– die Erhebung der Seele über den Körper,
– die Wiedervergeistigung der Psyche des Menschen,
– eine Erfüllung durch den über den ganzen Kosmos ausgegossenen Geist Gottes.
»Wir aber wissen, daß alle vernünftigen Seelen ihrer ›Natur‹ nach gleich sind, und behaupten, daß keine von ihnen böse war, als sie aus der Hand des Schöpfers aller Dinge hervorging, daß aber viele Menschen durch Erziehung, durch Verkehr und durch schlechte Reden in solchem Grad verdorben werden, daß die Sünde in einigen gleichsam zur anderen Natur wird. Deshalb glauben wir, daß es für das göttliche Wort nicht nur nicht unmöglich, sondern nicht einmal besonders schwierig ist, diese zur Natur gewordene Verderbtheit zu heben, wenn man nur das eine zugesteht, daß wir uns dem über allem waltenden Gott vertrauensvoll hingeben … Guter Wille, verbunden mit Übung, vermag nicht wenig« (Gegen Celsus III, 69).

Das Reich Gottes ist für Martin Luther das Reich der Sündenvergebung – für Origenes dagegen ist das Reich Gottes das Reich der Sündenüberwindung. Die Kluft zwischen beiden Auffassungen scheint unüberwindbar. Bei Luther bleibt die Sünde beim Menschen; sie wird von Gott nur nicht angerechnet. Bei Origenes strebt der Mensch nach dem Freiwerden von der Sünde: »Gott will nicht den Menschen durch Wegnahme des Bösen gutmachen, denn wo bleibt dann der freie Wille?« (Gegen Celsus IV, 3) Daß das Böse nur im freien Willen zum Guten wirklich besiegt werden kann, ist eine der bedeutendsten Erkenntnisse, die Origenes in das ethische Denken einbringt. Auch das Böse dient letztlich einem höheren Zweck: Es soll den Menschen zur Bewußtwerdung und zur Erinnerung des Guten führen (vgl. Peri Archon I 3,6).

Da jedoch uns Menschen das Gute nicht essentiell angehört, sind wir auf Grund unseres freien Willens in der Lage, uns in der Nachfolge Jesu Christi Gott zuzuwenden, oder aber uns durch Nachlässigkeit, Fehlentscheidungen und mangelnde Bereitschaft von Gott zu entfernen und dadurch auf ein tieferes geistiges Niveau herabzusinken.

Origenes ist bemüht, die Kluft zwischen Gott und Welt durch Stufen und Sprossen zu überbrücken, auf denen die erlösungsbedürftige Seele zum Himmel aufzusteigen versucht. Hierher »gehört folgerichtig auch der Gedanke, daß der Logos sich auf allen diesen Stufen und Sprossen inkarniert habe, daß er, wie den Menschen Mensch, so den Engeln Engel, und in Folge dessen der Seele, die auf diesen Sprossen zum Vater aufsteigt, zur lebendigen Himmelsleiter, zum kosmischen ›wahren Weg‹ wurde« (Hans Urs von Balthasar, Geist und Feuer, 18). Die Erschaffung der stofflichen Welt ist für Origenes eine Konsequenz der Sünde, wobei »Sünde« nicht im engen moralisierenden Sinn, sondern in der ursprünglichen Sprachbedeutung von »Sonderung«, »Absonderung von Gott«, aufzufassen ist.

Gott will, daß alles gut sei (vgl. Gen 1,31). Sein Ziel ist das Heil des Menschen. Strafen im Leben dienen dem Guten; sie sind Erziehungsmittel in der Entwicklung. Die Strafe zieht sich der Mensch selbst zu. Gott lenkt die Konsequenzen der Fehlentscheidungen in eine heilsame Bahn (vgl. Peri Archon II 9,8). Der Ablauf des Schicksals ist auf die Zeit und das Dasein nach dem Tod weiter ausgedehnt. Hier breitet sich die Summe der unserer Seele eingeprägten Fehlentscheidungen als »Geschichte unserer Untaten« (Peri Archon II 10,4) vor uns aus. Von dieser Offenlegung wird das Gewissen gequält, da es sich aus der kosmischen Harmonie ausgesondert fühlt.

Unter den christlichen Denkern ist Origenes der erste, der sowohl die Geschichte des Menschen als auch die des Universums in den Rahmen einer umfassenden kosmischen Entwicklung hineinstellt, auf deren Ziel die Entfaltungsmöglichkeiten der Seele ausgerichtet sind. Der Mensch ist das entscheidende, sinngebende Element des Kosmos. Da sich aber der Kosmos in andauernder zielgerichteter Bewegung befindet, nimmt auch der Mensch an dieser Bewegung teil. Er steht nicht für sich allein. Wir sind als Glieder eines gewaltigen Organismus miteinander verbunden, denn »man muß, meine ich, das Weltganze, den Kosmos, gleichsam als ein ungeheuer großes Lebewesen ansehen, das wie in einer einzigen Seele von Gottes Kraft und Planung beherrscht wird«.

Der Schöpfungsvorgang erweist sich als freie, geplante Tat des gütigen Gottes – fortgesetzt bis zur »Wiederherstellung«. Hierunter versteht Origenes die Rückverwandlung des ganzen Kosmos in die Einheit Gottes, in der sich schließlich die echte »Sohnwerdung« des Menschen vollzieht.

Präexistenz der Seele

Was war vor dieser Welt, und was wird nach dieser Welt sein? – Antworten auf diese Fragen zu finden, ist für Origenes ein besonderes Anliegen. Immer wieder beschäftigt er sich mit der langfristigen

Entwicklung der Seele, denn hierzu wurde und wird in der kirchlichen Verkündigung keine einheitliche Linie vertreten. Über die Zukunft der Seele äußert sich das Christentum recht eindeutig; ein Blick auf die Zeit vor der Geburt wird aber nicht gewährt.

Origenes nimmt eine Präexistenz der Seele als Quellort und Ursache irdischen Daseins an, das heißt er vertritt die Auffassung, daß die Seele bereits vor der Geburt und auch vor der Zeugung des physischen Körpers existiert. Hierauf beruht sein ganzes Menschenbild. So ist es auch erklärlich, daß am Ende seiner Schrift »Vom Gebet« diese Thematik durchscheint.

Letzte Wahrheiten sucht Origenes nicht in der Philosophie, sondern im Christentum. Er findet seine Überzeugung an mehreren Stellen im Alten und Neuen Testament bestätigt: Ps 90,3; Jer 1,5; Joh 9,2; Röm 9,13 f; Eph 1,4; 2 Tim 1,9 u. a.

So wie der Morgen die Fortsetzung der am Abend zuvor begonnenen Arbeit fordert, oder wie der Landmann im Herbst erntet, was er zu einer anderen Jahreszeit gesät hat (vgl. Gegen Celsus IV 1,22), wirken beim Menschen frühere Taten oder Denkweisen fort und verlangen Möglichkeiten zum Reifen oder zur Korrektur. Da wir die Erde bereits mit einem vorbestimmten Schicksalsweg betreten, muß dieser die logische Fortsetzung unserer seelischen Existenz sein.

»Alle körperlosen und unsichtbaren vernünftigen Geschöpfe gleiten, wenn sie in Nachlässigkeit verfallen, allmählich auf niedere Stufen herab und nehmen Körper an je nach der Art der Orte, zu denen sie herabsinken… Auf der Leiter Jakobs (vgl. Gen 28,12) steigen die vernunftbegabten Geschöpfe allmählich bis zur untersten Stufe herab, das heißt bis zu Fleisch und Blut. Es ist unmöglich, daß einer mit einem Male vom hundertsten zum ersten Rang herabstürzt; er gelangt vielmehr durch die einzelnen Ränge wie auf den Stufen einer Leiter bis zum untersten Rang. Dabei wechselt er seinen Körper ebenso oft, wie er seinen Wohnsitz beim Abstieg vom Himmel zur Erde wechselt« (Peri Archon I 5,3).

Die präexistente Seele vereinigt sich entsprechend ihrer Entwicklungsstufe mit einem Körper, der genau diesem seelischen Profil angepaßt ist. Diese Inkarnation gibt der Seele die Möglichkeit, Versäumtes nachzuholen und im raum-zeitlichen Bereich gutzumachen, wo sie im präexistenten Bereich versagt hat.

Rückkehr ist Fortschreiten: Die gefallene Seele bewahrt die Sehnsucht nach jener Welt, in der sie vorher gelebt hat. Sie erweist sich als derart geschwächt und zerstreut, daß sie der Hilfe bedarf. Durch die lebendige Verbindung mit dem Wort Gottes erreicht sie einen großen Entwicklungs- und Erkenntnisfortschritt. Das Ziel der Seele ist das Ähnlichwerden mit Gott, die Wiederherstellung der zerbrochenen Ähnlichkeit. Selbst dann, wenn ein Mensch sein Leben nicht nach dem Sinne des Schöpfers ausgerichtet hat und in selbst verschuldeter Dunkelheit stirbt, besteht für ihn in der künftigen Weltzeit eine neue Chance der Heilung.

Ein Einwand gegen die Präexistenz der Seele aufgrund der Tatsache, daß wir von einem früheren Leben nichts wissen, ist ohne Bedeutung, denn auch an die ersten Erdenjahre nach der Geburt haben wir keine Erinnerung. Zu allen Zeiten war die Frage nach einer Präexistenz der Seele unüberhörbar – der heutige Mensch scheint in ganz besonderer Weise an ihr interessiert zu sein, da er in seiner individuellen geistigen Entwicklung weit stärker gefördert wird und somit auch eher seine Grenzen erkennt als dies jemals der Fall war. Verdient nicht das Christentum eine hohe Wertschätzung, und ist es nicht von großer Bedeutung, in frühester Zeit schon auf Fährten zu stoßen, die zu einem Verständnis von Schicksalsabläufen führen und Antworten geben auf Fragen, die brennender sind als je zuvor?

Prägender Einfluß

Hans Urs von Balthasar spricht von außerordentlicher Wichtigkeit der Lehren des Origenes, da »sie einen Blick gestatten in das ungeheuere kosmische Bewußtsein von Origenes, welches zum ersten- und letztenmal in der christlichen Denkgeschichte den Horizont des Geschichtlichen maßlos erweitert und in eine unabsehbare Schicksalsebene mit Gerichten, Erlösungen, Sündenfällen den Blick öffnet« (Geist und Feuer, 25).

Konsequent von der Bibel her sucht Origenes sein Weltbild zu festigen und für das kirchliche Christentum nutzbar zu machen. Als ein unermüdlicher Anwalt der Kirche schrieb und warb er im Grunde für eine Kirche der Zukunft. Zwar nimmt er weitestgehend Rücksicht – sprengt jedoch durch sein mutiges Vorgehen für viele den Rahmen der kirchlichen Tradition. Durch ihre Verurteilungen (Anathematismen) in den Jahren 543 und 553 zeigte die Kirche jedoch, daß sie das Bild des Origenes von einem überaus gütigen Gott nicht nachvollziehen oder teilen konnte. Der Kirche, die mehr und mehr Dogmen aufstellte, wurde durch diese beginnende Einengung der Zugang zu der von spiritueller und kosmischer Weite erfüllten Lehre des Origenes versperrt: der Lehre von der Wiederbringung aller Dinge und der Wiederherstellung des Kosmos.

Nahezu unumstritten und hoch wertgeschätzt war seine Bibelauslegung. Der Widerstreit jedoch entzündete sich an seiner metaphysischen Lehre von der Präexistenz der Seele und seiner Nähe zur griechischen Philosophie. So wurden einige seiner Aussagen seinerzeit als Irrlehren verstanden. Es gibt nur wenig Menschen, die so viel Freunde und so viel Feinde hatten wie Origenes. Am Ende des Buches kommen als Folge der Wirkgeschichte seiner Lehre Stimmen für und gegen ihn zu Wort: »Negative Einschätzung und positive Wertschätzung des Origenes«.

300 Jahre nach seinem Tod wurde er verurteilt. Sein Geist hatte jedoch das kirchliche Denken bereits in einem solche Maße beeinflußt, daß diese Verurteilung zwar der Überlieferung seiner Schriften, jedoch nicht mehr der Überlieferung seiner Gedanken schaden konnte. Seine Theologie hat sich bis heute ihren wichtigen Platz im kirchlichen Denken bewahrt. Namhafte Theologen setzten und setzen die Arbeit des Origenes fort. Sowohl im Katechismus (»Ecclesia Catholica«) als auch im Lektionar zum Stundenbuch wird an vielen Stellen aus den Werken des Origenes, insbesondere aus seiner Gebetsschrift, zitiert.

Warum »kosmisches« Gebet?

»Kosmos heißt auch die Gesamtheit, die aus Himmel und Erde besteht ... Die Gesamtheit dessen, was ist und existiert, das Himmlische und das Überhimmlische, das Irdische und Unterirdische, ist als ein vollkommener Kosmos im allgemeinen Sinn zu bezeichnen« (Peri Archon II 3,6). Origenes sucht die göttlichen Ordnungsgesetze zu ergründen, denen sowohl der Kosmos als auch die Psyche der einzelnen Menschen unterliegen. Für ihn hat die enge Beziehung zwischen Kosmos und Seele eine außerordentliche Bedeutung, denn der Mensch ist das entscheidende, sinngebende Element des Kosmos. Da der Kosmos sich in kontinuierlicher zielgerichteter Bewegung befindet und der Mensch ein Teil dieses Kosmos ist, führt das rechte Gebet unweigerlich zu einem »kosmischen« Gebet.

Origenes vermittelt eine klar gegliederte, systematische Einleitung und Hinführung zu diesem kosmischen Gebet und geht auf alle Fragen ein, die den Ursprung, das Wesen, die Form, den Inhalt und die Praxis betreffen. Er möchte die Notwendigkeit des Betens und den großen Nutzen für den, der in rechter Weise betet, bewußt machen. Das Gebet nimmt den ganzen Menschen innerlich in Anspruch; Leben und Gebet gehören zusammen. Daß der Mensch überhaupt zu einem wirksamen Gebet fähig ist, verdankt er dem gnadenhaften Charakter seiner Gott-Ebenbildlichkeit.

Origenes führt über notwendige Gebetsvorbereitungen, zu denen eine größtmögliche Aufrichtigkeit, Lebenswahrhaftigkeit und die Aussöhnung mit anderen gehört, nach und nach in höhere Gebetsweisen. Steht das Gebet mit dem Heilsplan Gottes im Einklang, wird es auf jeder Stufe Frucht bringen: Der noch verschattete Teil der Seele wird lichter, der Horizont weiter, das Verstehen größer. Tägliches Leben, selbst unter schweren Belastungen, wird lebenswerter und heiterer – getragen von innerer Ruhe. Zunächst wird der Boden bereitet für das Erblühen verborgener oder vernachlässigter Lebensqualitäten; Verdrängtes tut sich wieder auf. Die Fähigkeit zur Unterscheidung wird geschärft, die Entschiedenheit gefördert, unser Überblick größer. Die Liebe zu uns selbst, zu anderen Menschen, den Tieren und der ganzen Schöpfung wächst in einer solchen Weise, daß Verfehlungen, negative Eingriffe oder gar Zerstörungen unmöglich werden. Gott wird nicht mehr in Frage gestellt. Seine liebende Gegenwart wird auch da gespürt, wo man früher an ihm zweifelte.

Auf dem Weg zum Kosmischen Gebet ist es absolute Voraussetzung, eine bildliche Gottesvorstellung aufzugeben. Origenes sieht in einer solchen Loslösung den einzigen Weg zum wahren Gebet, das er als ein inneres, letztlich wortloses Gebet beschreibt. Die Aufgabe eines konkreten Bildes von Gott führt zu geistigem Wachstum der Seele und somit zu geistiger Gotteserkenntnis. Origenes geht es darum, daß der Meditierende durch das Kosmische Gebet, das zu einem immerwährenden Gebet geworden ist, zu einer inneren Erfahrung der göttlichen Wahrheit geführt wird, die sich dann auch außerhalb des Gebetes offenbart – nicht nur im Denken, sondern auch jenseits aller rationalen Verstehbarkeit. Stets dürfen wir der liebenden Zuwendung Gottes gewiß sein. In seiner Theologie und Praxis des Gebetes beschreibt Origenes erstmals eine solch mystisch-kosmische Erfahrung. Selbst wenn dieser Zustand, oder besser: die Erfahrung, noch nicht bleibend und andauernd ist, erfahren wir doch – wenn auch vorerst nur in Lichtblicken – die allem zugrunde liegende göttliche Dimension, die Liebe ist. Unser Gebet beginnt, zu einem kosmischen zu werden.

Gott antwortet, indem er der Seele seine Gegenwart mitteilt und sie in einen seligen Zustand versetzt. Hierbei wird der verborgene, noch dunkle Seelenteil erhellt, so daß die Gottesebenbildlichkeit wieder transparent werden kann. Zunächst für den Augenblick des Gebetes erreicht die Seele den Zustand, zu dem sie erschaffen worden ist. Durch Kontinuität, Ausdauer und Beständigkeit im Beten wird ganz allmählich dieser befreiende, erhebende und glückliche Zustand der Seele ein bleibender, auch außerhalb der Zeit des Gebetes. Wir leben jetzt im allumfassenden Gebet – in bewußter Gemeinschaft mit dem ganzen Kosmos und ständiger geistiger Verbundenheit mit Gott.

Grund-legung

1. Tue den ersten Schritt…

Der Mensch als sterbliches Vernunftwesen kann die zentrale Frage nach dem Sinn und den Seinszusammenhängen allen Lebens letztlich nicht selbst beantworten.
Vieles von Gott in Weisheit Geschaffene bleibt für ihn unfaßbar und unerreichbar. So ist durch Gottes unermeßliche Gnade Jesus Christus zum Mittler göttlicher Liebesenergie geworden. Unerreichbares wird erreichbar durch seine göttliche Weisheit und Gerechtigkeit – Unmögliches möglich, indem er befreit und heilt.

> Denn welcher Mensch kann Gottes Plan erkennen, oder wer begreift, was der Herr will? Unsicher sind die Berechnungen der Sterblichen und hinfällig unsere Gedanken; denn der vergängliche Leib beschwert die Seele, und das irdische Zelt belastet den um vieles besorgten Geist. Wir deuten kaum, was auf der Erde vorgeht, und finden nur mit Mühe, was doch auf der Hand liegt; wer kann dann ergründen, was im Himmel ist?
>
> (Weish 9,13-16)

Jesus Christus war es vergönnt, alle Geheimnisse des Kosmos, der diesseitigen und jenseitigen Welt zu ergründen. Damit besitzt er eine

27

Weisheit, die durch menschliche Worte nicht auszudrücken ist, an deren Erfahrung er uns aber als Freund teilhaben läßt.

Wer von den Menschen kennt das Wesen des Menschen, wenn nicht der Geist des Menschen, der in ihm ist? So erkennt auch keiner das Wesen Gottes – nur der Geist Gottes. Wir aber haben nicht den Geist der Welt empfangen, sondern den Geist, der aus Gott stammt, damit wir das erkennen, was uns von Gott geschenkt worden ist. Davon reden wir auch, nicht mit Worten, wie menschliche Weisheit sie lehrt, sondern wie der Geist sie lehrt. (1 Kor 2,11-13)

Das Wahr-nehmen des Verborgenen und das Erfassen dessen, was hinter dem Sichtbaren geschieht, ist ohne die Erfahrung des Betens und damit der Hingabe an Gott nicht möglich.
Damit ein Gebet in diesem Sinne wirken kann, muß über die Art und Weise wie auch über die Inhalte und die angemessenen Gebetszeiten nachgedacht werden. Selbst Paulus, dem »einzigartige Offenbarungen« (2 Kor 12,7) zuteil wurden, stellte sich die Fragen:

Wie soll man beten? – Was soll man beten?

Hinweise zu Inhalten gibt es vielfältig:

Euch aber muß es zuerst um sein Reich und um seine Gerechtigkeit gehen; dann wird euch alles andere dazugegeben. (Mt 6,33)

Betet für die, die es nicht gut mit euch meinen. (Lk 6,28)

Betet, daß ihr nicht in Versuchung geratet! (Lk 22,40)

Wenn ihr betet, sollt ihr nicht plappern ... und viele Worte machen. (Mt 6,7)

Mit der Frage »Wie soll man beten?« ist die innere Verfassung des Betenden gemeint:

Ich will, daß die Männer überall beim Gebet ihre Hände in Reinheit erheben, frei von Zorn und Bedenklichkeit.
(1 Tim 2,8)

Wenn du nun deine Gabe zum Altar bringst und dir dabei einfällt, daß dein Bruder etwas gegen dich hat, so laß deine Gabe dort vor dem Altar liegen; geh und versöhne dich zuerst mit deinem Bruder, dann komm und opfere deine Gabe.
(Mt 5,23-24)

Entzieht euch einander nicht, außer im gegenseitigen Einverständnis und nur eine Zeitlang, um für das Gebet frei zu sein.
(1 Kor 7,5)

Und wenn ihr beten wollt und ihr habt einem anderen etwas vorzuwerfen, dann vergebt ihm. (Mk 11,25)

Trotz aller guten Gedanken, Absichten und entsprechender innerer Bereitung bleibt für den geistig unvollkommenen Menschen vieles offen. Wir wissen letztlich nicht, worum und wie wir in rechter Weise beten sollen. Und genau in dieser Hilflosigkeit »tritt jedoch der Geist selber für uns kräftig ein mit Seufzen, das wir nicht in Worte fassen können. Und Gott, der die Herzen erforscht, weiß, was die Absicht des Geistes ist: Er tritt so, wie Gott es will, für uns ein« (Röm 8,26-27). Gottes Geist in seiner großen Menschenliebe und Mitempfindung nimmt unsere Besorgnis und unser Lei-

den auf sich, wissend, daß »der vergängliche Leib die Seele beschwert und das irdische Zelt den um vieles besorgten Geist des Menschen belastet« (Weish 9,15).
Er legt bei Gott Fürsprache für unsere im Leib eingeschlossene Seele ein. Diese Hilfe des Geistes ist unabdingbar. Jenseits aller Worte, allen Denkens, jenseits des Verstandes betet zuerst der Geist. Dessen Geheimnis muß sich dem Verstand offenbaren und durch Erkennen bewußt werden, damit Weisheit aussprechbar und lehrbar wird.

Ich werde nicht nur mit dem Geist beten, sondern auch mit dem Verstand; ich werde nicht nur im Geist Gott preisen, sondern auch mit dem Verstand. (1 Kor 14,5)

Unser Verstand kann nicht beten und damit tiefere Zusammenhänge der Schöpfung erfassen, wenn nicht der Geist in uns vorher vernehmbar gebetet hat; »denn uns hat es Gott enthüllt durch den Geist. Der Geist ergründet nämlich alles, auch die Tiefen Gottes« (1 Kor 2,10).
Einer der Jünger ist sich dieser Zusammenhänge der rechten Art zu beten durch das Beten Jesu bewußt geworden – aber auch gleichzeitig der menschlichen Begrenzung und Schwachheit.

Jesus betete einmal an einem Ort; und als er das Gebet beendet hatte, sagte einer seiner Jünger zu ihm: Herr, lehre uns beten, wie schon Johannes seine Jünger beten gelehrt hat. (Lk 11,1)

Dieser Mann hatte durchaus verstanden zu beten; spürte aber jetzt, daß er einer noch viel höheren Ein-Sicht bedurfte, um diese Dimension zu erreichen. Er wußte bereits, daß Johannes einigen auserwählten Jüngern im Geheimen manches über das Gebet gelehrt hatte, was er in diesen tieferen Dimensionen geistig schauen durfte.
Wenn in einem reinen Herzen der Geist selbst zu Gott betet, dann sind diese Gebete ganz erfüllt von etwas Wunderbarem und Geheim-

nisvollem: wahrhaft im Geist entstanden und vollzogen, atmet in ihnen die Weisheit Gottes.

So betete sie lange vor dem Herrn. Eli beobachtete ihren Mund; denn Hanna redete nur in ihrem Herzen, ihre Lippen bewegten sich, doch ihre Stimme war nicht zu hören.

(1 Sam 1,12-13)

Höre, Herr, die gerechte Sache, achte auf mein Flehen, vernimm mein Gebet von Lippen ohne Falsch! ...
Rette mich, Herr, mit deiner Hand vor diesen Leuten, vor denen, die im Leben schon alles haben ...

(Ps 17: Ein Gebet Davids)

Herr, du warst unsere Zuflucht von Geschlecht zu Geschlecht. Ehe die Berge geboren wurden, die Erde entstand und das Weltall, bist du, o Gott, von Ewigkeit zu Ewigkeit. Du läßt Menschen zurückkehren zum Staub und sprichst: ›Kommt wieder, ihr Menschen!‹ ...

(Ps 90: Ein Gebet des Mose, des Mannes Gottes)

Eine Erörterung des Gebetes und die Einübung sind so verantwortungsvolle und bedeutende Aufgaben, daß sie unbedingt der Wegweisung und -begleitung des Vaters bedürfen, der Belehrung des Mensch-gewordenen Wortes und der Kraft des Heiligen Geistes.
Da wir uns als begrenzte Menschenwesen nicht anmaßen können, das Gebet letztlich in seiner kosmischen Weite ganz zu begreifen, sollten wir
– immer wieder um den Geist der tieferen Einsicht bitten,
– die in den Evangelien aufgezeichneten Gebete verstehen lernen,
– den oftmals theoretischen Text durch praktische Gebetsübungen unterbrechen,
– von Zeit zu Zeit innehalten und – wenn nötig – Fragen stellen.

✧ *Was versteht man unter diesseitiger und jenseitiger Welt?*
Die diesseitige Welt ist die, die wir mehr oder weniger durch unsere Sinne erfassen und durch unser Denken begreifen können. Die jenseitige Welt ist nicht von der diesseitigen Welt zu trennen, da sie bereits in ihr lebendig ist. Es ist – kurz gesagt – die geistige Welt, die wir auch die «himmlische» nennen, die ewig währt und alle Geheimnisse Gottes und der ganzen Schöpfung im Werden und Vergehen in sich trägt. ✧

2. Was Voraussetzung ist

Eine Einübung in das Gebet erfordert konkrete Anweisungen. Am wichtigsten ist die
– innere Einstellung des Betenden, sein Seelenzustand – dann
– die Haltung, die man einnehmen sollte,
– der Ort des Betens,
– die Himmelsrichtung,
– die passende Zeit.

Innere Einstellung

Das Gebet bedarf einer guten Bereitung. Es ist daher ratsam, schon vor der Gebetszeit anzuhalten, um sich innerlich vorzubereiten. Soweit es möglich ist, soll alles, was die Gedanken verwirren und vom Gebet ablenken kann, zurückgelassen werden. Die Vorstellung dessen, was wirklich im Gebet geschieht – dem überaus Großen, dem wir begegnen dürfen – möge helfen, alle Enge, Trägheit und Gleichgültigkeit abzubauen. In dieser Sammlung breiten wir gleichsam durch die geöffneten Hände unsere Seele vor Gott aus; durch das Schließen der Augen wird gleichsam unser denkender Geist ganz

Gott hingegeben, und indem wir uns aufrichten, um auch innerlich aufrichtig zu sein, lenken wir unsere Vernunft von der Erde empor, aufsteigend zum Herrn, der den allumfassenden Kosmos geschaffen hat. Diese vom innersten Wesen her nach oben ausgerichtete Bewegung schließt sowohl die Verzeihung für alles erlittene Unrecht und die Versöhnung mit ein als auch den Wunsch um Vergebung unseres Fehlverhaltens gegen ihn, viele Mitmenschen und die gesunde Vernunft.

✧ *Wenn ich aus einer bestimmten Situation heraus bete – hat dies eine andere Wirkung als ein vorbereitetes Gebet?*
Wie Sie sehen werden, möchte Origenes stufenweise eine Theologie und Praxis des Betens entwickeln, bis Gebet zum Leben und Leben zum Gebet wird. Eine gute Vorbereitung rechten Betens schließt eine Spontaneität keinesfalls aus, die oft aus wahrerem Herzen kommt als geplantes und gewolltes Beten. Origenes möchte jedoch, daß jegliches Beten aus einem tieferen und letztlich sensibleren Bewußtsein strömt, was eingeübt werden sollte. ✧

Haltung

Wenn Paulus über das Gebet sagt, daß die Hände in Reinheit erhoben werden sollen und man frei von Zorn und Bedenklichkeit beten müsse (vgl. 1 Tim 2,8), sind damit nicht nur dunkle Gefühle und Gedanken gemeint, sondern letztlich alles, was das Offensein für Gott hindert – auch die gesamte eigene Gedankenaktivität. Das Erheben der Hände in Reinheit ist daher nicht nur äußerlich zu verstehen, sondern weist gleichzeitig auf den erforderlichen inneren Zustand des Beters hin.
Die Haltung des Körpers mit ausgestreckten offenen Händen ist die eines Empfangenden. So spiegelt auch der Körper die besondere Beschaffenheit der Seele während des Betens wider. Man kann auch im Sitzen beten oder – bei Krankheit – im Liegen. Können wir uns im

Berufsleben oder auf Reisen nicht zurückziehen, ist es auch möglich, nur innerlich zu beten, ohne aufzufallen.

Alle äußeren Voraussetzungen für das Gebet haben nur dann eine wirkliche Bedeutung und einen Wert, wenn sie auch den inneren Zustand des Betenden ausdrücken. Die Verneigung oder die Kniebeuge bedeutet, daß wir Gott, der uns Vergebung und Heilung schenken möge, als den Höchsten anerkennen. So ist sie Symbol dafür, daß wir uns Gott gegenüber ver-danken.

> Daher beuge ich meine Knie vor dem Vater, von dem alle im Himmel und auf der Erde ihren Namen haben.
>
> (Eph 3,14-15)

Es gibt aber auch eine geistige Verneigung oder Kniebeuge, die im Namen Jesu geschieht und ganz umfassend für alle gilt, die sich Gott zuwenden...

> Damit alle im Himmel, auf der Erde und unter der Erde im Namen Jesu ihre Knie beugen.
>
> (Phil 2,10)

Wo auch immer man betet – jeder Ort ist zum Beten geeignet.

> Ich will, daß die Männer an jedem Ort beten. (1 Tim 2,8)

Ort des Betens

Um allerdings die für das Gebet notwendige Ruhe und Innerlichkeit zu unterstützen, und um jede Ablenkung weitestgehend auszuschalten, sollte in der Wohnung oder im Haus der ruhigste, »heiligste« Platz zum Beten ausgewählt werden. Unbedingt ist darauf zu achten, welche Geschichte dieser Ort hat, ob

– an dieser Stelle Ungutes geschah,
– anderen Schlechtes zugefügt wurde,
– Vorteile gesucht wurden auf Kosten anderer,
– gegen die Naturgesetze verstoßen wurde,
– etwas geschah, was diesem Ort anhaftet und ihn negativ belastet.

Eine derartige Be-lastung wirkt sich nicht nur auf den Betenden aus, der sich Gott ganz öffnen möchte, oftmals aber, ohne es zu wissen, negativen Kräften ausgesetzt ist – sondern auch auf das Gebet selbst, seine Ruhe, Tiefe und Innerlichkeit.
Noch etwas sehr Subtiles:
Ob man das gemeinsame Schlafzimmer als angemessenen Gebetsort wählt, ist zu überlegen. In diesem Fall sollte vor dem Beten offen mit dem Partner gesprochen werden, um im gegenseitigen Einvernehmen eine Zeitlang für das Gebet frei zu sein (vgl. 1 Kor 7,5).
Finden sich mehrere Menschen zum Gebet oder zur Meditation zusammen, entsteht eine besonders gute und bleibende Atmosphäre. Die »Kraft unseres Herrn« (1 Kor 5,4) und Heilandes wird auf besondere Weise spürbar unterstützt von guten Mächten – auch Engel genannt.

Hinzu kommen, wie viele Erfahrungen gezeigt haben, helfende Schwingungen, die sowohl von Lebenden als auch von Verstorbenen ausgehen.

Der Engel des Herrn umschirmt alle, die ihn fürchten und ehren, und er befreit sie. (Ps 34,8)

Gott, der mein Hirte war mein Leben lang, der Engel, der mich erlöst hat von jeglichem Unheil … (Gen 48,16)

Und so entsteht eine »doppelte Gemeinde«: die der Menschen und die der Engel; eine wunderbare Gemeinschaft, die »in demselben Sinn und in derselben Überzeugung« (1 Kor 1,10) zusammengekommen ist und »einen Leib in Christus« bildet (Röm 12,5). Dem Ort des gemeinsamen Gebetes kommt also, wie auch dem Gebet selbst, eine besonders wirkmächtige Bedeutung zu.

Es ist darauf zu achten, daß man sich nicht durch eine falsche Wahl dunklen Mächten aussetzt; denn den hiervon beherrschten Menschen wird die lebensunterstützende und aufbauende Dimension nicht zuteil. Treffen aber doch mehrere Menschen zusammen mit unguten Absichten und negativen Kräften, die sie umgeben, Menschen mit rein kommerziell ausgerichteten Zielen, entsteht eine durch und durch schlechte Atmosphäre. Es vervielfachen sich sogar noch die widergöttlichen Kräfte.

Wenn ihr kommt, um mein Angesicht zu schauen – ... Wenn ihr eure Hände ausbreitet, verhülle ich meine Augen vor euch. Wenn ihr auch noch so viel betet, ich höre es nicht.

(Jes 1,12 .15)

Wenn erst einmal dem Ungeist Raum gegeben wird, beherrscht er alles und läßt nicht mehr los. Außenstehende – mögen sie es noch so gut meinen – haben keinen Einfluß mehr gegen diese geballte Negativität. Die von dieser Fremdmacht bestimmten Menschen sind »von allen guten Geistern verlassen« und verlieren unweigerlich ihre übernatürliche Lebenskraft.

Es gibt Beispiele von Gruppen, ja sogar von ganzen Völkern, die durch falsche Ziele, Fanatismus oder Diktatur in die Irre geführt wurden und werden. Denn das, was sie zu haben glauben, wird ihnen letztlich auf sehr schmerzliche und tragische Weise genommen.

Gebt also acht, daß ihr richtig zuhört! Denn wer hat, dem wird gegeben; wer aber nicht hat, dem wird auch noch weggenommen, was er zu haben meint. (Lk 8,18)

✧ *Zum Ort des Betens habe ich zwei Fragen. Würde – extrem gefragt – mein aus einem tiefen Bedürfnis kommendes Gebet nahezu wirkungslos sein, weil in meinem Haus vor längerer Zeit ein Selbstmord geschah? Und was bedeutet es für mein Gebet, wenn ich nicht einmal Kenntnis habe von einem früheren Unheil?*
Wenn Ihnen ein tragisches Geschehen bewußt ist, nehmen Sie es zum Heil mit in Ihr Gebet. Denken Sie an die Karmelklöster in Dachau, Plötzensee und Auschwitz. Oft sind wir aber selbst so belastet, daß wir vorübergehend nicht in der Lage sind, die Schicksale anderer Menschen auf diese Weise mitzutragen. Dann sollten wir vorerst unbelastete Orte suchen oder dorthin gehen, wo viel gebetet wurde oder wird, um seelisch stabiler zu werden.
Empfinden Sie Ihr Gebet über längere Zeit als unfruchtbar, kann es viele Gründe dafür geben – so auch den Ort des Betens. Vielleicht erkundigen Sie sich einmal nach der Geschichte Ihres Hauses!✧

Himmelsrichtung

Die geographische Ausrichtung beim Beten ist nicht unbedeutend. Von den vier Himmelsrichtungen haben wegen des Sonnenuntergangs und des Sonnenaufgangs der Osten und der Westen eine besondere Bedeutung. Wer sollte da nicht ganz von selbst darauf kommen, daß man beim Beten sich symbolisch dahin neigt und die Seele hinschauen läßt, wo der »Aufgang des wahren Lichtes« ist? (Joh 1,9; Lk 1,78)
Das wahre Licht und die wahre Sonne ist Christus, der die Seele erleuchtet.
Als beim gemeinsamen Mahl Judas den Bissen Brot genommen hatte, ging er sofort hinaus, und es war Nacht für ihn, denn es war nun nicht mehr der bei ihm, dessen Name »Sonnenaufgang« ist. Beim Hinausgehen hatte Judas die Sonne der Gerechtigkeit verlassen (vgl. Joh 13,30).

Für euch aber, die ihr meinen Namen fürchtet, wird die Sonne der Gerechtigkeit aufgehen, und ihre Flügel bringen Heilung.

(Mal 3,20)

Es ist zwar verständlich, daß jemand – sollte nach Osten kein Fenster sein – lieber in Richtung eines Fensters und mit dem Blick zum Himmel betet als vor einer Wand. Häuser mit ihren Türen und Fenstern sind nach menschlichem funktionalen Ermessen geplant, die Richtung des Sonnenaufgangs ist Natur-gemäß. Der Blickkontakt zum Himmel ist also vordergründig; wesentlich ist die Hinwendung zum Osten – seien noch so dicke Wände zwischen dem Betenden und der Gegend des Sonnenaufgangs.

So sollte man erkennen, daß man, um dir zu danken, der Sonne zuvorkommen und sich noch vor dem Aufgang des Lichtes an dich wenden muß.

(Weish 16,28)

✧ *Es geht hier um das »Kosmische Gebet«. Wenn nun die Hinwendung zu einer bestimmten Himmelsrichtung wichtig sein soll: Ist dies nicht eine Einengung, also ein Widerspruch? Ist der Glaube an ein wirksameres Beten in Richtung Osten nicht nur Selbst-Suggestion?*
Auch wenn es um Kosmisches geht, ist es ganz und gar nicht unwichtig, an welchem Ort man beginnt. Sogar für Flüge in den Weltraum müssen besonders geeignete Startplätze gewählt werden.
In den meisten Kulturen beginnen Riten und Gebete mit der Hinwendung zum Osten, dem Aufgang des Lichtes. Die Apsis christlicher Kirchen weist ebenfalls nach Osten, was nicht nur Symbolcharakter hat, sondern dem Beten erfahrungsgemäß eine unterstützende Kraft gibt. ✧

Zeit

Dreimal am Tag sollte man sich für das persönliche Gebet oder die Meditation zurückziehen: jeweils möglichst zur Zeit des Sonnenaufgangs und des Sonnenuntergangs, sowie mittags, immer vor den Mahlzeiten. Trotz der ihm drohenden Lebensgefahr »verrichtete Daniel dreimal am Tag sein Gebet« (Dan 6,14).

Herr, am Morgen hörst du mein Rufen, am Morgen werde ich zu dir treten und Ausschau halten nach dir.   (Ps 5,4)

Petrus stieg auf das Dach, um zu beten; es war um die sechste Stunde.   (Apg 10,9)

Als Abendopfer gelte vor dir, wenn ich meine Hände erhebe.
(Ps 141,2)

Können diese Zeiten nicht eingehalten werden, ist auch jede andere Zeit zum Beten möglich.

3. Gegner des Gebetes sind »geschickt«

Viele Menschen halten das Beten für überflüssig, da sie meinen, hierdurch sei nichts zu erreichen:
– die reinen Atheisten, die die Existenz Gottes leugnen,
– die, für die es keine göttliche Vorsehung gibt,
– einige Menschen, die an Gott und seine unbeeinflußbare Vorsehung glauben.

Es ist vordringlich, sich insbesondere mit den Christen zu beschäftigen, die zwar an den göttlichen Plan glauben und das Gebet billigen, es jedoch selbst nicht praktizieren, da sie sich keinen Erfolg hiervon versprechen. Widergöttliche Kräfte, die sogar die Lehre Christi für ihre schädliche Argumentation nutzen, arbeiten in ihnen.

Oft ist es also nicht nur Desinteresse oder Fahrlässigkeit, sondern diese geschickte Argumentation:
– Gott weiß alles, ehe es geworden ist. Vor dem Gebet kennt er die Anliegen des Betenden.
  Warum also darum beten?
  »Der himmlische Vater weiß, wessen wir bedürfen, bevor wir ihn darum bitten« (Mt 6,8).
– Die unbegrenzte Liebe Gottes zu seiner Schöpfung führt jeden – auch ohne sein Beten – zu seinem Heil, selbst wenn es vorerst nicht erkennbar ist.

Was wissen unmündige Kinder schon von dem, was gut ist für sie? Sie können und brauchen ihre Anliegen nicht einmal formulieren. Wir Menschen stehen jedoch noch weiter hinter Gott zurück als kleine Kinder hinter dem Verstand ihrer Eltern, die naturgemäß alles zum Besten regeln. Warum also beten?
Nichts geschieht gegen Gottes Vorherbestimmung. Das Beten um eine Selbstverständlichkeit wie das Aufgehen der Sonne ist genauso überflüssig wie das Beten um jegliche Veränderung von Naturgesetzen. Unsinnig ist auch ein Gebet zur Abwendung von Katastrophen oder großem Unheil in dieser Welt.
So irrt also, wer meint, um seines Gebetes willen trete das ein, was auch ohne sein Beten auf jeden Fall eintreten würde.
Die Gegner des Gebetes argumentieren nicht ungeschickt:
Die Vorherbestimmung Gottes führt zu einem unabwendbaren Schicksal, dem man nicht durch Beten entgehen kann.
Um diese Behauptungen zu erhärten, führen sie Schriftworte an:

Vom Mutterschoß an sind die Frevler treulos, von Geburt an irren sie vom Weg ab und lügen.   (Ps 58,4)

Als aber Gott, der mich schon im Mutterleib auserwählt und durch seine Gnade berufen hat, mir in seiner Güte seinen Sohn offenbarte … (Gal 1,15)

Und ihre Kinder waren noch nicht geboren und hatten weder Gutes noch Böses getan; damit aber Gottes freie Wahl und Vorherbestimmung gültig bleibe, nicht abhängig von Werken, sondern von ihm, der beruft, wurde gesagt: Der Ältere muß dem Jüngeren dienen. (Röm 9,11-12)

Denn in ihm (Christus) hat er uns erwählt vor der Erschaffung der Welt, damit wir heilig und untadelig leben vor Gott; er hat uns aus Liebe im voraus dazu bestimmt, seine Söhne zu werden durch Jesus Christus und nach seinem gnädigen Willen zu ihm zu gelangen. (Eph 1,4-5)

Diese Schriftstellen beweisen, so meinen sie, daß ein jegliches Gebet sinnlos ist.
Da Gott unveränderlich ist und das Weltganze vorher bestimmt hat, ist es widersinnig zu beten. Wenn sein Plan als nicht endgültig anzusehen wäre, er also durch Gebete im individuellen Interesse abzuändern wäre, hieße das, Gottes Vorherbestimmung sei zu Anbeginn nicht »sinn«-voll gewesen.
Gott weiß um die zukünftigen Ereignisse; sie müssen eintreten. Wenn alles nach dem unabänderlichen Willen Gottes geschieht, seine Beschlüsse festgelegt sind und nichts von dem, was er will, geändert werden kann, dann wäre – so die Meinung der Gegner des Gebetes – das Gebet zwecklos.

4. Gebet als Chance, Umwege zu vermeiden

Die Wahlfreiheit

Der Schnittpunkt, an dem göttliche Vorsehung und menschliches Gebet sich kreuzen, ist der freie Wille des Menschen. Die Willensfreiheit ist eine bestimmte Art der Bewegung von einem Zustand in einen anderen. Damit das Prinzip der menschlichen Freiheit verständlich wird, muß zunächst der Begriff »Bewegung« erläutert und darüber nachgedacht werden, was überhaupt in Bewegung ist.

Materie, die keine Wachstumsfähigkeit besitzt oder diese verloren hat wie Steine oder gefällte Bäume, kann nur durch fremde Kraft von außen bewegt werden. Hierzu gehören auch tote Tiere und abgeschnittene Pflanzen, deren Fähigkeit zu wachsen beendet ist. Sie erfahren eine Verwesung oder einen Zerfall – immer jedoch ausgelöst durch eine äußere Einwirkung.

Dagegen kommt bei allem »Lebenden« die Bewegung von innen. Sich im Wachstum befindende Pflanzen bewegen sich »aus sich selbst«, das heißt sie besitzen eine eigene Lebenskraft. Bei den Tieren haben sich weitergehende Bewegungsmöglichkeiten aus einem höheren Lebensprinzip entwickelt – gesteuert durch den mehr oder weniger festgelegten Instinkt.

Diese aufsteigende Linie gipfelt in der Vernunft.

Eine aufsteigende Linie

Beim vernunftbegabten Menschen erfolgt die Bewegung »durch sich selbst«, das heißt er empfindet, denkt und handelt auf Grund seiner ureigensten, inneren, von der Vernunft gesteuerten Bewegung – seinem freien Willen.

Wer diesen freien Willen leugnet, leugnet damit gleichzeitig die Begabung des Menschen, seiner Vernunft entsprechend zu handeln. Er setzt die Bewegungsursachen des Menschen mit denen von Tieren, Pflanzen oder gar toter Materie gleich.

Jeder wird sich seines freien Willens bewußt, wenn er auf eigene Erfahrungen im Alltag achtet:

– Ich entscheide selbst, ob ich dieses oder jenes will.
– Ich bin in der Lage, zwischen Ruhe und Aktivität zu wählen.
– Ich stimme zu oder lehne ab.
– Ich achte oder mißachte andere.
– Ich nehme Gedankengut anderer an oder lehne es ab.
– Ich kann etwas geistig erfassen oder es ignorieren.
– Ich erkenne an oder kritisiere.
– Ich kann strafen oder belohnen.

Die Wahrheit zwingt uns – notfalls gegen massiven Widerstand anderer – individuell Stellung zu beziehen. Der freie Wille, ausgerichtet nach der inneren Wahrheit, wird sich nicht gegen die eigene Überzeugung beugen lassen.

✧ *Sicher kann man von einem freien Willen des Menschen sprechen – sind wir aber nicht »blind« und unflexibel durch unsere Erziehung, Vorschriften von Staat, Kirche und Gesellschaft? Ich habe Angst davor, meinem freien Willen entsprechend zu leben. Ich wäre allein.*

Genau diese Angst muß überwunden werden. Bei Origenes strebt der Mensch danach, von allem Einengenden frei zu werden. Mit Freiheit ist natürlich nicht gemeint, daß wir tun und lassen können, wonach uns gerade ist. Gemeint ist der richtige Gebrauch unseres freien Willens zum Guten, denn nur damit kann das hindernde Ungute besiegt werden. Die Kraft dazu haben wir von Gott bekommen – die Befreiung dürfen wir nicht von anderen Menschen, der Kirche oder dem Staat erwarten. Leider sind bisher nur sehr wenige Menschen in der Lage, ihre Freiheit zu gebrauchen. ✧

Ursache des Schicksals

Wenn auch der Mensch die freie Selbstbestimmung besitzt und zwischen Alternativen wählen kann, so ist Gott diese Entscheidung notwendigerweise vorher bekannt – »von der Erschaffung und Grundlegung der Welt an« (Röm 1,20).

Vorsehung und Freiheit schließen sich keineswegs aus; im Gegenteil: Nicht das Vorauswissen Gottes, sondern der freie Wille ist Ursache des Handelns und somit auch unseres Schicksals. Gott fügt in seinen kosmischen Plan den freien Willen des Menschen so ein, daß eine Einheit entsteht zwischen seiner Vorsehung und dem freien Willen des Individuums, das sein Schicksal selbst bestimmt.

Gottes Vorsehung wacht darüber, daß die einzelnen Schicksale, die wir durch die Art unserer freien Entscheidungen in Bewegung setzen, nicht nur mit seinem Gesamtplan in Einklang stehen, sondern letztlich unterstützender Bestandteil des sich weiterentwickelnden Kosmos werden.

Wie wir uns in unserer Willensfreiheit entscheiden, ist Gott bekannt, noch ehe wir uns entschieden haben. Auch ist in seiner Vorsehung bereits das Resultat unserer Wahl enthalten, also das, was uns entsprechend unserer Entwicklungsstufe zukommen muß. Ebenso weiß Gott vorher, welches Gebet uns bewegt, in welcher Gesinnung wir beten, und was uns auf unseren Wunsch hin als Erhörung zuteil wird. Der, der lebenswahrhaftig betet, wird erhört – allein seines Gebetes wegen. Nicht erhört wird der, dessen innere Haltung nicht im Einklang mit dem Gebet steht oder der um etwas bittet, was weder seine Entwicklung fördert noch im Schöpfungsplan Gottes vorgesehen ist.

Man könnte nun meinen, daß wir einem Zwang ausgesetzt und einer autonom waltenden Macht ausgeliefert sind, die unser Schicksal bestimmt. Der Unwandelbarkeit Gottes steht jedoch die im Wesen des Menschen begründete Wandelbarkeit gegenüber, in der alle Möglichkeiten des freien menschlichen Handelns enthalten sind.

Der Mensch ist nicht immer in der Lage, das zu wählen, was der eigenen Entwicklung zum Besten förderlich ist. Hat er zerstörerischen Kräften in sich Raum gegeben, besteht die Möglichkeit, daß er zu einer Umkehr aus eigenem Antrieb nicht mehr fähig ist.

Gott unterstützt in seiner Liebeszuwendung den einzelnen Menschen, der aus sich selbst nicht immer zielstrebig entwicklungsfördernd handelt und somit der Hilfe bedarf. Hier erweist sich das Gebet als existentielle Chance, schmerzhafte Umwege zu vermeiden.

Wenn Gott ein wahrhaftes Gebet erhört, läßt er zu, daß der Mensch die für ihn bestimmte und bereitgestellte Heilsmöglichkeit ergreift und damit ein solches Angebot nutzen kann, das alle seine Vorstellungen übertrifft.

Dem Betenden wird eine persönliche wirkmächtige Kraft gegeben, die den göttlichen Segen vermittelt – Engel genannt. Diese sind – je nach der sich für den Beter offenbarenden Stufe des Heils – von unterschiedlicher Natur.

Beim Rückschritt in der geistigen Entwicklung verlieren wir diese segensreichen Kräfte. An ihre Stelle treten Kräfte mit negativen Vorzeichen, die in die Versuchung und ein geistloses Unten führen.

Gottes Vorauswissen engt den frei sein Schicksal wählenden Menschen nicht ein, sondern hat eher eine richtungsweisende Funktion, da er den freien menschlichen Willen in seinen kosmischen Plan integriert.

Auch Jesus Christus verfügt über dieses Vorherwissen, das sich auf alles erstreckt, was im Geheimen oder offensichtlich geschieht.

– Judas, vor seinem Vertrauensbruch ein aufrichtiger Mensch und Jünger, wandelte sich in den Verräter Jesu. Dieses sah Christus voraus; auch das, was Judas folgerichtig erleiden mußte.

– Bevor Gott die Welt erschuf, wußte er, mit welcher Anstrengung Paulus um den wahren Glauben ringen würde.

Gott hatte ihn als Apostel auserwählt und ihm bei seiner Geburt die am Heil der Menschen mitwirkenden Mächte anvertraut. Trotzdem ließ er es zu, daß Paulus in seiner Jugend aus Unkenntnis einen falschen Weg einschlug und in seinem Fanatismus die Christen grausam verfolgte. Erst als Paulus durch ein besonderes Ereignis aus der Verwirrung herausfand, konnte er das Heilsangebot Gottes wahrnehmen und wurde sich seiner ureigensten Berufung zum Apostel bewußt.

> Ich bin nicht wert, Apostel genannt zu werden, weil ich die Kirche Gottes verfolgt habe. Doch durch die Gnade Gottes bin ich, was ich bin. (1 Kor 15,9-10)

Auf seinem neuen Weg wurden ihm große Einblicke in den Plan Gottes gewährt. Trotz dieser Fülle von Offenbarungen stellte er sich nicht über andere, denn er wußte aus eigener schmerzlicher Erfahrung um die Fehlbarkeit und Hilfsbedürftigkeit des Menschen.

✧ *Origenes spricht von segensreichen Kräften, die die Menschen begleiten. Ist es nicht ein Widerspruch in sich, daß uns diese genommen werden, wenn wir einen Rückschritt in unserer geistigen Entwicklung tun? Brauchten wir diese nicht dann ganz besonders?*
Wir gehen einen Schritt in unserer geistigen Entwicklung zurück, indem wir uns den göttlichen segensreichen Kräften aus freiem Willen versagen. Trotzdem bleibt das Heilsangebot Gottes immer für uns präsent. Wir können es jederzeit wieder annehmen. Aber: Gott zwingt uns nicht. ✧

5. Über-geordnet

Lobet den Herrn vom Himmel her,
lobt ihn in den Höhen:
Lobt ihn, all seine Engel,
lobt ihn, all seine Scharen;
lobt ihn, Sonne und Mond,
lobt ihn, all ihr leuchtenden Sterne.
(Ps 148, 1-3)

Wenn die Sonne, der Mond und die Sterne Gott preisen, gebührt ihnen, wie auch der ganzen Schöpfung, eine besondere Aufmerksamkeit.

So wie Gott den freien Willen eines jeden Menschen letztlich zum Nutzen in den Prozeß der individuellen und kosmischen Entwicklung einfügt, so hat er die Gestirne als Spender von Leben, Licht und Harmonie sowie als Zeichen einer Beständigkeit der kosmischen Ordnung eingesetzt. Mit einer in ihnen begründeten Intelligenz ziehen sie sicher und beständig, ohne jegliche Störung ihre Bahn.

Der Mensch jedoch in seiner möglichen Unbeständigkeit, Abhängigkeit, Beeinflußbarkeit und Disharmonie wird durch das Miteinander, sein Umfeld wie auch durch sich selbst immer wieder aus der Bahn geworfen.

Daher kommt den Gestirnen eine besondere Bedeutung zu. »Der ganze Schmuck des Himmels« (Dtn 4,19) – dem Weltall harmonisch und nützlich eingefügt – ist beständig und unbeeinflußbar.

Die Harmonie des Kosmos, in seiner unbeirrbaren Bahn auf Gott hin geschaffen, möge für die freie Willensentscheidung des Menschen richtungsweisend und mitbestimmend sein.

6. Aufrichtigkeit und Ausrichtung auf Gott

Es gibt viele Beweise für die Lebensnotwendigkeit des Betens. Um das überreiche Heilsangebot Gottes in jeweils rechter Weise nutzen und seine Gnade empfangen zu können, sollte mit dem Gebet vertraut gemacht und immer wieder hieran erinnert werden.

Damit sich das im Leben erfüllt, was wir erwarten dürfen, sind auch von unserer Seite ganz bestimmte Voraussetzungen erforderlich.

– Wünschen wir uns die Zuneigung eines anderen, bedarf es entsprechender Verhaltensweisen.
– Wünschen wir uns ein Kind, bedarf es einer liebevollen Partnerschaft.

Einer Erhörung des Gebetes dürfen wir nur gewiß sein, wenn wir
– versuchen, Unaufrichtigkeit und Fehler zu vermeiden,
– bereit sind, eigene Schuld einzugestehen,
– verzeihen und von Herzen vergeben (vgl. Mt 18,35),
– die Zeit vor dem Gebet entsprechend bereiten,
– jegliche Anspannung loslassen,
– aus einer aufrichtigen Gesinnung heraus beten,
– keine unbedeutenden Dinge oder Irdisches erbitten (vgl. Mt 6,33),
– beim Gebet nicht viele Worte machen (vgl. Mt 6,7).

Wenn nach dieser Bereitung, in dieser Gebetshaltung und aus innerer Sammlung heraus gebetet wird, erwächst hieraus in vielfacher Weise innerer Gewinn. Das gilt auch für denjenigen, der nur ansatzweise diese Bedingungen erfüllt, aber auf dem Wege ist. Wesentlich ist seine gute Absicht. In diese Situation hinein schenkt sich das Bewußtsein von der liebenden Gegenwart Gottes, daß er uns sieht und hört.

Es steigen aber auch gleichzeitig aus unserem Inneren Vorstellungen, Erinnerungen und Gedanken auf, die dieses Bewußtsein überschatten. Ihnen schenken wir keine Beachtung, sondern wenden uns mit innerer Wachheit der Vorstellung von der Gegenwart Gottes zu, der die geheimsten Empfindungen der Seele wahrnimmt. Unser Innerstes kann jetzt Schwingungen aufnehmen, die die Seele in einen Zustand versetzen, der die Anwesenheit Gottes mehr und mehr spürbar werden läßt.

Gott prüft die Herzen (vgl. Ps 7,10), durchströmt die Seele mit seiner Gnade und kommt jedem Gedanken zuvor. Allein schon dieses Ausrichten auf die Gegenwart Gottes – selbst wenn kein konkretes Gebet stattfindet – ist Beten im wahrsten Sinne und läßt den Betenden Wesentliches erfahren.

Je regelmäßiger und anhaltender jemand sein Gebet mit der Vergegenwärtigung Gottes beginnt, umso mehr wird Dunkles und die Neigung, es zu wählen, von ihm ferngehalten und führt zu lebensunterstützender Kreativität.

Wenn schon der Gedanke oder die Erinnerung an einen vorbildlichen und in seiner geistig-seelischen Entwicklung hochstehenden Menschen den Wunsch in uns weckt, ihm ähnlich zu werden und schlechte Angewohnheiten zu meiden, um wieviel mehr wird für uns an Gutem geschehen, wenn wir uns an Gott erinnern, den Vater und Schöpfer des ganzen Kosmos?

Wieviel mehr noch wird für uns an Gutem geschehen, wenn wir uns im Gebet mit ihm verbunden fühlen, ganz durchdrungen von der Gewißheit, daß er in seiner Liebe gegenwärtig ist? Um diese Nähe Gottes spüren zu dürfen, sollten wir das Gebet angemessen bereiten und unbelastet seine Gegenwart suchen. Dies ist nur möglich – was immer wieder betont werden muß – wenn wir vorher allen verzeihen, die uns Unrecht zugefügt haben (vgl. Mt 6,14), wenn wir im Alltag aufgestaute Gefühle oder Anspannungen abgebaut und dunkle Gedanken anderen Menschen gegenüber aufgelöst haben. Äußerlichkeiten haben keine Bedeutung mehr.

Alle Gedankenaktivität, die nicht mit dem Gebet in Verbindung steht, sollte zur Ruhe kommen, damit der Geist nicht immer wieder auf's neue durch fremde Gedanken beunruhigt wird. Aus diesem Zustand tiefer innerer Ruhe schenkt sich uns ein unbeschreibliches Gefühl von Zufriedenheit.

✧ *Für mich ist das Gesagte sehr abstrakt. Es heißt, ich soll mich von Vorstellungen und Gedanken lösen und nicht viele Worte machen. Wenn ich bete, spreche ich aber doch mit Gott.*

In seiner Gebetsschrift greift Origenes dieses Thema immer wieder auf, um es schrittweise zu vertiefen. Er möchte uns sensibilisieren und zum Kosmischen Gebet führen, damit wir tiefere Zusammenhänge erkennen, uns unserer Aufgabe bewußter werden und somit unser Leben in einem neuen Licht sehen. Hierzu bedarf es der Gabe Gottes im Heiligen Geist. Um sie empfangen zu können, legen wir im Gebet alles »aus der Hand«. Im folgenden werden Ihnen weitaus umfassendere Antworten auf diese wichtige Frage gegeben. ✧

7. Die kosmische Dimension des Gebetes

Vergeistigung der Seele

Die aufsteigende Linie in der Entwicklung auf Gott hin setzt sich auch im Gebet und im Bewußtseinszustand des Betenden fort. Wenn man sich im Gebet ganz Gott hingibt und sich auf ihn verläßt, darf man weit mehr erwarten als das Vorstellungsvermögen fassen kann. Der Betende ist mit Leib, Seele und Geist beteiligt.

Der Gott des Friedens heilige euch ganz und bewahre euren Geist, eure Seele und euren Leib unversehrt.   (1 Thess 5,23)

Dem Lebensgeist kommt in erster Linie und dann der Seele ein Vorrang vor der gesamten Körperwelt zu.

Seinen eigenen Bildner hat der Mensch nämlich nicht erkannt, den, der ihm eine wirkende Seele eingehaucht und den Lebensgeist gegeben hat.

(Weish 15,11)

Die Seele entfaltet sich zwischen Leib und Lebensgeist. Bedingt durch die aus unserem freien Willen resultierenden Entscheidungen, die widergöttlich sind, sinkt ein Teil der Seele aus der ursprünglichen Vollkommenheit ab, so daß er nicht mehr das Wesen der Schöpfungsreinheit widerspiegelt. Dieser Teil ist eng mit der körperlichen Materie verbunden.

Der auf den Geist hinweisende obere Teil der Seele wird auch »Vernunft« genannt. Dieser vernunftbegabte Teil der Seele besitzt ein Vorstellungs- und Strebungsvermögen, das ihr zur Weiterentwicklung hilft.

Aber auch der körperlich-materiellen Schöpfung kommt eine positive Aufgabe zu. Sie ist dazu berufen, die Weiterentwicklung der Seele zu unterstützen. Daher ist der Leib in keinem Fall Widersacher, sondern Diener der Seele und des Geistes.

Der Geist, der die Geschöpflichkeit der Seele übersteigt, ist mehr oder weniger von ihr getrennt und hat die Aufgabe, die Seele wieder geistig werden zu lassen und sie über sich hinauszuführen.

Aus einer Verwandtschaft des Geistes mit Gott kann daher unser Geist etwas von der Natur der Gottheit wahrnehmen, besonders, wenn unser Geist rein und von irdischen Belastungen frei ist.

Wodurch kann dieses besser erfahren werden als in der Übung des Gebetes, in welchem sich ein Reinigungs- und Entwicklungsprozeß vollzieht, Belastendes genommen und der von Gott entfernte Seelenteil wieder aufgerichtet wird?

Ich erhebe meine Augen zu dir, der du hoch im Himmel wohnst.

(Ps 123,1)

Zu dir, Herr, erhebe ich meine Seele. (Ps 25,1)

Wenn sich unser Geist zu Gott erhebt, ist damit ein Loslassen von allen irdischen Abhängigkeiten verbunden und ein Aufgeben aller konkreten Vorstellungen. Die »Augen« des Verborgenen im Menschen, der obere Seelenteil, richten sich in der kosmischen Dimension – über die ganze Schöpfung hinwegsehend – auf Gott, um Anteil an seiner Göttlichkeit zu haben. In diesem Zustand tiefer Ruhe, in dem alle Relationen aufgehoben sind, spiegeln die »Augen« des Betenden die Herrlichkeit des Herrn wider, und der aufstrebende, verborgene Seelenteil wird zum Spiegelbild Gottes.

Wir alle spiegeln mit enthülltem Angesicht die Herrlichkeit des Herrn wider und werden so in sein eigenes Bild verwandelt, von Herrlichkeit zu Herrlichkeit, durch den Geist des Herrn. (2 Kor 3,18)

Das enthüllte Angesicht oder das reine »Auge« darf jetzt die geistige Ausstrahlung Gottes aufnehmen.

Sichtbar ist über uns, Herr, das Licht deines Angesichtes.
(Ps 4,7)

Wenn sich also im Gebet die Seele emporhebt und dem Geist folgt, trennt sie sich von ihrem belastenden körperlichen Bereich und ist in der Lage, im Geist zu verweilen.

Zu dir, Herr, erhebe ich meine Seele. (Ps 25,1)

Wie sollte sie da nicht bereits ihr Wesen als Seele ablegen und geistig werden?
Der Gebetsweg, der bisher beschrieben wurde, führt zur Vergeistigung der beschwerten Seele. Dies stellt aber noch keineswegs das

Ziel dar, sondern ist das Ergebnis eines Reinigungsvorganges, der das Bild Gottes im Menschen zum Leuchten bringt – Voraussetzung für die Gottesbegegnung.

Ein Christ – er braucht kein theologisches Verständnis zu haben – weiß, daß jeder Ort der Welt ein Teil des gesamten von Gott geschaffenen Kosmos ist. So können wir an jedem Ort beten und von hier aus über die ganze Welt, den Kosmos hinausgehen, indem wir die Augen des Leibes schließen, die der Seele dagegen öffnen.

Wenn wir uns der Führung des Geistes Gottes überlassen, nicht mehr unsere Gedanken denken, sondern unser Bewußtsein von seinem Geist durchströmt ist, bleiben wir im Gebet nicht mehr in einer menschlichen Vorstellungswelt, sondern haben Anteil an seiner Wahrheit und seiner Herrlichkeit.

Das Kosmische Gebet kann auch als »All-umfassendes Beten« bezeichnet werden. Hierzu gehören sowohl die Gebete, in denen wir mit Worten unsere Anliegen formulieren, als auch das Ruhe- oder Herzensgebet und das »immerwährende Gebet«: das zum Gebet gewordene Leben.

✧ *Origenes nennt den »oberen Teil« der Seele Vernunft. Der Geist steht bei ihm über der Seele, die als zunächst geschöpflich bezeichnet wird. Das widerspricht meinem bisherigen Verständnis, nach dem die Seele das »Göttliche« in uns ist.*
Sie brauchen Ihr Verständnis nicht zu revidieren. Origenes führt lediglich zu feinsinnigerer Sichtweise. Die Seele trägt die Bestimmung in sich, Gott ähnlicher und damit licht zu werden. Die Substanz des menschlichen Geistes ist bereits göttlich. Einzig unser Geist kommuniziert mit Gott. Die Seele hat wachsenden Anteil daran. Unsere Seele, die nach Origenes zwischen Geist und Körper vermittelt, besitzt einen eigenen Willen. Somit ist sie nach ihm vollkommener und göttlicher als der Leib, der Geist jedoch vollkommener und göttlicher als die Seele. Heute wird eher die Körper-Seele-Einheit betont, die eine nicht-dualistische »Mitte« des menschlich-göttlichen Geistes ist. ✧

Das Ruhegebet

Die Praxis des im Vorhergehenden angesprochenen Ruhe- oder Herzensgebetes ist, zusammengefaßt, wie folgt zu beschreiben:
– Gebet mit Leib, Seele und Geist,
– sich sammeln,
– Schließen der Augen; Öffnen der »Augen der Seele«,
– Loslassen von allen irdischen Abhängigkeiten,
– Aufgeben aller konkreten Vorstellungen,
– jegliche Anspannung abgeben,
– Gedankenaktivität einstellen,
– keine Worte machen,
– die Führung des Geistes Gott überlassen,
– Zustand tiefer Ruhe – alle Relationen sind aufgehoben,
– die Seele trennt sich von ihrem belastenden Teil,
– Vergeistigung der Seele,
– die Seele erkennt das Bild Gottes,
– Dasein vor Gott.

Eine ganz wesentliche Voraussetzung für ein so erfüllendes Gebet – und daran muß immer wieder erinnert werden – ist Verzeihen von Unrecht, das man uns angetan hat.

Keiner soll dem Nächsten in seinem Herzen Böses nachtragen.
(Sach 7,10)

Je feinfühliger wir durch das Gebet werden, umso mehr Gespür werden wir auch dafür bekommen, wem und auf welche Weise wir vergeben müßten.

Und wenn ihr beten wollt und ihr habt einem anderen etwas vorzuwerfen, dann vergebt ihm. (Mk 11,25)

8. Gebet wird zum Leben – Leben zum Gebet

Wenn wir die rechte Weise zu beten kennen und üben, werden sich spontan erste Erfolge einstellen. Bereits während der Sammlung zum Gebet werden wir Gottes geheimnisvolle Nähe spüren und das Wort »Siehe, hier bin ich« (Jes 58,9 a).

In dieser vertrauensvollen Hingabe an Gott hat der Beter – indem er aus tiefstem Herzen mit allem zufrieden ist, was geschieht – seine Zweifel, seine Unzufriedenheit und alles Einengende abgelegt.

> Wenn du die Fesseln abgelegt hast, auf keinen mit dem Finger zeigst und niemand verleumdest, ... dann geht im Dunkel dein Licht auf, und deine Finsternis wird hell wie der Mittag.
>
> (Jes 58,9 b-10)

Indem wir Ja sagen zum Ablauf unabänderlicher Ereignisse, sind wir frei von allen Ablenkungen und Bindungen, die den folgerichtigen Verlauf unser Entwicklung stören.

In unserem Inneren, auf feineren Ebenen unseres Seins, sind keine negativen Gedanken mehr, die eine Unzufriedenheit mit unserem Schicksal widerspiegeln oder andere Menschen belasten. Selbst tiefe innere Vorwürfe gegen Gott auf Grund unverständlicher und durch uns nicht beeinflußbarer Ereignisse schwinden. Es bestehen keine Vorbehalte – ganz gleich, was er uns zur Prüfung schickt.

> Bei allem, was ihm zustieß, versündigte sich Hiob nicht mit seinen Lippen gegen Gott. (Ijob 2,10)

Der Betende wird auf der nun folgenden Stufe befähigt, eine innige Verbindung mit dem Geist des Herrn einzugehen, der »den ganzen Erdkreis erfüllt« (Weish 1,7).

Der Geist des Herrn vereinigt sich mit der aufstrebenden Seele des Betenden und schenkt ihr Anteil am Göttlichen. Diese innige Verbindung ist kein Zusammenfließen von Schöpfer und Geschöpf, keine Wesensgleichheit des Betenden mit dem göttlichen Wesen, sondern Teilhabe am Geist des Herrn, der die ganze Erde und den Himmel erfüllt (vgl. Jer 23,24).

Wenn wir versucht haben, unsere Spannungen und Hindernisse abzubauen und alles für das Gebet Notwendige getan haben, dürfen wir gewiß sein, daß wir niemals allein beten. Wir haben Anteil am Gebet Jesu Christi, dem Sohn Gottes, der auch da gegenwärtig ist, wo man ihn nicht kennt (vgl. Joh 1,26).

Als Mittler der göttlichen Liebesenergie betet Christus gemeinsam mit uns zum Vater, und niemandem versagt er seine Hilfe. Der Sohn Gottes setzt sich beim Vater für uns als Fürsprecher ein und betet für die Betenden.

Spürbar und offensichtlich wird das allerdings nur für diejenigen, die seiner Anweisung folgen, beständig zu beten.

> Jesus sagte ihnen durch ein Gleichnis, daß sie allezeit beten und darin nicht nachlassen sollten: In einer Stadt lebte ein Richter ...
> (Lk 18,1-8)

Auch das Gleichnis vom bittenden Freund (vgl. Lk 11,5-13) drückt die Beständigkeit und das Vertrauen beim Beten aus.

»Allezeit« beten – gemeint ist hiermit nicht, daß man fortwährend Gebete vor sich hinsagen soll. Die Vorbereitung zum Gebet, das rechte Beten und die Auswirkungen des Gebetes im Alltag nehmen einen immer höheren Stellenwert ein, bis sowohl das Gebet als auch das Leben zu einer beständigen christlichen Existenz werden. Die innere Gesinnung und das äußere Tun bilden allmählich eine Einheit, so daß zwischen dem Ablauf des täglichen Lebens und dem Gebet – es ist jetzt zu einem entgrenzten Gebet geworden – kein Unterschied mehr besteht.

Das gerade ist das Umfassende und Kosmische: Das Gebet wird zum Leben und das Leben zum Gebet.

Bittet, dann wird euch gegeben ... Denn wer bittet, der empfängt. (Mt 7,7-8; Lk 11,9-10)

Diese Aufforderung Jesu ist glaubwürdig und erfahrbar – gibt doch der gütige Vater uns, die wir seinen Geist empfangen haben, der uns zu Söhnen und Töchtern macht (vgl. Röm 8,15), auf unsere Bitte, was für uns not-wendig ist: »das lebendige Brot«.

Denn das Brot, das Gott gibt, kommt vom Himmel herab und gibt der Welt das Leben. (Joh 6,33)

Niemals wird er uns »den Stein« geben, den der Versucher, als Jesus in der Wüste fastete, ihm zur Nahrung geben wollte. Auf unser Gebet hin wird uns der Vater die gute Gabe geben, die er für uns bereithält.

Wieviel mehr wird euer Vater im Himmel denen Gutes geben, die ihn bitten. (Mt 7,11)

✧ *Wenn ich um Brot bitte und trotzdem einen »Stein« erhalte? – Eine Realität nicht nur in meinem Leben!*
Es ist oftmals schwer, zu begreifen, daß der »Stein«, den wir auf unser Bitten um Brot erhalten, kein belastender oder verletzender Stein ist, sondern »Brot« für unser Leben. Zunächst sind wir enttäuscht und zweifeln an einem lieben- den Gott – viel später, vielleicht erst im Rückblick, aus der Ruhe, erkennen wir in diesem Stein die notwendige und letztlich liebevolle Gabe des Gebers: den Stein als Fundament, um eigene Schicksalsabläufe er- tragen und die Schicksale anderer Menschen aus Liebe zu ihnen mit-tragen zu können. ✧

❖ *Die Katholische Kirche schreibt den Besuch eines sonntäglichen Gottesdienstes vor. Könnte man also sagen, daß Menschen, deren Leben zu einem permanenten Gebet geworden ist, im Sinne des Origenes dieser Pflicht enthoben sind?*

Worte wie »vorschreiben« und »Pflicht« beinhalten im Zusammenhang mit der Kirche und den Sakramenten eine liebevolle anfängliche Hilfestellung, die aber nicht zu einem Zwang führen darf, sondern zu innerer größerer Freiheit und Gottesliebe. Ist ein Entwicklungszustand erreicht, in dem Gebet zum Leben und Leben zum Gebet geworden ist, werden das Bedürfnis und vor allem die Freude unendlich groß sein, einen Gottesdienst besuchen zu dürfen, um Gott in seinem unendlich liebevollen Entgegenkommen zu begegnen.

Einmal wird jedoch ein Zustand erreicht werden, in dem es nicht mehr der Mittlerschaft der Kirche und des Wortes bedarf. Origenes spricht im Johannes-Kommentar davon, daß diejenigen, die sich vollends zum Empfang des Göttlichen in ihrer Seele bereit gemacht haben, auch »ohne den Dienst vermittelnder Menschen« Christus aufnehmen – wie auch den, der ihn gesandt hat. ❖

9. Keiner betet allein

Die Gebete werden nicht nur durch Jesus Christus unterstützt, sondern auch durch die den Betenden zur Seite stehenden segensreichen Kräfte sowie durch die Seelen der Verstorbenen, die am übernatürlichen Sein Anteil haben.

Zwischen diesem Leben und dem zukünftigen existiert eine erhebliche Kluft. Wenn die Erfahrung noch nicht hinüberreicht, so besteht aber für uns immer die Möglichkeit einer Vorstellung. Gegenwärtige Erkenntnis ist und bleibt unzureichend, oft sogar rätselhaft.

Jetzt schauen wir in einen Spiegel und sehen nur rätselhafte Umrisse, dann aber schauen wir von Angesicht zu Angesicht.

(1 Kor 13,12)

So wird nicht nur die menschliche Erkenntnis jenseits des Todes einmal ihre Vollendung finden, sondern auch jede begonnene Wahrnehmung, jeder Denkansatz und jeglicher Liebesimpuls. Dazu gehört auch die Nächstenliebe. Die Verstorbenen, die diese Liebe zum Nächsten auch während ihres irdischen Daseins gelebt haben, sind in weit höherem Maße von ihr erfüllt und stehen den noch mit menschlichen Schwächen Belasteten zur Seite. Die Kraft ihres Gebetes und ihrer Liebe kommt besonders den Menschen zu, die es schwer haben, diese Welt zu bestehen.

In diese größere, kosmisch werdende Dimension des Betens sind wir hineingenommen.

Leiden wir, leiden nicht nur hier auf Erden alle mit, die uns liebhaben, sondern auch alle aus jener Welt, die uns geistig und in Liebe verbunden sind.

Freuen wir uns, dann freuen auch sie sich mit (vgl. 1 Kor 12,26).

Wer leidet unter seiner Schwachheit, ohne daß ich mit ihm leide? Wer kommt zu Fall, ohne daß ich von Sorge verzehrt werde?.   (2 Kor 11,29)

Aus Nächsten- und Gottesliebe ist es in vollendeter Weise Christus, der mit uns ist und mit uns gemeinsam jedes Leiden trägt: Entbehrungen, Depression, Einsamkeit, Existenznot, Bedrängnis, Krankheit, Unfreiheit (vgl. Mt 25,35-36).

Wenn wir auf sein Leben in dieser Welt schauen, waren es immer dienende und helfende göttliche Kräfte, die besonders in sehr schweren menschlichen Situationen ihm zur Seite standen.

Und es kamen Engel und dienten ihm. (Mt 4,11)

Um wieviel mehr wird Christus, der ja immer in unserer Mitte weilt, in seiner Liebeszuwendung zu den Menschen von allen himmlischen

Kräften unterstützt, wenn er die gebrochene Schöpfungsordnung wiederherstellt und alle, die seinen Namen anrufen, rettet und heilt.

Ihr werdet den Himmel geöffnet und die Engel Gottes auf- und niedersteigen sehen über dem Menschensohn.   (Joh 1,51)

Die »Jakobsleiter« (Gen 28,12) ist durchaus von den zu höherem Bewußtsein Fortgeschrittenen erfahrbar und für die vom Licht der Erkenntnis erleuchteten »Augen« sichtbar.

✧ *Des öfteren habe ich von Engelerscheinungen gehört, von Schutzengeln, die in Notsituationen sogar kurz körperlich werden können, um zu helfen. Gibt es so etwas wirklich in der Realität?*
Engel sind helfende und dienende Kräfte zum Heil der Menschen. Sie stehen uns bei, vermitteln uns gute, kreative Gedanken und sprechen zur Seele während des Schlafes. Im folgenden Text werden Sie erfahren, wie Origenes die Engel auf einer ganz subtilen Ebene in Verbindung bringt mit der Fähigkeit eines Arztes, Krankheiten zu heilen. Im Auftrag Gottes führen die Engel sein Heilshandeln aus. Auch Menschen können zum unmittelbaren Werkzeug Gottes werden. Warum sollten diese nicht auch »Engel« genannt werden? ✧

Nichts geschieht rein zufällig

Während des Gebetes wird unsere Bitte um Erhörung bekräftigt; in besonderem Maße erfahren wir eine göttliche Unterstützung. In seiner Vorsehung bedient sich Gott bestimmter Kräfte und Menschen, die dem Beter seine Antwort offenbaren.
Ein Arzt, der sich am Bett eines Kranken befindet, verfügt über die Fachkenntnis, die Krankheit zu heilen. Gott hat beide zusammengeführt: den Kranken, der um seine Gesundheit betet, und den Arzt. Wenn die Heilung in Gottes Plan liegt, ist der Arzt fähig, den Patien-

ten von seiner Krankheit zu befreien. Einem guten Arzt sind diese tiefgreifenden Zusammenhänge bewußt.

Wenn wir die Zeichen wahr-nehmen, die Gott uns auf unseren Weg schickt, und die er auch verantwortet, vermitteln sie einen tieferen Einblick in die Schöpfungsordnung. Diese Erkenntnis führt zu einer Konsequenz, bei der wir der notwendigen Unterstützung durch Gott gewiß sein dürfen. Wir erfüllen seinen Willen.

Nichts geschieht rein zufällig. Kein Zusammentreffen von Menschen geschieht rein zufällig. Gott, der selbst die kleinsten Details und Regungen kennt, läßt zur rechten Zeit die für uns notwendigen Begegnungen zu.

Mehr noch: Jenseits alles Menschlichen werden uns Kräfte gesandt – ganz besonders im Gebet – die nicht nur über unsere folgerichtige Entwicklung wachen, sondern uns darüber hinaus auf diesem Weg unterstützen.

Einem jeden von uns, mag er noch so weit von Gott entfernt sein, ist die uns ganz persönlich entsprechende segensreiche Kraft gegeben, die unser Beten stärkt und uns hilft, unser Heil zu finden.

10. Widerstand

Das Gebet ist von einer zusätzlichen besonderen Kraft erfüllt, wenn der Betende nicht nur im Geist, sondern auch mit dem Verstand betet (vgl. 1 Kor 14,15), der einem aufleuchtenden Licht gleicht. Das Gebet des Geistes in uns und unser Gebet im Geiste verstärken die Kraft des Gebetes. Somit geht es nicht um eine allgemeine Verständlichkeit der Gebetsworte, sondern um das Erkenntnisvermögen des Verstandes, der entsprechend mitbetet.

Diese verstärkte Gebetsenergie ist zusammen mit der Kraft Gottes in der Lage, negative, zerstörerische geistige Kräfte, die vom Beten abhalten wollen, zunichte zu machen.

Die Vernunft – der obere, auf Gott und seinen Geist zustrebende Teil der Seele – ist bei denjenigen, die das Wort »Betet ohne Unterlaß« (1 Thess 5,17) nicht ernst nehmen und beherzigen, widergöttlichen Mächten ausgesetzt – geistigen Pfeilen gleich, die die Seele zerstören wollen.

Wenn aber das Gebet sich auch im Alltag auswirkt, so daß das ganze Leben zu einem ständigen Gebet geworden ist, dürfen wir sicher sein, daß von der Seele – geschärft durch Erkenntnis, Vernunft und Glauben – eben diese lebensunterstützende Kraft ausgeht, die Zerstörerisches vernichtet.

11. Wir bedürfen der Erinnerung

Weil wir als Menschen vergeßlich sind und daher immer neu der Erinnerung bedürfen, soll noch einmal das Wort »Betet ohne Unterlaß« in seiner Selbstverständlichkeit und Einfachheit angesprochen werden, um der Gefahr vorzubeugen, dieses »unablässige Beten« auf Grund einer mißverständlichen Auffassung vorschnell abzutun.

Wenn in der fortschreitenden Entwicklung des Gebetes, das – wie wir erfahren haben – dreimal am Tag stattfinden sollte, auch die Zeit außerhalb des Gebetes bereichert wird, ist bereits eine innere Verbindung zwischen der tiefen Ruhe im Gebet und der Aktivität eingetreten. Sowohl im Gebet als auch in der täglichen Arbeit wie in allem Denken und Handeln wird der Wille Gottes transparent und spürbar, bis es einmal keinen Unterschied mehr gibt zwischen dem Einen und dem Anderen.

»Betet ohne Unterlaß« ist dann verwirklicht, wenn das ganze Leben zu einem einzigen großen, zusammenhängenden Gebet geworden ist.

In dieser allmählich ins Kosmische anwachsenden Dimension des Gebetes ist dann das, was wir gewöhnlich und bisher noch mit »Gebet« bezeichnen, zu einem Teil des »Kosmischen Gebetes« geworden.

12. All-umfassende Wirksamkeit des Betens

... im Leben Jesu

Wenn nun Jesus immer wieder sich zurückzieht und betet, um eins zu werden mit dem Willen des Vaters, um wieviel mehr haben wir es dann nötig, zu beten?

Sein Beispiel möge uns daran erinnern, das Gebet nicht zu vernachlässigen.

In aller Frühe, als es noch dunkel war, stand er auf und ging an einen einsamen Ort, um zu beten.　　　　(Mk 1,35)

Jesus betete einmal an einem Ort; und als er das Gebet beendet hatte, sagte einer seiner Jünger zu ihm ...　　(Lk 11,1)

In diesen Tagen ging er auf einen Berg, um zu beten. Und er verbrachte die ganze Nacht im Gebet zu Gott.　　(Lk 6,12)

Ich wußte, daß du mich jederzeit erhörst. (Joh 11,42)

Aus diesem von Johannes zitierten Wort Jesu wird das immerwährende Gebet spürbar – sein Leben wird zum Gebet und sein Gebet zum Leben.
Er, der jederzeit betet, wird auch jederzeit erhört.

... im Bauch des Wales

Sowohl im Neuen als auch im Alten Testament begegnen uns viele Menschen, die durch ihr Gebet von Gott das erhalten haben, was für sie not-wendig war.
– Hanna, die keine eigenen Kinder bekommen kann, erbittet vom Herrn einen Sohn, den sie Samuel nennt (1 Sam 1,9 ff.).
– Hiskija betet in seiner Todesstunde. Er erfährt Heilung und darf noch fünfzehn weitere Jahre leben (2 Kön 20,1-6).
– Auf ihr Gebet hin befreit der Herr die Königin Ester von ihrer Angst und rettet ihr Volk vor dem Untergang (Est 4,17 ff.).
– Nachdem Judit gebetet hatte, überwand sie mit Gottes Hilfe ihren Widersacher (Jdt 13,4 ff.).
– Den drei Jünglingen im Feuerofen schenkt das Gebet das Leben (Dan 3,24 ff.).
– Das Vertrauen auf Gott läßt Daniel unversehrt aus der Löwengrube herauskommen (Dan 6,20 ff.)
– Jonas, der aus der Tiefe der Unterwelt zum Herrn ruft, wird erhört (Jon 2,2 ff.).

Diese von Gott erfüllten Bitten sind Symbol für eine höhere geistige Wirklichkeit. Ihr gegenüber sind die empfangenen irdischen Gaben wie ein Schatten.

✧ *Hier sind Beispiele angeführt, in denen Gott Menschen in bedrängten Lebenssituationen hilft. Was haben diese Beispiele mit »höherer geistiger Wirklichkeit« zu tun?*

Es ist bezeichnend, daß Origenes in weiteren drei Schritten diese Gebetsbeispiele aufgreift und sie jeweils tiefer auslegt. Die Erkenntnis, daß in der Heiligen Schrift der geistige Sinn als Mysterium zu finden ist, bedarf einer behutsamen Vorbereitung und eines langsamen Hinführens. Origenes entwickelt einen Lernprozeß, der zu einer höheren geistigen Wirklichkeit führt – bis hin zu den Anfangsgründen der Offenbarung Gottes. Das Hinaufführen vom einfachen Verstehenshorizont in höhere geistige Zusammenhänge ist zugleich ein Wegführen von Belastendem in körperlichen wie auch seelisch-geistigen Bereichen und damit eine Vergeistigung des Lebens. ✧

... in meiner Realität

Gibt es nicht in jedem Leben – wenn wir uns nur daran erinnern – ungezählte Augenblicke, in denen wir aus tiefstem Herzen Gott gedankt haben für etwas, das alles menschliche Tun und Denken übersteigt? So können diese Beispiele aus dem Alten Testament zum Schlüssel für die lebendige Gegenwart werden und uns Zuversicht geben:

– Oft fühlen wir uns über längere Zeit deprimiert; nichts will gelingen. Vernünftige Gedanken bleiben aus. Es scheint nichts zu geben, was das Leben lebenswert macht. Beten wir trotzdem – gerade jetzt – gibt es eine Wende. Wir spüren dankbar, wie Heiliger Geist unser Leben inspiriert.
– In Krankheit erfahren wir unerwartete Besserung und Heilung.
– In vielen Kämpfen und inneren Auseinandersetzungen siegen wir, wenn wir vertrauend im Gebet den Namen des Herrn anrufen.
– Wir lassen uns leicht überreden und geraten in die Abhängigkeit einer Fremdmacht. Ihrer Herr zu werden, sie zu entmachten, neuen Mut zu haben, eigene Intuitionen mit Erfolg in die Tat umzusetzen, ist unweigerlich ein Resultat des Betens.
– Und was mag das Rettende gewesen sein als wir in äußerster Gefahr waren, aber nicht in ihr umkamen?

- Es sind immer wieder Menschen um uns, die uns zu Fall bringen möchten. Wir sind ihnen durch unsere Art zu leben, unsere Gebetsweise oder unser Verhalten zum Stein des Anstoßes geworden. Anstatt uns anzugreifen, sind sie oft in unserer Nähe wie umgewandelt, »zahm« und verständnisvoll.
- Es gibt Zeiten, in denen Menschen rettungslos verloren scheinen. Vielleicht haben ihre falsche Wahl und ihr Lebensstil diese Ausweglosigkeit mit verursacht. Und dann geschieht das Wunderbare: eine innere Wandlung, die sie vom »Tod inmitten des Lebens« befreit.

Er besiegt den Tod. Und Gott, der Herr, wischt die Tränen ab von jedem Gesicht. (Jes 25,8)

... in der seelisch-geistigen Entwicklung

Wir können also Beispiele von Gebetserhörungen im Alten Testament mit eigenen Erfahrungen in Verbindung bringen. Um aber noch deutlicher den Symbolcharakter der alttestamentarischen Gebete und ihrer Erhörungen zu verstehen, soll versucht werden, das in ihnen verborgene Geheimnis zu ergründen.

Diejenigen, die sich nach einem intensiveren geistigen Leben – einem Leben in Christus – sehnen, und ihr eigenes Gebetsleben vervollkommnen möchten, mögen also nicht um kleine und irdische Dinge bitten. In jedem Gebet sollte es um Geistiges gehen und darüber hinaus um das, was im Geheimnis Gottes verborgen ist. Dieses ist nur möglich, wenn der Betende dem Geistigen die erste Stelle in seinem Leben einräumt, so daß durch den Geist alle irdischen und körperlichen Wünsche kultiviert werden (vgl. Röm 8,13).

Der tiefere geistige Sinn des Gebetes steht unzweifelhaft weit über dem, was dem Beter an Gutem in seiner konkreten Lebenssituation geschenkt wird. So können die genannten Beispiele uns helfen, auch die geistige Dimension des Betens zu erkennen.

– Damit unsere Seele sich entwickeln und aufrichten kann – eben nicht »unfruchtbar« bleibt – hat nicht nur unsere äußere Wahrnehmung den tieferen Sinn zu erspüren, sondern auch unser Inneres die geistigen Zusammenhänge.
  Hanna, obwohl sie als unfruchtbar galt, bekam einen Sohn.

– Durch den falschen Umgang mit unserer Freiheit läuft die Seele Gefahr, in ein geistloses Unten abzusinken, in Dunkelheit und Tod.
  Hiskija wurde durch sein Gebet von den Fesseln des Todes befreit.

– Viele Kräfte wie zum Beispiel Herrschsucht, Bosheit, Intrigen sind in der Lage, die geistige Welt eines Menschen zu zerstören.
  Ester fand für sich selbst und ihr Volk bei Gott Gehör.

– Geistiges Wachstum ist vielen Gefahren ausgesetzt und wird herausgefordert, sich zu behaupten.
  Judit betete. Sie siegte über Holofernes.

– Brennpunkte des Bösen können überall auf der ganzen Welt sein. Wenn unsere Seele weder angesteckt noch in ihrer geistigen Entwicklung aufgehalten wurde oder Schaden erlitten hat, dürfen wir nicht weniger Dank sagen als die Männer, die aus dem Feuer gerettet wurden.

– »Gib nicht den Raubtieren meine Seele, die sich zu dir bekannt hat« (Ps 74,19).
  Warum machen wir so wenig Gebrauch von der uns durch Jesus gewährten Vollmacht, »Wölfe in Lämmer zu verwandeln«? Warum schrecken wir oft vor uns selbst zurück, anstatt Geistigem in uns Raum zu geben? Wenn wir aber trotzdem von unseren inneren oder auch äußeren Gegnern nicht angegriffen werden, haben wir dann nicht Grund, mehr noch als Daniel, Dank zu sagen?

– Ganz im Dunkel und einer verschlingenden Chaosmacht ausgeliefert zu sein, sich hoffnungslos allein und verloren zu fühlen, von einer Depression in die Enge getrieben zu werden – ausgedrückt durch das Symbol des Seeungeheuers, in dessen Leib sich Jonas befindet: Von diesen grausamen, die Seele lähmenden Gefangenschaften befreit zu werden, ist nur möglich, wenn ein Wandel in der inneren Einstellung sich vollzieht, unterstützt durch das Gebet und der hinter allem stehenden unendlichen Liebe Gottes.

In der Heiligen Schrift wird oft von Gebetserhörungen berichtet, die für uns schwer oder gar nicht nachvollziehbar sind. Wenn neben dem Symbolcharakter auch die tiefer liegende geistige Dimension verstanden wird, sind sie hoch aktuell und lebensnah.
Durch unser Gebet – vorausgesetzt es steht im Einklang mit dem göttlichen Plan – können wir hier und jetzt Dinge bewirken, die ans Wunderbare grenzen.
– Samuel bittet um Regen und wird vom Herrn erhört (vgl. 1 Sam 12,16 ff.). Den Regen für die Seele, den Strom der göttlichen Gnade, den wir vielleicht in Folge einer falschen Entscheidung lange entbehren mußten, dürfen wir auf unser Gebet hin neu empfangen.
– Elias öffnet den Himmel, der dem Gottlosen über drei Jahre verschlossen war (vgl. Jak 5,17-18)

Unser Gebet erfüllt nicht nur die eigene Seele, sondern kann auch mithelfen, für andere den »Himmel wieder zu öffnen«, der für sie über eine lange Zeit in Folge selbst verursachter Fehlentscheidungen verschlossen war.
Der Mensch als intelligentes und vernunftbegabtes Wesen ist nicht durch eine außerhalb von ihm liegende Urverfehlung vorbelastet. Einzig durch seine eigenen Entscheidungen und Handlungen bestimmt er sein Schicksal. Daher kann auch derjenige, der durch seine Entscheidungen widergöttlichen Kräften Raum gibt, sich selbst und durch das Gebet anderer dieser Fremdherrschaft wieder entziehen.

❖ *Wenn der Mensch nicht durch eine »außerhalb von ihm liegende Urverfehlung vorbelastet« ist, heißt das doch, daß es die sogenannte Erbsünde nicht gibt?*

Origenes sieht den Ursprung des Bösen nicht im »Sündenfall«, sondern in einem menschlichen Denken, das von den Anweisungen Gottes abweicht. Die Erbsünde gibt es für ihn nicht, denn nur für das, was der Mensch in Freiheit entscheidet, kann er verantwortlich gemacht werden. Durch eine rein persönliche Fehlentscheidung kann sich die Sünde Adams durchaus in uns wiederholen. Mit einem alten Erbe hat dies jedoch nichts zu tun. Origenes spricht davon, daß jeder Sünder sich selbst die Flammen seines eigenen Feuers anzündet und nicht in irgendein Feuer geworfen wird, das schon vorher von einem anderen entzündet war und bereits vor ihm selbst existierte. ❖

13. Gebetsarten

V or allem fordere ich zu Bitten und Gebeten, zu Fürbitte und Danksagung auf, und zwar für alle Menschen.   (1 Tim 2,1)

Bitten, Gebete, Fürbitten und Danksagungen sind an Gott gerichtet, in Jesus Christus durch den Heiligen Geist. Menschen können uns auf diesem Gebetsweg zu wesentlichen Grundvoraussetzungen helfen, denn gerade im zwischenmenschlichen Bereich liegt die Chance, uns einzuüben in eine unbelastete Kontaktaufnahme mit dem Urgrund allen Seins, mit Gott, zu dem wir lernen zu beten. So können uns zum Beispiel Menschen, die in der Nähe Gottes und ganz aus ihm ihr Leben gestalten, unsere geistig-religiöse Entwicklung fördern und uns sensibilisieren, damit wir in »höherem« Maße fähig werden, zu vergeben.

Die Gebete können in der angegebenen Reihenfolge vollzogen werden, aber auch einzeln. Dabei ist wichtig, das einzelne Gebet als notwendigen Bestandteil des Gesamt-Kosmischen Gebetes zu sehen, was sich nach längerer Gebetsübung ganz von selbst als Erfahrung einstellt.

Die in dem Pauluswort genannten Grundkategorien des Gebetes – Bitten, Gebete, Fürbitten, Danksagungen – sollen einzeln, ihrem Sinn entsprechend bedacht werden.

Die folgenden Schritte geben eine Anregung und Möglichkeit, das eigene Gebet so zu gestalten, daß wir mit dem Schöpfer des Himmels und der Erde in Berührung kommen, sein Heil erfahren und Anteil nehmen an allem, was ist und existiert.

Anrufung Gottes

Am Anfang eines jeden Gebetes steht die Anrufung Gottes im Namen des Vaters und des Sohnes und des Heiligen Geistes. Wir richten uns innerlich auf die unendliche Größe und Herrlichkeit Gottes aus, indem wir all das ganz aufrichtig zulassen, was sich auf ihn hin einstellen möchte. Wir können aber auch – mehr mit dem Herzen – eine Lobpreisung Gottes aus den Psalmen beten:

> Lobe den Herrn, meine Seele!
> Herr, mein Gott, wie groß bist du!
> Du bist mit Hoheit und Pracht bekleidet.
> Du hüllst dich in Licht wie in ein Kleid,
> Du spannst den Himmel aus wie ein Zelt.
> (Ps 104,1-2)

Bitten

Nun kehren wir ganz zu uns selbst zurück und spüren unserer Unruhe – wenn sie sich in uns zeigt – nach, bis wir ihren Grund erspüren. Wenn es begangene Fehler oder Sünden sind, möge Gott uns in seinem großen Erbarmen Vergebung schenken. Wir bitten ihn um Heil und Befreiung von seelischer Last, die uns vielleicht schon lange bedrückt.

Von allen meinen Übertretungen erlöse mich. (Ps 39,9)

In diesem Bittgebet dürfen wir nun Gott auf Wesentliches ansprechen, das uns in unserer geistig-seelischen Entwicklung fehlt. Wir dürfen ihn um Himmlisches und Großes bitten.

Der Engel aber sagte zu ihm: Fürchte dich nicht, Zacharias; dein Gebet ist erhört worden. Deine Frau Elisabeth wird dir einen Sohn gebären; dem sollst du den Namen Johannes geben.
(Lk 1,13)

Moses flehte zu Gott, dem Herrn, und sprach: Warum, Herr, ist dein Zorn gegen dein Volk entbrannt? Du hast es doch mit großer Macht und starker Hand aus Ägypten herausgeführt.
(Ex 32,11)

Und ich flehte zum zweiten Mal zum Herrn, wie auch das erste Mal aß ich vierzig Tage lang und vierzig Nächte lang kein Brot und trank kein Wasser, wegen all der Sünde, die ihr begangen hattet.
(Dtn 9,18)

Gebete

Wir kommen zu absolutem Schweigen und der Zurücknahme aller bewußten geistigen Aktivitäten. »Gebete« sind Gebete der Hingabe und gleichzeitig Anbetung Gottes, wobei das eigene Ich völlig zurücktritt. Damit sein Wille an uns geschehe, muß während des Gebetes unser Wille ganz aufgegeben werden.

Die schweigende Hingabe an Gott wird zum Einfach-Da-sein vor ihm.

Fürbitten

Fürbitten entströmen einem Herzen voller Nächstenliebe. Ganz erfüllt von Gottes Heiligem Geist ist er es, der in uns für uns und andere eintritt. Wenn wir durch kontinuierliches Beten und ein dem Gebet entsprechendes Leben tiefere Ruhe in uns spüren, und die Seele geistig zu werden beginnt, nehmen wir ganz von selbst alle die Menschen und ihre Anliegen mit in unser Gebet, die uns nahestehen, uns beeindruckt haben, und für die wir uns mitverantwortlich fühlen.

Unsere Fürbitten dürfen wir an ihn richten, wie auch Stephanus es tat: »Herr, rechne ihnen diese Sünde nicht an« (Apg 7,60) oder der Vater des mondsüchtigen Jungen: »Herr, hab' Erbarmen mit meinem Sohn« (Mt 17,15). Diese Bitte um Erbarmen kann sowohl einem anderen Menschen gelten als auch uns selbst.

Danksagungen

Im Erspüren und Wahrnehmen dessen, was wir in unserem Leben an Gutem empfangen haben, wird sich ein Gefühl tiefen Dankes an Gott einstellen. Danksagungen sind liebende Schwingungen des Herzens der Größe Gottes gegenüber auf Grund empfangener Geistesgaben. Wir werden einen immer größeren Überblick bekommen, der es zuläßt, auch Schicksalszusammenhänge anderer Menschen zu sehen. Wenn uns die für jeden zum Heil führende göttliche Erziehung, die allen Schicksalsabläufen zugrundeliegt, bewußt wird, können wir Gott im Staunen über seine Werke einfach nur noch danken.

Auch das Danksagen gilt es – wenn es geboten ist – untereinander einzuüben. Wenn wir aber schon Menschen unseren Dank ausprechen, um wieviel mehr sollten wir Christus Dank sagen für all das Gute, das er uns nach dem Willen des Vaters erwiesen hat!

In dieser Stunde rief Jesus, vom Heiligen Geist erfüllt, voll Freude aus: Ich preise dich, Vater, Herr des Himmels und der Erde, weil du all das den Weisen und Klugen verborgen, den Unmündigen aber offenbart hast. (Lk 10,21)

Lobpreisung

Der Dank an Gott geht in eine Lobpreisung über. Das Gebet wird beendet wie es begonnen wurde. Wir rühmen und preisen Gott, den Vater des gesamten Kosmos, durch Jesus Christus im Heiligen Geist.

Ihm, dem einen weisen Gott, sei Ehre durch Jesus Christus in alle Ewigkeit! (Röm 16,27)

14. »Durch Ihn und mit Ihm und in Ihm«

Jesus betete zu seinem Vater im Himmel, daß er im Heiligen Geist den göttlichen Willen erfahre (vgl. Mk 1,35; Lk 6,12 . 11,1; Joh 1,26 . 11,42 . 17,1).
Auf die Bitte eines Jüngers »Herr, lehre uns beten« weist Jesus auf seinen und unseren Vater und sagt: »So sollt ihr beten: Unser Vater im Himmel ...« (Mt 6,9).
Im geschichtlichen Rahmen stellt sich Jesus Christus als Mensch unter den Vater. Als göttliches Wort bereitet er den Weg für die große

lineare Bewegung und freie Ausrichtung der gesamten Schöpfung auf ihren Ursprung und ihr Endziel hin.

Durch Christus und mit Christus und in Christus beten wir zu Gott, unserem Vater, dem Schöpfer des Kosmos (vgl. Ps 110,4; Hebr 7,21). Jesus Christus, der uns gelehrt hat, im Gebet Gott, den Vater, anzurufen, weist uns klar darauf hin, in seinem Namen zum Vater zu beten:

> Was ihr vom Vater erbitten werdet, das wird er euch in meinem Namen geben. Bis jetzt habt ihr noch nichts in meinem Namen erbeten. Bittet, und ihr werdet empfangen, damit eure Freude vollkommen ist. (Joh 16,23-24)

Das Gebet, das im Namen Jesu Christi auf Gott ausgerichtet ist, beinhaltet die Hingabe, durch die wir letztlich uns selbst Gott darbringen. Ein solches Gebet wird dann zur reinen Anbetung Gottes.

Um es noch einmal zu sagen: Während seines irdischen Daseins weist Jesus als Mensch weit über sich hinaus auf den Vater:

> Warum nennst du mich gut? Niemand ist gut außer Gott, dem Einen. (Lk 18,19)

Jesus Christus, der unsere Schwächen kennt und mit uns fühlt – der in allem wie wir in Versuchung geführt worden ist, aber nicht gesündigt hat (vgl. Hebr 4,15), ist unser Fürsprecher beim Vater. Es ist ein unendlich kostbares Geschenk, das Gott uns durch Christus macht, denn in seinem großen Erbarmen sind wir wiedergeboren, damit wir durch die Auferstehung Jesu Christi von den Toten eine lebendige Hoffnung haben (vgl. 1 Petr 1,3).

Jesus bezeichnet sich als unseren Bruder, da wir – vom Geist Gottes geleitet – Söhne und Töchter Gottes sind (vgl. Röm 8,14).

Denn er, der heiligt, und sie, die geheiligt werden, stammen alle von Einem ab; darum scheut er sich nicht, sie Brüder zu nennen und zu sagen: Ich will deinen Namen meinen Brüdern verkünden, inmitten der Gemeinde dich preisen.   (Hebr 2,11-12)

So versteht sich, daß wir mit Christus und durch Christus, unseren Bruder, zum Vater beten.

15. Beten ist Aufbruch in ein neues Geheimnis

Die Sehnsucht, geistig zu werden

Beten ist Aufbruch in ein jeweils neues Geheimnis. Damit es sich offenbare und in eine reale Beziehung zum Leben treten kann, ist das »rechte Beten« notwendig:

Bittet um das Große, und das Kleine wird euch hinzugegeben. Bittet um das Himmlische, und das Irdische wird euch hinzugegeben.   (Logion Jesu)

Dieses göttliche Wort zeigt eindeutig die Prioritäten, ohne die körperlichen, materiellen Dinge abzuwerten, die die Folgen der geistigen Gnadengaben sind. Alles Sinnbildliche (Symbolische) und Vorbildliche (Typische) ist im Vergleich mit dem Geistigen »klein« und »irdisch«.

Wie wir gesehen haben, sind die angeführten Bitten, die erfüllt wurden, Symbol für eine höhere Wirklichkeit. Der Blick auf diejenigen, die ihren Glaubens- und Gebetsweg konsequent und erfolgreich ge-

gangen sind, kann Motivation sein, sich diese als Vorbild zu wählen. Vorbild soll im Sinne von Anregung verstanden werden; nicht als Nachahmung. Beten wir auf individuelle Weise um »Himmlisches und Großes«, werden wir erfahren, daß die »irdischen und kleinen Dinge« uns wie von selbst und angemessen zugegeben werden.
Mit anderen Worten:
Die tiefste, dem Menschen eingeborene Sehnsucht ist es, geistig zu werden, um wieder Anteil am »Himmelreich« zu haben. Daher sollen unsere Gebete auf das »Himmlische« gerichtet sein. Die durchaus in diesem Leben notwendigen irdischen, materiellen und leiblichen Güter treten im Gebet zurück, werden aber – ohne viele Worte darum zu machen – von Gott, dem Vater, ganz selbstverständlich jedem in der für ihn richtigen Weise geschenkt.

✧ *Mit Gebeten sagen wir Dank, bitten für andere und lobpreisen Gott. Was hat das Gebet nun mit einem »Aufbruch in ein neues Geheimnis« zu tun?*
In allen Gebeten – ganz gleich, welche Intention sie haben oder aus welcher Lebenssituation heraus sie formuliert werden: Letztlich überlassen wir uns der Führung des Heiligen Geistes, so daß sich mehr und mehr die Vater unser-Bitte »Dein Wille geschehe« an uns erfüllt. Dem Willen Gottes entsprechen, seinen Geist durch uns in diese Welt tragen – das ist das Himmlische und Große: in der persönlichen Erfahrung des Betenden sowohl im Gebet als auch im aktiven Leben liegt der Aufbruch in ein noch geheimes Abenteuer mit Gott. ✧

»Macht euch also keine Sorgen …«

Infolge akuter und oft auch bedrängender Lebenssituationen ist uns das tiefste Bedürfnis unserer Seele, geistig zu werden, nicht immer bewußt. Meist erscheint uns dann – wenn überhaupt ein Beten möglich ist – die Bitte um Erfüllung irdischer und leiblicher Wünsche vorrangig. Das ist nur zu verständlich, denn körperliche Schmerzen oder seelische Qualen engen unseren Blick ein, lenken ihn nur in eine einzige Richtung, auf den Wunsch hin, endlich hiervon erlöst zu sein.

So schwer es uns Menschen auch in diesen ausweglos scheinenden Situationen fallen mag: Lösen wir uns von diesem irdischen oder leiblichen Schmerz, und gelingt es uns, Schicksalszusammenhänge zu erkennen, indem wir uns im Gebet auf Gott ausrichten, erhalten wir nicht nur einen Einblick in eine andere Dimension unseres Lebens: Er wird uns auch die Kraft schenken, mit unserem irdischen Leid anders umzugehen, es zu besiegen und mit unserem Schicksal fertig zu werden.

Die Bitte um Geistiges hat Priorität, wie auch immer die jeweiligen Umstände sein mögen, aus denen heraus gebetet wird. So schwer es auch manchmal sein mag – das Wort aus dem Evangelium ist keine Theorie:

> Macht euch also keine Sorgen ... Euer himmlischer Vater weiß, daß ihr das alles braucht. Euch aber muß es zuerst um sein Reich und um seine Gerechtigkeit gehen; dann wird euch alles andere dazugegeben. (Mt 6,31-33)

Zum noch leichteren Verständnis:
Erhalten wir ein Geschenk, so wird man nicht sagen, daß man den Schatten des Gegenstandes bekommen habe – obwohl naturgemäß alles Gegenständliche einen Schatten besitzt. Der Schenkende hatte durchaus nicht die Absicht, uns zwei Dinge zu überreichen: den Gegenstand und den Schatten. Er wollte uns mit dem eigentlichen Geschenk eine Freude bereiten. Mit dieser Gabe erhalten wir gleichzeitig den damit verbundenen Schatten.

Wenn wir uns der Gaben, die Gott uns vorrangig zukommen läßt, und ihrer Größe bewußt werden – wenn wir sie wirklich wahrzunehmen imstande sind – erfahren wir auch die jeweilige Beigabe. Sozusagen als Begleiterscheinung erhalten wir zu den geistigen Gnadengaben auch die irdischen und materiellen Dinge – jeweils zu unserem besten und dem Willen Gottes entsprechend. In jedem Fall ist sowohl die geistige als auch die damit verbundene irdische Gabe eine uns angemessene; zugewiesen durch die unendliche Weisheit und Liebe Gottes.

Diesen göttlichen Plan in seiner kosmischen Weite zu begreifen, ist uns allerdings noch nicht oder nur bedingt vergönnt, so daß menschliches Fragen nach Ursachen und Gründen vorerst noch vielfach unbeantwortet bleiben muß.

✧ *Für mich hört sich das so an, als hätten wir jeden »Schatten« anzunehmen, da er ja eine Beigabe Gottes ist. Wir leben in einer Leistungs- und Wettbewerbsgesellschaft. Würden wir nicht untergehen, wenn wir uns nicht immer wieder gegen unser sogenanntes Schicksal und unseren »Schatten« auflehnten?*

Sie verwechseln den »Schatten« mit etwas rein Negativem oder besetzen das Wort mit Inhalten aus der Tiefenpsychologie. Origenes versteht unter »Schatten« etwas ganz anderes: Im Gebet richten wir unseren Geist und unsere Seele auf Gott aus, bereit, das unserem Schicksal Entsprechende von ihm anzunehmen. Den geistigen Gaben, die er uns gewährt, sind auch die irdisch-materiellen Güter (= Schatten) mitgegeben – individuell verschieden. Immer beinhalten sowohl die geistigen als auch die irdischen Güter für uns etwas »Gutes«. Damit wir offen sind für Gottes Geist, muß Raum geschaffen werden. Das hat dann etwas mit einem Aufbruch zu tun und kann vorübergehend schmerzhaft sein. Auflehnen wird sich dann mit Recht nur derjenige, der die tieferen Schicksalszusammenhänge noch nicht versteht. ✧

Symbole geistiger Wirklichkeit

Selbst wenn uns vordergründig die Beigaben des Geschenkes ins Auge fallen, so sind sie doch jeweils nur »Schatten« der geistigen Güter.

An den sieben Beispielen aus dem Alten Testament wird dieses noch einmal verdeutlicht:

– In einem weitaus höheren Grad als ihr Leib, der den Samuel trug, war Hannas Seele von jeglicher Unfruchtbarkeit befreit.

– Durch das irdische Leben, das ihm gewährt wurde, konnte Hiskija noch viele Jahre geistig wirken und fruchtbringend arbeiten.
– Ester und ihr ganzes Volk wurde vor widergöttlichen geistigen Anfeindungen und Nachstellungen errettet.
– Judit vernichtete die zerstörerischen Mächte in sich, die ihre Seele zu verderben suchten.
– Es war der sich über alle wahrhaft Betenden ausbreitende geistige Segen, der von Isaak über Jakob gesprochen, sich bei den drei Männern im Feuer als wirkmächtig erwies: »Gott möge dir vom Tau des Himmels geben« (Gen 27,28).
– Die inneren Angreifer verstummten und konnten der Seele Daniels nichts anhaben.
– Jonas konnte durch die Teilhabe an Gottes Heiligem Geist den verschlingenden Chaosmächten entkommen – dem Tod, den Jesus Christus, unser Heiland, überwunden hat.

16. Schatten – Zugabe des Wesentlichen

Die irdischen Güter sind also nur als »Schatten« der geistigen Gaben anzusehen. Dieser Schatten wird, wie wir in der täglichen Realität sehen, bei gleichen geistigen Zuwendungen Gottes, die entsprechend auch den gleichen Schatten haben müßten, ganz individuell verschieden gewährt.
Es zeigt sich sogar, daß einigen Menschen diese irdische Beigabe überhaupt nicht zuteil wird.

Gesetze der Sonnenuhr

Die Gesetze der Sonnenuhren und das Verhältnis von Sonne und Schatten verdeutlichen dies bildhaft. In den tropischen Zonen der Erde – zwischen den beiden Wendekreisen – sind die Zeiger der Sonnenuhren zu einer bestimmten Zeit (zweimal im Jahr mittags, wenn die Sonne genau im Zenit steht) völlig ohne Schatten. Zu anderen Zeiten jedoch sowie in anderen Gegenden sind die Schatten bald länger, bald kürzer; am längsten bei Aufgang und Untergang der Sonne, am kürzesten in der Mittagszeit – je nach Entfernung der Sonne vom Zenit.

Übertragen:

Da Gott, der Geber alles Guten, uns die geistigen Gaben nach seinem Ratschluß und nach gewissen unaussprechlichen, für uns noch geheimnisvollen Rück-Sichten als Geschenk gewährt, müssen wir davon ausgehen, daß auch die Beigaben entsprechend den Empfängern und den Zeiten von unterschiedlichster Natur sind.

✧ *Dieses Beispiel vom Schatten erinnert mich an das Höhlengleichnis bei Platon. Wird Origenes nicht vorgeworfen, christliches Gedankengut mit dem aus der griechischen Philosophie vermischt zu haben?*

Sicherlich wurde Origenes von platonischen Überlegungen angeregt: Der an das Sinnenhafte, das Weltliche gefesselte Mensch soll befreit und sein Blick ins Helle, zur Idee des Guten gelenkt werden. Die Schatten sind für Origenes unbedeutend; daher eine Begleiterscheinung. Er möchte die Blickrichtung nach oben, zum Göttlichen lenken. Der Vorwurf geschieht zu unrecht. Origenes ist kein Philosoph, sondern Christ und Lehrer. Er nimmt durchaus philosophische Gedanken auf, wenn sie dem christlichen Glauben dienen – kann sie aber auch streng ablehnen und verurteilen, wenn sie dem Glauben widersprechen. Bei aller Bewunderung für Platon behält sich Origenes jene Freiheit vor, die zur Entfaltung und Offenbarung des christlichen Glaubens notwendig ist. ✧

Bleibende Werte

Wer sich nach den Sonnenstrahlen sehnt, ist weder erfreut über die Anwesenheit noch betrübt über die Abwesenheit des Schattens. Wenn er von der Sonne beschienen wird, ist seine Sehnsucht erfüllt, und er hat das Notwendigste.

Dürfen wir das Geistige empfangen und werden von Gott dahingehend »erleuchtet«, daß uns die wahren und bleibenden Werte bewußt werden, dann sind wir nicht mehr kleinlich besorgt um das, was dem Schatten entspricht, und kümmern uns nicht um Unbedeutendes. Denn alles Weltliche und Körperliche, was es auch immer sein mag, hat die Bedeutung eines flüchtigen und kraftlosen Schattens und kann in keiner Weise mit den heilbringenden Gaben Gottes, dem Schöpfer des gesamten Kosmos, auf eine Ebene gestellt werden. Ein Vergleich zwischen materiellem Reichtum und geistigem Reichtum in Wort, Weisheit und Erkenntnis jeder Art ist nicht möglich (vgl. 1 Kor 1,5). Bei aller Wertschätzung der körperlichen Gesundheit ist sie nicht im entferntesten gleichzusetzen mit einem gesunden Geist, einer starken Seele und einem klaren Verstand. Ein starkes geistiges Leben, durch das Wort Gottes in uns, läßt uns seelische und körperliche Leiden leichter ertragen.

17. Schönheit und kosmische Weite der Seele

Wer die Schönheit und kosmische Weite der Seele wahrzunehmen vermag, die in ihrer Vergeistigung durch Gott und sein Wort überirdische und sogar überhimmlische Eigenschaften angenommen hat, der wird in der irdisch-körperlichen Welt nichts Vergleichbares finden, was dieser »Schönheit« der Seele nahekommt – weder die

Schönheit einer Frau, eines Kindes oder Mannes, noch die Schönheit der Natur.

Alles Sterbliche ist wie das Gras,
und all seine Schönheit ist wie die Blume auf dem Feld.
Das Gras verdorrt, die Blume verwelkt,
wenn der Atem des Herrn darüberweht.
Wahrhaftig, Gras ist das Volk.
Das Gras verdorrt, die Blume verwelkt,
doch das Wort unseres Gottes bleibt in Ewigkeit.

(Jes 40,6-8)

Was wir Menschen gewöhnlich mit »Adel« bezeichnen, wird absolut gering, wenn jemand »in den Stand« versetzt wird, den »Adel« einer vergeistigten Seele zu erspüren und zu schauen. Und wenn der in die kosmische Dimension fortgeschrittene Geist das »unerschütterliche Reich Christi« (Hebr 12,28) betrachtet, wie sollte da für ihn nicht jedes »irdische Reich« kaum der Beachtung wert sein? Wie sollte er nicht, selbst wenn er kraftloser wäre als ein Schatten, die von den noch Unverständigen bewunderten Dinge als unwichtig und vergänglich ansehen?
Hat nun die Seele eine solche geistige Entwicklung genommen, ist der Mensch in der Lage, allen materiellen Besitz leicht loszulassen, um das Geistige und Göttliche nicht zu verfehlen.
Trotz der Schattenhaftigkeit der irdischen Güter sind sie aber nicht bedeutungslos und abzuwerten. Wenn wir *das* Gebet einüben, das die Seele zu Gott erhebt, sie geistig werden läßt und ihr am göttlichen Sein Anteil schenkt, dürfen wir darauf hoffen, daß Gott unsere irdischen existentiellen Bedürfnisse nicht außer acht läßt.
Beten um das wahrhaft »Himmlische und Große« ist also für den Menschen allezeit lebensnotwendig. Im Gebet lassen wir alle Sorge und Angst um Vergängliches, Irdisches, Materielles, sogar um die

körperliche Gesundheit los – im Wissen und Vertrauen darauf, daß Gott uns mit den geistigen Gnadengaben auch zur angemessen Zeit diese hier und jetzt lebens-notwendigen »Schatten« gewährt.

Du aber geh in deine Kammer, wenn du betest, und schließ die Tür zu; dann bete zu deinem Vater, der im Verborgenen ist. Dein Vater, der auch das Verborgene sieht, wird es dir vergelten. Wenn ihr betet, sollt ihr nicht plappern wie die Heiden, die meinen, sie werden nur erhört, wenn sie viele Worte machen.

Macht es nicht wie sie; denn euer Vater weiß, was ihr braucht, noch ehe ihr ihn bittet. So sollt ihr beten: Unser Vater im Himmel, dein Name werde geheiligt ...   (Mt 6,6-9)

✧ *Die Schönheit und kosmische Weite der Seele wahrnehmen – ist das nicht für alle Menschen nur ein Trost, die mit Krankheit, Armut und großen Sorgen leben müssen?*
Nicht Hoffnung oder Trost, sondern Erfahrung der Wahrheit, Einsicht in die Wahrheit und der tiefe Sinn des Weltzusammenhangs werden vermittelt. Vergessen Sie bitte nicht die immer und immer wieder nahegelegte und empfohlene Praxis des rechten Betens. Auf dem Fundament dieser Erfahrung baut die Schrift »Vom Gebet« auf und sollte daher nicht nur »gelesen« werden. Sie soll den Betenden praktisch begleiten und – wenn nötig – ihn korrigieren. Vor allem aber gibt die Schrift auf dem geistlichen Gebetsweg Bestätigung und Vertrauen in den Sinn eines belasteten Lebensweges. Daß dabei höhere Ziele und weitere Dimensionen, die im kosmischen Bewußtsein des Origenes Erfahrung waren, in den Blick gebracht werden, ist erklärlich und notwendig. ✧

All-umfassendes Fortschreiten

1. Das Vater unser

Nachdem im ersten Teil eine Hinführung zum »Kosmischen Gebet« gegeben wurde, soll nun die umfassende Bedeutung des Vater unser näher besprochen werden. Mit der folgenden weiterführenden Darlegung ist es uns besser möglich, jenseits aller Theorie, allen Denkens und Bedenkens, auf unser persönliches Beten hin die unendlich liebevolle Gnade Gottes durch Christus im Heiligen Geist zu erfahren. Beide Evangelisten, Matthäus und Lukas, haben das Vater unser überliefert:

> Unser Vater, der du bist in den Himmeln,
> geheiligt werde dein Name!
> Dein Reich komme,
> dein Wille geschehe
> wie im Himmel, so auf Erden.
> Unser tägliches Brot gib uns heute.
> Und vergib uns unsere Schuld,
> wie auch wir sie unseren Schuldnern
> vergeben haben.
> Und führe uns nicht in Versuchung,
> sondern erlöse uns von dem Bösen.
>
> (Mt. 6,9-13)

Vater, geheiligt werde dein Name.
Dein Reich komme.
Unser tägliches Brot gib uns jeden Tag.
Und vergib uns unsere Sünden;
denn auch wir vergeben jedem, was er
uns schuldig ist.
Und führe uns nicht in Versuchung.

(Lk 11,2-4)

Die beiden Gebetstexte weisen nur geringe Unterscheidungen auf. Bei
Matthäus ist das Vater unser Bestandteil der Bergpredigt und steht damit in einem engen Zusammenhang mit den Seligpreisungen.
Bei Lukas beantwortet Jesus mit dem Vater unser die konkrete Frage
eines Jüngers, der ihn beim Beten beobachtet hatte. Dieser Jünger war
wohl bei der Predigt Jesu am Beginn seines öffentlichen Auftretens
nicht zugegen oder hatte ihren Inhalt vergessen.

2. »Macht es nicht wie die Heuchler ...«

Vor jedem Beten ist eine angemessene Bereitung hilfreiche Voraussetzung. Für die Bereitung des Vater unser gibt uns Jesus selbst wichtige Anweisungen:

Wenn ihr betet, macht es nicht wie die Heuchler. Sie stellen
sich beim Gebet gern in die Synagogen und an die Straßenek-
ken, damit sie von den Leuten gesehen werden.
Amen, das sage ich euch: Sie haben ihren Lohn bereits erhalten.
Du aber geh in deine Kammer, wenn du betest, und schließ die
Tür zu; dann bete zu deinem Vater, der im Verborgenen ist.

Dein Vater, der auch das Verborgene sieht, wird es dir vergelten.

Wenn ihr betet, sollt ihr nicht plappern wie die Heiden, die meinen, sie werden nur erhört, wenn sie viele Worte machen. Macht es nicht wie sie; denn euer Vater weiß, was ihr braucht, noch ehe ihr ihn bittet.

So sollt ihr beten: …   (Mt 6,5-9)

Vielfach hat sich Jesus gegen die Heuchler ausgesprochen, die die Achtung anderer Menschen und deren Verehrung durch Äußerlichkeiten oder zur Schau getragene Frömmigkeit erreichen wollten. Ein solches Verhalten ist ebenso zu verachten wie das von denen, die sich mit ihren aus dem Überfluß kommenden »Wohltaten« vor anderen brüsten.

Wie könnt ihr zum Glauben kommen, wenn ihr eure Ehre voneinander empfangt, nicht aber die Ehre sucht, die von dem einen Gott kommt?   (Joh 5,44)

Es bedeutet nichts – und erst recht nicht vor Gott – und es verliert völlig seinen Wert, wenn wir
- großzügig Spenden geben, damit andere es sehen,
- uns im sozialen und caritativen Bereich menschlicher Anerkennung wegen engagieren,
- kirchliche Dienste übernehmen, um in der Gemeinde besser dazustehen,
- Gottesdienste und religiöse Veranstaltungen besuchen, um uns zu zeigen und von anderen gesehen zu werden,
- in der Öffentlichkeit beten, um durch den Anschein der Frömmigkeit aufzufallen um jeden Preis.
Der reiche Mann zum Beispiel, der Lazarus vor seiner Tür hatte liegen lassen, weil er nur damit beschäftigt war, rein egoistisch seinen

Anteil am Guten in dieser Welt auszuleben, hatte seinen »Lohn« bereits in diesem Leben erhalten. Die Antwort war, daß er nach dem gegenwärtigen Leben leiden mußte (vgl. Lk 16,25).

Wer also nur in dieser und für diese Welt lebt und dazu noch in seiner religiös-geistigen Ausrichtung von der Anerkennung von Menschen abhängig ist, wird es in Folgezeiten sehr schwer haben. Menschliche Gefühle, Gedanken und die Akzeptanz durch andere können instabil sein und damit auch schnell vergänglich.

Das wahrhaftige Gebet ist imstande, eine Brücke vom Vergänglichen zum unvergänglich Ewigen zu schlagen, indem es die immer neue Einübung verlangt, sich vertrauensvoll einzig und allein auf Gott zu verlassen, auf seinen Heiligen Geist.

Wer im Vertrauen auf das Fleisch sät, wird vom Fleisch Verderben ernten; wer aber im Vertrauen auf den Geist sät, wird vom Geist ewiges Leben ernten. (Gal 6,8)

✧ *Würden wir auf all die Menschen verzichten müssen, die sich der Äußerlichkeit wegen im sozialen Dienst engagieren: Ich glaube, unser soziales System würde zusammenbrechen.*

Kurzfristig und kurzsichtig gesehen haben Sie sicherlich recht. Einer solchen Gefahr können wir jedoch begegnen, indem wir unsere Mitverantwortung für eine Entwicklung zum Guten und eine tiefere religiöse Innerlichkeit wahrnehmen und leben. Hierbei hilft uns die im Gebet geschenkte größer werdende Toleranz und Erkenntnis. Insofern brauchen wir uns um die Zukunft dessen, was wir unter »Mitmenschlichkeit« verstehen, keine Sorgen zu machen. ✧

... und geht den bequemen Weg

Wer auf der verlockenden breiten, jedoch kurvenreichen Straße mit vielen Abzweigungen seinen Weg nimmt, wird im eigentlichen Sinne nicht fortschreiten können. Die Ablenkungen üben eine derartige

Faszination aus, daß die innere Aus-Richtung und Geradheit sowie auch die vorgegebene Gangart und Beschleunigung in der persönlichen Entwicklung Schaden nehmen. Sehr viele Menschen gehen diesen Weg in ständiger innerer Unruhe und in immer neuen Suchbewegungen … So wechselhaft und unbeständig ist auch ihr Beten – wenn sie überhaupt beten.

Dem Bild des breiten, verlockenden Weges steht das des engen und schmalen Weges gegenüber. Dieser führt – wie eine gerade aufsteigende Linie ohne die geringste Krümmung oder Biegung – direkt zum Ziel. Jesus Christus weist den Weg:

> Geht durch das enge Tor! Denn das Tor ist weit, das ins Verderben führt, und der Weg dahin ist breit, und viele gehen auf ihm. Aber das Tor, das zum Leben führt, ist eng, und der Weg dahin ist schmal, und nur wenige finden ihn.   (Mt 7,13-14)

Wer nur ein bißchen Einsicht hat in die verborgenen Geheimnisse des Weges, beginnt, auch ohne viele Worte und Umstände zu machen, zu beten – zu beten aus Liebe.

Äußerlichkeiten führen in die Irre

Nicht die Gefühle, Gedanken, Worte und Ansichten der Menschen sind für Gott entscheidend, nicht das Äußere in Erscheinung-Treten, sondern das »Einfach-Dasein« vor ihm:

> Jeder mit seiner Gabe, die dem Segen entspricht, den er vom Herrn, seinem Gott, erhalten hat.   (Dtn 16,17)

Wenn die Religiösität eines Menschen zu stark nach außen tritt und sich zeigen will, kann es durchaus sein, daß sie nur zum Schein und nicht wahrhaft existiert. Durch ein derartiges, oft unangenehm und peinlich wirkendes Sich-zeigen besteht die Gefahr einer Selbsttäuschung. Diese kann die von Natur aus gesunden Vorstellungen in die Irre führen und ein Wachsen echter, tiefer Religiösität verhindern.

In der Rolle eines Schauspielers kann sich eine völlig andere Grundeinstellung zeigen als dieser sie persönlich vertritt. Hier handelt es sich um keine Täuschung, denn jedem ist dies bewußt. Von einer Täuschung sprechen kann man aber bei religiös »verkleideten« Menschen, die ihre Rolle prächtig spielen. Eine oftmals theatralisch zur Schau getragene Gerechtigkeit sagt über die wahre Innerlichkeit nichts aus.

✧ *Kann eine solche nach außen getragene Religiösität nicht auch aus der guten Absicht heraus kommen, andere bekehren zu wollen?*
Natürlich müssen religiöse Lehren vermittelt und weitergegeben werden. Öffentlich und unter vier Augen. Die Gefahr geht von den Menschen aus, die ausschließlich ihr eigenes Ich zur Schau tragen und sich selbst darstellen wollen – schlimmer noch: wenn sich eine Bekehrungsabsicht dahinter verbirgt. Lebt ein Mensch aus einer tiefen inneren Spiritualität, wird für ihn unweigerlich eine Zeit kommen, in der er sehr gefragt ist. Statt »Bekehrung« erreichen zu wollen, wird er die Entwicklung anderer sensibler unterstützen – durch sein Vorbild. ✧

Innerlichkeit führt zur wahren Erkenntnis

Wer seine wirkliche Religiösität finden und leben will, gibt alles ab, was nicht zu seinem Wesen gehört. Er hält inne und geht – bildlich gesprochen – in seine »Kammer«, wo »alle Schätze der Weisheit und Erkenntnis verborgen« sind (Kol 2,3).

Für die Zeit des Betens hat er sich von der Außenwelt zurückgezogen und jede bewußt gesteuerte Wahrnehmung, Betrachtung und Erwägung aufgegeben.

– Damit er auf dem Weg in die Innerlichkeit, in das Verborgene, nicht durch die Sinneswahrnehmung abgelenkt wird, hat er förmlich jede »Tür« nach außen verschlossen.

– Damit sich seinem Inneren, das im Gebet zur Ruhe kommen möchte, keine neu geweckten Vorstellungen und Bilder mehr aufdrängen, gibt er jede Eigeninitiative auf.
– Damit sich auch seinem Geist, der ebenso die im Verborgenen beheimatete Ruhe in Gott sucht, keine neuen Spuren einprägen, unterläßt er alles aktive Denken, das nichts mit dem Beten zu tun hat.
Jetzt ist das Gebet zu einem wesentlichen geworden, denn der Zugang zum Vater im Verborgenen ist nicht mehr durch eigene Barrieren verstellt.

Jesus antwortete ihm: Wenn jemand mich liebt, wird er an meinem Wort festhalten; mein Vater wird ihn lieben, und wir werden zu ihm kommen und bei ihm wohnen. (Joh 14,23)

Wenn wir also diese Voraussetzungen zum Beten erfüllen und »die Tür unserer Kammer« schließen, werden sich die Türen zu Gott in unserem Inneren öffnen, nicht nur zum gerechten Gott, unserem Vater, sondern auch zu seinem eingeborenen Sohn Jesus Christus, der im Heiligen Geist im Verborgenen von uns ebenso zugegen ist.
Die uns noch »verborgenen Schätze der Weisheit und Erkenntnis« werden uns durch ein solches Beten offenbar und zugänglich gemacht.

Plappern ist ohne Sinn

Ein Hindernis auf diesem Weg nach innen sind die vielen Worte und Gedankeninhalte, die das Evangelium mit dem Wort »Plappern« bezeichnet; ebenso alle irdisch und materiell ausgerichteten Bitten.
Ohne uns selbst und auch die Art des Betens kritisch zu prüfen, kommt es allzu oft zu oberflächlich dahergesagten Gebeten, die dann Vergängliches in Worten oder Gedanken zum Inhalt haben. Ein sol-

ches Beten ist dem Unvergänglichen gegenüber unangemessen, fern und fremd. Es zeigt, daß über die leiblichen und äußerlichen Wünsche hinaus nicht einmal die Vorstellung einer anderen Dimension entwickelt ist. Ein solches Beten verrät den noch geringen geistigen Stand und bleibt erfolglos.

> Bei vielem Reden bleibt die Sünde nicht aus,
> wer seine Lippen zügelt, ist klug.　　(Spr 10,19)

Oftmals kann man davon ausgehen, daß dem, der viel redet und viele Worte macht, die Verbindung zur Einheit, zu dem Einen, verlorengegangen ist. Seine geistige Entwicklung ist noch sehr uneinheitlich – vergleichbar mit der materiellen Ebene, denn alles Materielle und Körperliche bildet keine Einheit, ist teilbar und daher vergänglich.

Einfach ist das Wort Gottes

> Ein-fach nämlich ist das Gute,
> viel-fältig aber das Nicht-Gute;
> und ein-fach ist die Wahrheit,
> viel-fältig aber sind die Lügen;
> und ein-fach ist die wahre Gerechtigkeit,
> viel-fältig aber sind die Möglichkeiten, sie zu verstellen;
> und ein-fach ist die Weisheit Gottes,
> viel-fältig aber die Weisheit der Beherrscher dieser Welt;
> und ein-fach ist das Wort Gottes,
> viel-fältig aber sind die Gott entfremdeten Worte.

Viele Worte ermöglichen es dem Betenden nicht, mit der Einheit, dem Einen, mit Gott in Berührung zu kommen, geistig zu werden und die im Einklang mit Gottes Vorsehung stehenden Gebetsanliegen erfüllt zu bekommen. Gott, unser Vater, weiß, was wir brauchen, noch ehe wir ihn darum bitten (vgl. Mt 6,8).

Falsches Beten mit vielen Worten hat seinen Grund darin, daß jemand Gott nicht kennt und alles, was von Gott kommt und auf ihn hinweist, nicht wahrnehmen kann. Somit weiß er letztlich auch nicht um seine eigenen geistigen Bedürfnisse. Das, was er in diesem Leben glaubt anstreben zu müssen, kann daher völlig verfehlt sein.

Ist aber jemand in der Lage, die Zeichen und die vielen Wegweisungen im Zusammenhang mit der uns nicht sichtbaren Welt wahrzunehmen, kann er auch die größeren und göttlicheren Dinge, die für sein Leben notwendig sind, geistig erfassen. Er betet und lebt in der Gewißheit, daß der Vater diese bereits kennt und ihm das gewähren wird, was er braucht.

Nach den einleitenden Worten und Anweisungen Jesu zum Gebet des Herrn soll nun der tiefere und verborgene Sinn des Vater unser offenbar gemacht werden.

✧ *Wie habe ich in diesem Zusammenhang beispielsweise das Beten der Psalmen zu verstehen?*

Natürlich gibt es viele Gebete, in denen wir Worte machen. Dies ist insbesondere dann von hohem Wert, wenn Menschen sich zum Gebet zusammenfinden und sich gemeinsam auf Gott ausrichten. Das Wort »Die Versammlung ist der Sammlung vorzuziehen« hat jedoch nur seine Berechtigung, wenn einem gemeinsamen Beten gemeinsames Schweigen und Meditieren vorausgeht. Im Miteinander verstärken sich dann Atmosphäre und gute Schwingungen. Bildlich gesehen: Gehen mehrere Menschen im Gleichschritt über eine Brücke, wird die Energie so stark, daß die ganze Brücke in Schwingung gerät. ✧

3. Lebendige Verbindung

Im Alten Testament findet sich kein Gebet, in dem der Betende Gott als »Vater« bezeichnet. Erst Jesus Christus lehrte uns, Gott im Gebet freimütig »unseren Vater« nennen zu dürfen. Wenn auch nicht im Gebet, so nennt doch das Alte Testament Gott an einigen Stellen »Vater« und diejenigen »Söhne«, die dem Wort Gottes entsprechen.

Ist es nicht dein Vater, dein Schöpfer? Hat er dich nicht geschaffen und dir Dasein verliehen? (Dtn 32,6)

Söhne habe ich gezeugt und erhöht, sie aber haben mich verworfen. (Jes 1,2)

Von einer wahren Gotteskindschaft ist allerdings hier noch nicht die Rede.

Als aber die Zeit erfüllt war, sandte Gott seinen Sohn. (Gal 4,4)

Denn ihr habt nicht einen Geist empfangen, der euch zu Sklaven macht, so daß ihr euch immer noch fürchten müßtet, sondern ihr habt den Geist empfangen, der euch zu Söhnen und Töchtern macht, den Geist, in dem wir rufen: Abba, Vater! (Röm 8,15)

Gleich zu Beginn fordert das Gebet des Herrn auf, zu Gott »Vater« zu sagen. Was aber wird in uns ausgelöst, wenn wir zu Gott, dem Schöpfer des Himmels und der Erde, »Vater« sagen? Ehrlich kann diese Anrede nur der bedenkenlos gebrauchen, der Gott anerkennt und immer neu bereit ist, zu geben und zu empfangen. Wahrhaftig kann man dies aber nur in Gemeinschaft mit Gottes Heiligem Geist.

Keiner kann sagen: Jesus ist der Herr!, wenn er nicht aus dem Heiligen Geist redet. (1 Kor 12,3)

Das Bekenntnis »Jesus ist der Herr« kann nur der lebenswahrhaftig ablegen, der als Christ dem Wort Gottes treu ist und ihm auch im Alltag dient. Ein Beten, dem nicht ein dem Wort Gottes entsprechendes Denken und Handeln zugrundeliegt, ist sinn- und zwecklos. Derjenige aber, dem durch sein Leben und sein Beten die liebende Verbindung zu Gott bewußt und erfahrbar geworden ist, und der somit einen Schutz vor widergöttlichen Kräften besitzt, drückt einzig und allein schon durch seine Taten die Gebetsworte aus: »Unser Vater, der du bist in den Himmeln«.

So bezeugt der Geist selber unserem Geist, daß wir Kinder Gottes sind. Sind wir aber Kinder, dann auch Erben; wir sind Erben Gottes und sind Miterben Christi, wenn wir mit ihm leiden, um mit ihm auch verherrlicht zu werden. (Röm 8,16-17)

Wenn schon die Taten eines Christen das »Vater unser« widerspiegeln, um wieviel mehr wird es glaubend das Herz tun, die Quelle und der Ursprung alles Guten?

Wer mit dem Herzen glaubt und mit dem Mund bekennt, wird Gerechtigkeit und Heil erlangen. (Röm 10,10)

Belichtung der Seele

Handlungen, Worte und Gedanken lassen göttliche Eigenschaften transparent werden. Durch Jesus Christus, der das »Ebenbild des unsichtbaren Gottes, der Erstgeborene der ganzen Schöpfung« ist (Kol 1,15), entsteht in uns durch unser So-Sein und Handeln das

Ebenbild des Schöpfers. Gott, der Vater, der »seine Sonne aufgehen läßt über Bösen und Guten, und der es regnen läßt über Gerechte und Ungerechte« (Mt 5,45), gibt allen die Chance, dieses »Bild des Himmlischen« (1 Kor 15,49) zu entwickeln.

> Gleicht euch nicht dieser Welt an, sondern wandelt euch und erneuert euer Denken, damit ihr prüfen und erkennen könnt, was der Wille Gottes ist: was ihm gefällt, was gut und vollkommen ist.
>
> (Röm 2,12)

Auf diesem Weg der Umgestaltung, Erneuerung und Bewußtwerdung ist Beten unweigerlich notwendig, um »zu einem neuen Menschen zu werden, der nach dem Bild seines Schöpfers erneuert wird, um ihn zu erkennen« (Kol 3,10).

Indem unsere Seele mit großer Unterstützung durch das Beten geistig wird, wird das Bild Gottes in ihr belichtet. In dieser Transparenz auf Gott hin haben die Worte »Unser Vater, der du bist in den Himmeln« einen ganz neuen Klang und eine tiefere Bedeutung. Aus der bewußt und lebendig gewordenen Ebenbildlichkeit und Nähe Gottes entsteht mehr und mehr die Fähigkeit, falsche Entscheidungen zu meiden, eine sichere Wahl zu treffen und lebensunterstützend zu handeln.

Bei vielen Menschen stimmen jedoch die Voraussetzungen nicht, sei es durch Unwissenheit, falsche Wahl oder bewußte Abkehr von Gott. Dunkle Schatten in ihrer Seele nehmen ihnen die Möglichkeit, gut zu sein. Auch sie dürfen auf Heilung und Befreiung durch Jesus Christus hoffen und auf ihn vertrauen, der sich immer neu offenbaren möchte, um die Werke der Finsternis zu zerstören (vgl. 1 Joh 3,8).

Gewähren wir ihm und damit dem Wort Gottes Einlaß in unser Inneres – in besonders wirksamer Weise durch rechtes Beten – wird die belastende Schwere unserer Seele leicht und die dunklen Schatten licht. Unsere Seele ist vom Heiligen Geist, dem göttlichen Lebensprinzip durchströmt. Gerechtigkeit und Liebe entfalten sich.

Zu einer bestimmten Gebetszeit Worte zu sprechen – damit ist es nicht getan. Erst wenn unser ganzes Leben mit allem, was wir tun und denken, sprechen, fühlen und beten, durchströmt ist von der liebenden Gegenwart Gottes, erfüllt sich das Wort: »Betet ohne Unterlaß« (1 Thess 5,17) – wie es im 8. Kapitel »Gebet wird zum Leben – Leben zum Gebet« ausführlich beschrieben wurde. So wird auch das Gebet »Unser Vater, der du bist in den Himmeln« zu einem immerwährenden Gebet, da es dem Bewußtsein des Betenden eingeschrieben ist, der als Geschöpf in einer lebendigen Verbindung zu seinem Schöpfer steht. Es ist eingeschrieben in unsere Seele, da wir alle »das Bild des Himmlischen« in uns tragen. Unser Leben übersteigt schon hier und jetzt das Diesseits, da es seine Wurzeln im allumfassenden kosmischen Sinn »in den Himmeln« hat (vgl. Phil 3,20). Der uns Menschen damit gegebene natürliche Anteil am geistigen Reichtum Gottes wird gerade durch das Gebet auf eine ganz wunderbare Weise verlebendigt.

»Unser Vater, der du bist in den Himmeln« – dieses Sein Gottes ist nicht körperlich zu verstehen. Es sprengt all unsere Vorstellungskraft, denn Gott hat weder eine körperliche Gestalt noch ist er von einer räumlichen Dimension – dem Himmel umgrenzt.

Im Gegenteil: Die unaussprechliche und unfaßbare göttliche Dimension hält in ihrer absoluten Grenzenlosigkeit alles Geschaffene, den ganzen Kosmos umschlossen. Die Schriftstellen, besonders bei Johannes, in denen Jesus sich in dieser Welt von den Seinen verabschiedet, um zum Vater zurückzukehren, von dem er gekommen war, sind daher nicht im wörtlichen Sinne und räumlich, sondern geistig zu verstehen (vgl. Joh 13,1 . 13,3 . 14,28 . 16,5).

Jesus antwortete ihm: Wenn jemand mich liebt, wird er an meinem Wort festhalten; mein Vater wird ihn lieben, und wir werden zu ihm kommen und bei ihm wohnen.   (Joh 14,23)

Der noch im Dunkel verborgene Teil der Seele besitzt die Fähigkeit zur Vergeistigung. Durch das Gebet und die Liebe zum Wort Jesu wird dieser unbelichtete Bereich der Seele erhellt und gleichzeitig für unser tägliches Leben nutzbar gemacht. Auf diese Weise wird die Gegenwart Gottes, des Vaters, wie auch des Sohnes erfahrbar.

Jede räumliche Vorstellung also muß der geistigen Realität Platz machen. Gottes Wort ist mit uns herabgestiegen, freiwillig, aus sich erbarmender Liebe (vgl. Phil 2,6-8), um uns den Weg in dieser Welt und aus dieser Welt zurück zum Vater zu weisen. Dorthin werden auch wir – mit ihm zusammen – einmal aus unserer irdischen geistigen Armut heraus wieder zum Vollbesitz allen geistigen Reichtums zurückkehren. Wenn wir uns von ihm und seinem Heiligen Geist führen lassen, werden sich die menschliche Schwachheit und Unvollkommenheit in ihr Gegenteil wandeln, bis wir einmal im Schauen der Weisheit und Wahrheit Gottes seine wunderbare Ruhe gefunden haben.

Das Kommen des Sohnes Gottes zu uns und die würdige Weise des Wieder-Aufstiegs zum Vater, an der wir entsprechend unserer Entwicklung teilhaben, ist ein rein geistiger Vollzug – keine körperliche Bewegung.

Jesus sagte zu ihr: Halte mich nicht fest; denn ich bin noch nicht zum Vater hinaufgegangen. (Joh 20,17)

✧ *Die Unterscheidung von Geist und Seele ist mir noch nicht ganz klar geworden.* Die menschliche Seele, die sich der Körper- und Sinnenwelt unterworfen hat, trägt den Keim in sich, wieder geistig und damit göttlich zu werden. Für Origenes ist der obere Teil der Seele der denkende und vernünftige; der untere Teil der mehr oder weniger unvernünftige, besetzt durch ungesteuerte Begierde und Zorn. Im Bereich der Seele ist auch der eigene Wille angesiedelt. Der Geist jedoch ist ein selbständiger Teil des Menschen, der die Geschöpflichkeit der Seele übersteigt, sofern er Teilhabe am Geist Gottes hat. Im höheren Teil der Seele, der auch der verborgene genannt wird, kann und sollte – ganz besonders durch das Gebet – der Geist Gottes lebendig werden und damit allmählich die ganze Seele vergeistigen. ✧

Gegenwart Gottes im Menschen

Aber auch viele Schriftstellen, die vor der leiblichen Ankunft Christi auf Erden aufgezeichnet wurden, scheinen auf eine körperliche Existenz Gottes und geographische Orte, an denen er sich aufhielt, hinzuweisen.

Immer wieder stellen sich Menschen fälschlicherweise durch überlieferte und anerzogene Lehre, aber auch durch Fehlinterpretation der Schriften Gott nach dem Bild des Menschen vor: körperlich beschaffen, in einem begrenzten Raum. Da aber Gott, der alles Überragende, weder körperlich ist noch an einem bestimmten Ort weilt und in keiner Weise – auch nicht in unserem Denken – zu be-greifen ist, muß jede Bindung an eine Gottesvorstellung aufgegeben werden. Da jedoch viele durch diese Vorstellungen befangen sind, muß immer wieder auf die eigentliche geistige Aussage der Schrift hingewiesen werden.

Als sie Gott, den Herrn, im Garten gegen den Tagwind einherschreiten hörten, versteckten sich Adam und seine Frau vor Gott, dem Herrn, unter den Bäumen des Gartens.   (Gen 3,8)

Kann denn Gott, »der den Himmel und die Erde erfüllt« (Jer 23,24),
– von einem engen Raum wie dem Paradiesgarten eingeschlossen sein?
– in einem physisch verstandenen Paradies wandeln?
– und durch ein Geräusch gehört werden?
Auch das »Verbergen unter den Bäumen« ist nicht buchstäblich aufzufassen.

Wir sind doch der Tempel des lebendigen Gottes; denn Gott hat gesprochen: Ich will unter ihnen wohnen und mit ihnen gehen.   (2 Kor 6,16)

Das Sein und Wandeln Gottes im »Paradies« entspricht der Gegenwart Gottes im Menschen, der sich entweder vor ihm verbergen möchte und flieht oder seine liebende Nähe mehr und mehr sucht.

Helfen wir durch unsere Art zu leben und zu beten mit, das »Bild des Himmlischen«, das jedem Menschen eingestiftet ist, zu entwickeln, wird »Unser Vater«, der in den Himmeln ist, in uns wohnen.

Gott in seiner allumfassenden Wesenheit ist in uns an-wesend. Das bedeutet aber nicht, daß der Mensch die gleiche Wesenheit wie Gott besitzt. Wenn auch die Geschöpfe mit ihrem Schöpfer nicht einmal annähernd verglichen werden können, so besteht doch eine Verwandtschaft unseres Geistes mit Gott. Dieser Unterschied hat aber nichts Trennendes, da Gott den ganzen Kosmos erfüllt und zusammen mit seinem Wort, Christus, in allen Wesen gegenwärtig ist. Gott erfüllt somit die Sehnsucht des Menschen, Anteil haben zu dürfen an dieser kosmischen Dimension in Gott (vgl. 2 Petr 1,4).

4. Urgrund Liebe

Der individuelle Wesenskern

Wir beten, daß uns Gottes Heil zuteil werde, und daß uns der gewährte Anteil am Göttlichen nicht mehr verloren gehe.

Da in der ersten Vater unser-Bitte »Geheiligt werde dein Name« aus dem Wort WERDE irrigerweise geschlossen werden könnte, der Name sei bisher noch nicht geheiligt, muß zunächst erklärt werden, was unter »Name« und dessen »Heiligung« zu verstehen ist.

Der »Name« weist auf den individuellen Wesenskern dessen hin, der den Namen trägt. Ein Mensch, der in seiner Art und Weise einmalig ist, besitzt

- einen individuellen Geist mit einem bestimmten Vermögen,
- eine ganz persönlich ausgeprägte Seele,
- einen Körper mit Eigenschaften und Merkmalen, die nur ihm zugehörig sind.

Der Name eines Menschen drückt die jeweilige individuelle Beschaffenheit aus. Es gibt Beispiele in der Heiligen Schrift, wonach sich die Namen von Menschen wandeln, wenn sich ihre individuellen Eigenschaften und Anschauungen verändern:
- aus »Abram« wurde »Abraham« (Gen 17,5),
- aus »Simon« wurde »Petrus« (Mk 3,16; Joh 1,42),
- aus »Saulus« wurde »Paulus« (Apg 13,9).

Gott aber, der unwandelbar ist und unveränderlich bleibt, hat nur einen Namen: »Der Seiende« (Ex 3,14).

Durch die Begrenzungen des menschlichen Wesens haben wir fast alle von Gott irgendeine falsche Vorstellung, sei es im Denken oder im Bereich der Gefühle. Nur sehr wenige, Gott nahe und im Geistigen hochentwickelte Menschen besitzen durch ihre Lebens- und Gebetserfahrung eine Ahnung von dem, was Gott wirklich ist, von seinem umfassenden allzeitigen Wesen, von der Heiligkeit Gottes.

Wir beten darum, daß unsere Auffassung von Gott »heilig« sein möge, »damit wir Anteil an seiner Heiligkeit gewinnen« (Hebr 12,10). Im Gebet legen wir alle Vorstellungen von Gott ab, wachsen über alle Begrenztheit hinaus, um einmal die ganze Heiligkeit Gottes zu fassen und widerspiegeln zu können.

Die tieferen, unabänderlichen Zusammenhänge der Schöpfungsordnung gehen uns auf. Wir erhalten auf alle noch offenen Fragen eine Antwort, erkennen, daß Gott gerecht ist, indem er jeden entsprechend seiner eigenen Bedürftigkeit ins Leben oder aus dem Leben ruft, ihm Notwendiges mit auf den Weg gibt oder es versagt, ihn auserwählt, ihn annimmt oder sich noch von ihm distanziert – was auch geschieht: der Urgrund ist Liebe.

✧ *Ist es jemals einzusehen, warum ein Kind, eine junge Mutter oder ein Vater mitten aus dem Leben gerissen werden?*
Sehr schwer. Und doch gibt es Hilfen: Menschen, denen sich unabänderliche Schöpfungszusammenhänge offenbaren; Menschen, die uns aus ihrer inneren Ruhe und Gefaßtheit Antworten geben können. Nicht Worte sind wichtig, nicht Verstehen ist wichtig – das Spüren einer umfassenden Liebe gibt Vertrauen. ✧

Das Wesen offenbart sich ...

Einen eigentlichen und bestimmten Namen für Gott gibt es nicht; daher heißt es auch einfach der »Name Gottes«:

Du sollst den Namen des Herrn, deines Gottes, nicht unnütz gebrauchen.   (Ex 20,7)

Wer mit Gott etwas verbindet, was ihm nicht gebührt, der mißbraucht den Namen des Herrn.

Meine Lehre wird strömen wie Regen,
meine Botschaft wird fallen wie Tau,
wie Regentropfen auf das Gras
und wie Tauperlen auf die Pflanzen.
Ich will den Namen des Herrn anrufen.
(Dtn 32,2-3)

Die Anrufung des Namens Gottes im Gebet bewirkt
– einen inneren Aufbruch, der lebensspendenden Regen in die Seele strömen läßt,
– eine Feinfühligkeit im Umgang mit anderen, die das rechte Wort zur rechten Zeit finden läßt: erfrischendem Tau gleich,

– ein klares Erfassen der Situation und den Mut, wenn nötig, einzu-
greifen – selbst auf die Gefahr hin, vorübergehend einem anderen
Menschen wehzutun, wenn es zu seinem Heil ist.
Um innerlich gefestigt, erfüllt und in Harmonie zu sein, um in der oft
harten Lebensrealität zu bestehen, um auch andere Menschen mittra-
gen und uneigennützig lieben zu können, bedarf es in erster Linie des
Gebetes, des Sich-Öffnens für Gott. Durch die Anrufung Gottes,
durch die Bitte um sein Erbarmen, wird er, der Schöpfer des gesamten Kosmos, uns seine Hilfe gewähren, das zu vollenden, was er in
uns begonnen hat. In dieser Erkenntnis beten wir.

... auch in der Wiedererinnerung der Seele

Sie werden deines Namens sich erinnern von Geschlecht zu
Geschlecht.   (Ps 45,18)

Dieser Vers sagt, daß wir uns an den Namen Gottes, das Wesen Gottes, von Leben zu Leben erinnern. Durch das Gebet und ein entsprechendes Leben wird der noch dunkle Seelenteil in uns vergeistigt, so
daß das Göttliche in uns aufgehellt wird. Jetzt beginnen wir, uns an
die Erfahrung mit Gott wieder zu erinnern. Das Erkennen des göttlichen Wesens in uns selbst wird weder in erster Linie durch eine von
außen herangetragene religiöse Lehre verursacht noch sind wir es
selbst, die zu dieser Erkenntnis finden.
Die Offenbarung des Göttlichen geschieht durch Wieder-Erinnerung.
Der Geist, auch wenn er durch mangelndes Streben absinkt und Gott
nicht mehr rein und vollkommen in sich aufnehmen kann, trägt doch
immer »Keime« der Wiederherstellung und Wiedergewinnung der
besseren Erkenntnis in sich. Der innere Mensch, der auch der Geistige heißt (vgl. 1 Kor 2,15), hat die große Chance der Erneuerung (vgl.
2 Kor 4,16).

Es werden sich erinnern und zum Herrn umkehren alle Enden
der Welt.   (Ps 22,28)

Zur Teilhabe an Gott, ähnlich wie an seiner Weisheit und seinem
Wort, ist jeder Mensch ohne irgendeinen Unterschied fähig.

Das Wort ist ganz nahe bei dir, es ist in deinem Mund und in
deinem Herzen, du kannst es halten.   (Dtn 30,14)

Stufenweise führt das Wort Gottes, das in uns erweckt und wirksam
werden muß, auf der Erfahrungsgrundlage der Existenz der Seele
vor diesem Leben nicht in diese Präexistenz zurück, sondern in eine
neue Existenz.
Auf diesem Wege werden wir uns nach dem Tod genauso auch an
das erinnern, was wir auf der Erde gesehen und erlebt haben, und
wir werden den dahinterstehenden Plan völlig verstehen, wenn wir
– in einer »Schule der Seelen« – über alles Gewesene belehrt und auf
Bevorstehendes hingewiesen werden. Erst in zukünftigen Entwick-
lungsphasen, wenn die Seele nicht mehr Seele, sondern geistig ist
und von keiner Wolke der Verwirrung mehr getrübt wird, wenn die
Spannungen und Erkenntnishemmungen der Inkarnation überwunden sind, schenkt sich uns die völlige Transparenz, das Schauen »von
Angesicht zu Angesicht« (1 Kor 13,12).
Wenn wir beten, daß der Name Gottes geheiligt werde, bedeutet das
gleichzeitig, daß unsere Auffassung von Gott wachsen möge und
geheiligt werde, damit wir mehr und mehr sein Wesen und seine
Heiligkeit fassen können.

Verherrlicht mit mir den Herrn,
laßt uns gemeinsam seinen Namen rühmen.   (Ps 34,4)

Das gemeinsame Gebet wird ein besonders kraftvolles und wirkmächtiges sein, wenn mehrere Menschen, im Einklang untereinander, »in demselben Sinn und in derselben Überzeugung« (1 Kor 1,10) den Namen Gottes anrufen. Wenn Gott uns jetzt sein Wesentliches mitteilt, und wir Anteil an seinem Wesen haben, so wird das im Leben eines jeden von uns zu einer besonderen Sicherheit führen und uns vor negativen Einflüssen schützen.

> Ich will dich rühmen, Herr,
> denn du hast mich aus der Tiefe gezogen
> und läßt meine Feinde nicht über mich triumphieren.
> Herr, mein Gott, ich habe zu dir gerufen,
> und du hast mich geheilt.   (Ps 30,2-3)

Im Gebet den Namen Gottes anrufen und ihn rühmen, ist nichts Äußeres, sondern heißt, Gott in unserem Inneren, in unserer Seele, Raum gewähren.
Die Überschrift des 30. Psalms »Ein Lied für die Einweihung des Tempels« drückt die innere große Freude aus, da die Seele Gottes Geist in sich aufgenommen hat.

✧ *»Wieder-Erinnerung« hat mich zuerst stutzig gemacht, bis Origenes von der Existenz der Seele vor diesem Leben spricht. Nimmt er also fest eine Präexistenz an?*
Ja, die Präexistenz der Seele und ihre Erfahrung mit Gott, bevor sie in diese Welt tritt, ist für Origenes von größter Wichtigkeit und die Grundlage, Gott als gerechten Gott anzuerkennen und zu lieben.

✧ *Ich habe noch niemals einen Menschen getroffen, der mir von einer »Wieder-Erinnerung« berichtet hat.*
Sie kennen bestimmt Menschen, die in einer so starken Glaubensgewißheit leben, daß sie in der Lage sind, große Belastungen, Krankheit und Tod aus ihrem tiefen Glauben heraus anzunehmen und zu bestehen. Diese Lebenskraft ist keine von außen herangetragene oder anerzogene, sondern eine zutiefst eigene, zu der diese Menschen wiedergefunden haben. Den meisten ist dies als »Wieder-Erinnerung« nicht bewußt – andere sprechen nicht darüber. ✧

5. Gott-erfüllte Innerlichkeit

Tiefe Freude

Um diese Innerlichkeit geht es auch bei der folgenden Bitte »Dein Reich komme«.

> Als Jesus von den Pharisäern gefragt wurde, wann das Reich Gottes komme, antwortete er: Das Reich Gottes kommt nicht so, daß man es an äußeren Zeichen erkennen könnte. Man kann auch nicht sagen: Seht, hier ist es!, oder: Dort ist es! Denn: Das Reich Gottes ist bereits in eurem Inneren. (Lk 17,20-21)

Da das Wort Gottes und damit sein Reich in unserem Herzen ist (vgl. Dtn 30,14), hilft das Gebet in ganz besonderer Weise mit, die in unserem Inneren verborgene Gegenwart Gottes bewußt werden zu lassen. Durch das Gebet kann Gottes Reich in uns wachsen, so daß nicht nur unser inneres Leben bereichert wird, sondern auch jede Äußerung, unser Denken, Sprechen und Handeln.

> Auf guten Boden ist der Samen bei denen gefallen, die das Wort mit gutem und aufrichtigem Herzen hören, daran festhalten und durch ihre Ausdauer Frucht bringen. (Lk 8,15)

Die von unserem Inneren ausgehende geistige Harmonie erfahren wir als Kreativität, die eine tiefe Freude hinterläßt (vgl. Röm 7,22). Das eigene Leben wird in angemessener Weise verwaltet, und die Aufgaben in dieser Welt werden mit Elan und Engagement angegangen – im wachsenden Bewußtsein und der größer werdenden Erfahrung, daß Gott, der Vater, zusammen mit Christus im Heiligen Geist in uns anwesend ist. Das Reich Gottes wird in uns zu einem Zustand Gott-erfüllter Innerlichkeit. Wir sind im Einklang mit seinem Willen und verfügen über eine wunderbare Geordnetheit und Tiefe der Gedanken. Die sich daraus entwickelnde Aktivität führt zu dem, was wir Reich Christi nennen. Es wird zur Realität durch Worte, gelebte Gerechtigkeit und Liebe zum anderen.

Von ihm her seid ihr in Christus Jesus, den Gott für uns zur Weisheit gemacht hat, zur Gerechtigkeit, Heiligung und Erlösung. (1 Kor 1,30)

Gefährlicher Trugschluß

Auf der anderen Seite kann jemand von einer fremden Macht derart beherrscht werden, daß er seine individuelle Freiheit ganz verliert. Sein Denken ist verblendet (vgl. 2 Kor 4,4), seine Handlungen führen in die Irre. Anstatt sich dem anzuvertrauen, der nach dem Willen Gottes, des Vaters, von den gegenwärtigen Fesseln befreien möchte, bleibt er in den negativen und zerstörerischen Bindungen dieser Weltzeit verhaftet. Oftmals ohne es selbst zu bemerken, aber auch aus Egoismus und reinem Eigennutz ordnet er sich widergöttlichen Kräften unter und wird von ihnen besessen. Hier fällt vorerst jegliches Beten aus. Es gibt Menschen, die auf Grund momentaner guter Gebetserfahrungen irrtümlicherweise annehmen, ihre Bitten »Geheiligt werde dein Name« und »Dein Reich komme« würden erhört. Sie sind versucht, nicht mehr zu beten. Vorwände und Entschuldigungen sind leicht zu finden.

Ein solcher Trugschluß ist sehr gefährlich, denn

- Wissen und Erkennen sind begrenzt. Veränderungen bedingen einen permanenten Wachstumsprozeß,
- gegenwärtiges Erleben schließt nur zum Teil die Erfahrung der Vergangenheit mit ein; Zukünftiges bleibt uns noch verschlossen,
- »Stückwerk ist unser Erkennen« (1 Kor 13,9) und alles Reden,
- durch den einen Geist werden dem einen Menschen diese, dem anderen jene Gnadengaben verliehen: Weisheit, Erkenntnis, Glaubenskraft ... (vgl. 1 Kor 12,4-11).

- Es gibt nichts Vollkommenes, so lange der Geist noch an eine sinnliche Wahrnehmung gebunden ist,
- Stückwerk schwindet mehr und mehr, wenn sich Vollkommenheit offenbart,
- der Geist wird erst vollends »von Angesicht zu Angesicht« (1 Kor 13,12) das Geistige schauen, wenn alle körperlichen Bindungen gelöst sind.

Für den Betenden ist und bleibt »die Heiligung des Namens Gottes« wie auch das »Kommen seines Reiches« unvollkommen, weil er in dieser Welt und Zeit Veränderungen unterworfen ist, die einen Zustand der Vollkommenheit noch nicht zulassen.

Auf der Grundlage dieses Wissens und im Hinblick auf das Ziel – die Vollkommenheit, in der »Gott alles in allem ist« (1 Kor 15,28) – wird das Gebet unablässig. Damit das »Reich Gottes« in uns durch Gebet und Lebensweise wachsen und sich entfalten kann:

- »Betet ohne Unterlaß« (1 Thess 5,17), so daß Gebet zum Leben und Leben zum Gebet wird.
- Vergessen, was hinter uns liegt – Streben nach dem, was vor uns ist (vgl. Phil 3,13).
- Meiden verderblicher, irdischer Begierde, um an der göttlichen Natur Anteil zu erhalten (vgl. 2 Petr 1,4).
- Wissen um die himmlische Berufung, die Gott uns in Christus Jesus schenkt (vgl. Phil 3,14).

✧ *Es gibt Zeiten, in denen ich gar nicht oder nur unregelmäßig bete. Argumente zur Rechtfertigung vor mir selbst habe ich reichlich. Was kann ich tun?*
Bitte lesen Sie zur Ermutigung und Stärkung noch einmal die von Origenes in diesem Kapitel genannten sieben Erwägungen zur Notwendigkeit des Betens. Vielleicht schließen Sie sich einem Gebetskreis an, in dem Erfahrungen ausgetauscht werden oder nehmen an einem Kursus zur Einübung meditativen Betens teil?✧

Spannungsfelder

Wie die Gerechtigkeit der Ungerechtigkeit entgegensteht, die Finsternis keinen Anteil am Licht hat, widergöttliche Kräfte im Gegensatz zu Christus stehen (vgl. 2 Kor 6,14-15), so ist auch das »Reich Gottes« nicht mit dem Reich der Sünde vereinbar. In diesen Spannungsfeldern aber läuft unser Leben ab. Es machen sich immer wieder Kräfte bemerkbar, die auf raffinierte Weise das Kommen und Werden des Reiches Gottes in uns zerstören wollen.

Daher ist vorrangig, daß wir insbesondere auch durch unser Gebet Gott und seinem Willen die erste Stelle in unserem Leben einräumen, damit durch ihn und seine Heilszuwendung unser Leben gelingen kann. Wir müssen schlechte Eigenschaften und Neigungen wie sexuelle Ausschweifungen, jegliche Verbissenheit, verletzende Aggressivität, Überheblichkeit, Geltungssucht und Machtstreben ablegen und dadurch unser Inneres mehr und mehr kultivieren.

Wie von selbst werden wir eine aus dem Herzen strömende Liebe zum anderen verspüren, eine durch Verständnis getragene Ruhe. Unsere Lebensimpulse, aus einer gesunden Mitte kommend, können sich lebensgerecht für uns selbst und andere entfalten. Das Reich Gottes in uns ist jetzt mit dem geistigen »Paradies« zu vergleichen, in dem der Herr zusammen mit Christus in der Lebendigkeit der geistigen Kraft anwesend ist.

Diese geistige Kraft ist das Ziel unseres Betens – bis letztlich alles Zerstörerische in uns, selbst der Tod, keine Macht mehr über uns hat (vgl. 1 Kor 15,26). Aus dieser Zusage kann jeder Mensch unendliches Vertrauen schöpfen.

Es ist ein langsamer Prozeß der Wiedergeburt, der in besonderer Weise durch das Beten beschleunigt wird. Wir haben Anteil an der Auferstehung, die bereits hier und jetzt in unserem Inneren begonnen hat.

Denn dieses Vergängliche muß sich mit Unvergänglichkeit be-
kleiden und dieses Sterbliche mit Unsterblichkeit.

(1 Kor 15,53)

6. »Dein Wille ...«

Gabe und Auf-Gabe

Im Wissen darum, daß der Wille Gottes im »Himmel« geschieht, und
aus unserer Erfahrung, daß er hier auf Erden durch uns nicht entsprechend vollkommen gelebt wird, ergibt sich eine weitere Notwendigkeit des Betens.

In der Vater unser-Bitte »Dein Wille geschehe wie im Himmel, so auf
Erden« beten wir um das Offenbarwerden des göttlichen Willens in
unserem Leben und gleichzeitig auch darum, daß der Wille Gottes in
allem geschehe. Dies wird sein, wenn wir auf der Grundlage des
Empfangens und Gebens, der Gabe und der Auf-Gabe unser Leben
gestalten und wach und sensibel genug sind, nichts gegen seinen
Willen zu tun.

Lassen wir so den Willen Gottes – wie er im Himmel geschieht – auch
durch uns lebendig und wirksam werden, entwickelt sich schon sehr
bald »das Bild des Himmlischen« in uns. Indem dieses in unserer
Seele mehr und mehr durchscheint, wächst eine Ähnlichkeit mit denen, die nach dem göttlichen Willen diese Welt bestanden und überwunden haben. Auch wir werden einmal das himmlische Erbe antreten – und die, die nach uns leben, werden darum beten, daß zu ihrer
Zeit der Wille Gottes auf Erden geschehe.

Die Worte »wie im Himmel, so auf Erden« sind von einer derartigen
Weite und so all-umfassend, daß sie in unserem Gebet ergänzend
mitschwingen sollten.

Geheiligt werde dein Name –
wie im Himmel, so auf Erden.
Dein Reich komme –
wie im Himmel, so auf Erden.
Dein Wille geschehe –
wie im Himmel, so auf Erden …

Wie bei denjenigen in der Vollendung der Name Gottes bereits geheiligt wird, so beten wir noch darum.

Wie ihnen das Reich Gottes bereits gegenwärtig ist, so bitten wir, daß es kommen möge.

Und wie bei ihnen der Wille Gottes sich erfüllt, müssen wir auf Erden noch darum beten.

Uns auf Erden fehlt diese Vollkommenheit noch. Wir dürfen aber berechtigte Hoffnung haben erhört zu werden, wenn wir uns verstandesmäßig und seelisch auf Gott ausrichten.

Nur allzu gut wissen wir aus eigener Erfahrung, daß der Wille Gottes nicht in jedem und allem pulsiert, sondern daß immer wieder finstere und zerstörerische Kräfte am Werk sind. Sie versuchen ihre Herrschaft auszubreiten, sowohl auf der Erde als auch in feinstofflichen Bereichen – bis in die Himmel hinein.

✧ *Ein völliges Loslassen fällt mir schwer. Ich befürchte, die Kontrolle über mich zu verlieren.*
Die Erfahrung zeigt, daß Sie keine Befürchtungen haben müssen, abzusinken. Immer stehen an erster Stelle Gaben oder Lebensimpulse, die wir von Gott empfangen: in besonderer Weise, wenn wir uns im Gebet Gott öffnen. Aus seiner Gabe an uns wird unsere Auf-Gabe, die es dann für uns zu erfüllen gilt. In das vertrauensvolle Loslassen und Empfangen müssen wir uns einüben.
»Herr, auf dich vertraue ich, in deine Hände lege ich mein Leben.«✧

Aufgabe durch Christus

Die aufsteigende gerade Linie, die uns leiten möchte, ist und bleibt ständig diesen zerstörerischen Angriffen ausgesetzt. Ihnen dürfen wir uns unter keinen Umständen öffnen. Durch Christus schließen wir alle Negativität aus, die in unserer gelebten Nachfolge keinen Platz haben sollte. Wir beten darum, den Willen des Vaters so zu erfassen wie Christus, der gekommen ist, den Willen seines Vaters zu tun und zu vollenden.

> Jesus sprach zu ihnen: Meine Speise ist es, den Willen dessen zu tun, der mich gesandt hat, und sein Werk zu Ende zu führen.
>
> (Joh 4,34)

Wenn wir in das Gebet zum Vater Christus mit hineinnehmen und uns an ihn halten, werden wir »*ein* Geist mit ihm« (1 Kor 6,17) und in ganz umfassender Weise fähig, den Willen des Vaters auf Erden wie auch auf feineren Stufen des Weges zur Vollkommenheit zu erfüllen. So schließen wir immer – ganz gleich wie nah oder wie fern wir Gott sind – in unser Gebet zum Vater Jesus Christus mit ein. Durch ihn sind wir fähig geworden, den alten Menschen in uns abzulegen, um zu einem neuen Menschen zu werden, der nach dem Bild unseres Schöpfers erneuert wird, um ihn zu erkennen (vgl. Kol 3,10).

Für eine Welt, die besser ist als diese

Betrachten wir jetzt – auf der Grundlage der Auferstehung Jesu Christi und der Aufwärtsbewegung, in die wir mit hineingenommen sind – die vorher erwähnten zerstörerischen Kräfte, die uns noch bis in den »Himmel« hinein verfolgen, so ergibt sich ein noch klareres Bild.

Wir müssen zwischen zwei Bewegungen unterscheiden, die in ihrer Richtung entgegengesetzt sind.

Aufwärtsbewegung als seelisch-geistige Entwicklung des Menschen: Obwohl wir voll in dieser Welt leben und sie bestehen müssen, um unsere Aufgabe zu erfüllen, können wir bereits auf Grund unserer seelisch-geistigen Entwicklung in der jenseitigen Welt beheimatet sein.

Unsere Heimat aber ist im Himmel. (Phil 3,20)

Sammelt euch Schätze im Himmel, wo weder Motte noch Wurm sie zerstören und keine Diebe einbrechen und sie stehlen. Denn wo dein Schatz ist, da ist auch dein Herz.
(Mt 6,20-21)

Wie wir nach dem Bild des Irdischen gestaltet wurden, so werden wir auch nach dem Bild des Himmlischen gestaltet werden.
(1 Kor 15,49)

Wie Jesus dem Pilatus sagt, daß sein Königtum nicht von dieser Welt ist (vgl. Joh 18,36), so sind auch wir nicht einzig und allein für diese Erde geschaffen, nicht für eine Welt unten, sondern für eine geistige, himmlische, die besser ist als diese.

Abwärtsbewegung der zerstörerischen Kräfte:
Ebenso können die sich in der jenseitigen Welt befindenden dunklen Mächte ihren eigentlichen, überwiegenden Aufenthalt auf dieser Erde haben.
- Wir müssen antreten »gegen die finsteren Geister«, die aus den himmlischen Bereichen zu uns kommen,
- denn ihre Heimat ist auf Erden, um den Menschen nachzustellen und

– sich Schätze auf Erden zu sammeln.

– Sie tragen das Bild des Irdischen an sich.

Im Gebet »Dein Wille geschehe wie im Himmel, so auf Erden« liegt eine sehr subtile Intention verborgen. Jeder und alles auf Erden möge sich zum eigentlichen Ursprung weiterentwickeln: vom Schlechteren zum Besseren, vom weniger Guten zum Guten.

Die tiefe Sehnsucht ist, daß jeder – wie auch die ganze Schöpfung – »Himmel« werden möge. Ohne das Irdische in seiner Notwendigkeit und Schönheit abzuwerten, ist »Erde« mit dem noch nicht Vollkommenen zu vergleichen. Es besteht die große Gefahr, von der »Erde« so gefangen zu werden, daß ein Wachstum verhindert wird. Bequeme Anpassung, Eigenwilligkeit und Verhaftetsein wie auch Angst führen allzu leicht und schnell in ein geistloses Unten.

Wir, die wir noch zu einem großen Teil »Erde« sind, aber bereits im Aufblick zu Gott leben, bitten ihn ganz besonders da um Hilfe, wo wir der Besserung bedürfen. Indem wir ihn bitten, daß sein Wille an uns geschehe, werden uns die inneren geistigen Gesetze bewußt, die zum Heil führen und damit zum »Himmel«.

Das Wunderbare und uns Tragende:

Durch seine unendliche Liebe zu uns und der ganzen Schöpfung dürfen wir sicher sein, für Gott alle einmal nicht mehr »Erde«, sondern »Himmel« zu sein.

In besonderer Weise haben wir durch unser Gebet Anteil an der Verwirklichung des Planes und der Sehnsucht Gottes, daß es einmal keine »Erde« mehr gibt, sondern alles »Himmel« wird.

»Dein Wille geschehe …

– Extreme finden zur gesunden Mitte.

– Zügellosigkeit geht über in maßvolles Leben.

– Ungerechtigkeit wird zu Gerechtigkeit.

– Unbedachtes wandelt sich in Bedachtsamkeit.

... wie im Himmel, so auf Erden«:
– Dunkelheit wird zum Licht.
– Körperliche Materie kommt zu einer neuen ungeahnten Existenz.
– Irdisches vergeht – wir alle und die gesamte Schöpfung werden
  »Himmel«.

✧ *Woher wissen wir, daß uns eine Welt erwartet, die besser ist als diese? Wie kann
ich mein Vertrauen in diese Zukunft festigen?*
In allen Religionen gab und gibt es gottnahe Menschen, die durch ihr gelebtes
und oft schwer zu tragendes Leben und durch die Wahrheit ihrer Lehre und
Schriften uns eine Ahnung geben von einem unendlich liebenden und guten
Gott. Sie weisen uns konkrete Pfade. Machen wir – ihnen folgend – Erfahrungen, die über unsere Existenz im Hier und Jetzt hinausgehen und schon etwas
mit dem Ziel des Weges zu tun haben, schwinden unsere Zweifel. ✧

7. Unser überwesentliches tägliches Brot

Nahrung für Seele und Geist

Viele Menschen haben die Vorstellung, mit der Vater unser-Bitte
»Unser tägliches Brot gib uns heute« sei das Beten um leibliche Nahrung gemeint. Das wahre »tägliche Brot« hat jedoch eine ganz andere
Dimension. Wenn Jesus Christus uns auffordert, um Himmlisches
und Großes zu beten, kann er mit der Brotbitte auf keinen Fall das
irdische Brot gemeint haben.

Jesus antwortete ihnen: ...
Ihr sucht mich nicht, weil ihr Zeichen gesehen habt, sondern
weil ihr von den Broten gegessen habt und satt geworden seid.
Müht euch nicht ab für die Speise, die verdirbt, sondern für die
Speise, die für das ewige Leben bleibt und die der Menschen-
sohn euch geben wird.   (Joh 6,26-27)

Es ist die menschliche Seele, die nach dieser Nahrung verlangt. Hat sie einmal davon gekostet, sehnt sie sich weiterhin danach und sucht einen immer engeren Kontakt mit dem Wort Gottes. Denn dieses wahrhafte Brot ist
– das Wort für die Seele,
– die Weisheit für den Geist,
– die Wahrheit für die vernünftige Natur.
Der nach dem Bild Gottes geschaffene Mensch wird durch diese Speise dem Schöpfer immer mehr ähnlich (vgl. Gen 1,26; Kol 3,9-10).

Mein Vater gibt euch das wahrhaftige Brot vom Himmel. Denn das Brot, das Gott gibt, kommt vom Himmel herab und gibt der Welt das Leben. (Joh 6,32-33)

Ich bin das Brot des Lebens; wer zu mir kommt, wird nie mehr hungern, und wer an mich glaubt, wird nie mehr Durst haben. (Joh 6,35)

Ich bin das lebendige Brot, das vom Himmel herabgekommen ist. Wer von diesem Brot ißt, wird in Ewigkeit leben. (Joh 6,51)

Die Bitte um das »tägliche Brot« ist eine Bitte um Jesus Christus als das Wort Gottes. Da aber die geistige göttliche Nahrung nicht allen sofort und leicht zugänglich ist, und sie vielen unerreichbar scheint, kommt uns Jesus Christus, das Mensch-gewordene Wort, in seiner unendlichen Liebeszuwendung entgegen.

Das Brot, das ich geben werde, ist mein Fleisch, ich gebe es hin für das Leben der Welt. (Joh 6,51 b)

Wer mein Fleisch ißt und mein Blut trinkt, hat das ewige Leben ... er bleibt in mir, und ich bleibe in ihm. (Joh 6,54-57)

Sowohl der Empfang des Leibes und Blutes Christi als auch das Hören und Annehmen seines Wortes sind Nahrung für Geist und Seele.

Vor-Enthaltung

Da viele Menschen die ihnen angemessene geistliche Ausrichtung noch nicht gefunden haben und ihnen somit das angemessene irdische, natürlich zu führende Leben noch fremd ist, bleibt ihnen mehr oder weniger auch die geistige Nahrung vorenthalten.
Ihr Weg ist zum Teil noch blockiert durch
– allzu große Anhänglichkeiten an Irdisch-Vergängliches,
– fehlendes Unterscheidungsvermögen von Gut und Böse
  (vgl. 1 Kor 3,1-3; Hebr 5,12-14),
– Eifersucht und Streit,
– Unfähigkeit, die Wahrheit zu erfassen,
– mangelndes Gespür für Gerechtigkeit,
– Unkenntnis in der Lehre von der Offenbarung Gottes.
Dadurch kann das göttliche Angebot, die uns entgegenkommende Liebe, entsprechend unterschiedlich angenommen und gelebt werden. Der eine darf einen intensiven geistigen Aufbruch erfahren – dem anderen bleibt der Zugang zu geistig-geistlichen Werten vorerst verschlossen.

Hunger nach dem Wort Gottes

Je nach Bedürfnis und geistigem Fassungsvermögen sind wir an den uns entsprechenden Glaubenswahrheiten interessiert. Es wird einem Menschen, der in seiner geistigen Entwicklung sehr einfach und eher einfältig, aber frei von fehlgeleiteten Ansichten ist, weitaus besser ergehen als jemandem, der intelligenter, gewandter und scharfsinniger ist, aber weder Kontakt zum Grund des Friedens hat noch im Einklang mit dem Weltganzen steht:

Besser ein Gericht Gemüse, wo Liebe herrscht,
als ein gemästeter Ochse und Haß dabei.
(Spr 15,17)

Aufdringlich zu sein, jemanden mit Worten überfrachten und überreden zu wollen, ist eine große Gefahr. Meist drückt sich diese Aufdringlichkeit in »hohen Gedankengebäuden aus, die sich gegen die Erkenntnis Gottes auftürmen« (2 Kor 10,5). Dieser intellektuellen Übersättigung ist der Wohlgeschmack der Einfachheit vorzuziehen. Um also weder aus Mangel an Nahrung der Seele noch aus Hunger nach dem Wort des Herrn in unserer geistigen Entwicklung aufgehalten zu werden, erbitten wir vom Vater das »lebendige Brot«, dessen wir täglich bedürfen.

Das erbetene wahrhaftige Brot ist von göttlichem Wesen. Es wird auch »überwesentlich« genannt und bedeutet, das Brot ist von solch erhabenem Wesen, daß es über aller Wesenheit steht und an Größe und Kraft alles Geschaffene übertrifft. Dieses Brot möchte sich mit uns vereinigen, die wir zu Gottes Eigentum geworden sind und an seinem Wesen, an der Geistigkeit Gottes Anteil haben.

Das Brot ist das Wort Gottes, und zwar sowohl das Mensch- gewordene Wort in Jesus Christus als auch das in den Heiligen Schriften gesprochene, immer anwesende Wort Gottes. Für uns Menschen bedeutet dieses Brot geistige Nahrung. So ist das Gebet »unser tägliches Brot gib uns heute« eine Bitte um die Teilhabe an der Geistigkeit Gottes.

Wie der Mensch das Brot als körperliche Nahrung in sich aufnimmt und dadurch neue Kraft und Lebensenergie erhält, so gibt das lebendige und vom Himmel herabgekommene Brot dem Geist und der Seele neue Lebenskraft.

✧ *Der Hinweis auf die große Gefahr intellektueller Übersättigung ist mir sehr wichtig. Ich kenne viele Menschen verschiedener Konfessionen, die in ihrem Christsein überfrachtet und müde sind.*

Dies ist ein wichtiges Problem, das hier nur kurz angesprochen werden kann. Nehmen Sie zum Beispiel ein Wort aus der Bergpredigt, das mit Feinfühligkeit und Geschmack zu tun hat. Origenes führt uns in seinen Bibelauslegungen subtile und oft doppeldeutige Wege. »Ihr seid das Salz der Erde« – wer das Salz der Weisheit gekostet hat, ist selbst zu einem solchen Salz geworden. Aber: So unscheinbar das Salz auch ist – wenige Körnchen machen eine Suppe schmackhaft. Ein Christ sollte für seine Umgebung so etwas wie eine Würze sein. Durch ihn sollte das Leben einen anderen Geschmack bekommen und sich verändern. Ein unbedachter, fanatischer und aufdringlicher Mensch aber versalzt den anderen nur die Suppe. Wer sie dann trotzdem auslöffeln muß – und damit haben Sie in Ihrer Beobachtung völlig recht – hat unter Umständen vom Christentum ein für allemal genug! ✧

… auf individuelle Weise

So verschieden die Nahrung für den Körper ist – flüssig oder fest, gehaltvoll oder weniger gehaltvoll – so unterschiedlich ist auch die daraus gewonnene Energie und Leistungsfähigkeit. Die Auswahl und die Menge der Speisen, die jemand zu sich nimmt, ist von ganz erheblicher Bedeutung für sein Wohlbefinden und seine Gesundheit. Was für den einen gut und aufbauend ist, kann für einen anderen schädlich sein und ihn gar krank machen. Auf jeweils neue und individuelle Weise fordert der Körper was er braucht. Seine Sprache zu verstehen ist wichtig, um gesund zu bleiben oder zu werden.

Kinder werden anders ernährt als Erwachsene, Kranke und Schwache erhalten eine besondere Kost, mitten im Berufsleben Stehende müssen sich anders ernähren als ältere Menschen. Folgerichtig gibt es auch in der geistigen Nahrung erhebliche Unterschiede, die bedacht werden müssen, damit niemand durch ein Zuviel oder Zuwenig Schaden erleidet.

Das »tägliche Brot«, um das wir bitten und das wir zu uns nehmen, sollte der jeweiligen geistigen Natur des Menschen entsprechen. Dann verleiht es der Seele Gesundheit, Wohlbefinden, Stärke und Anteil an der Unsterblichkeit – denn unsterblich ist das Wort Gottes.

Kommunion

Zwischen dem »täglichen Brot« und dem »Baum des Lebens« kann eine Verbindung hergestellt werden. Wer seine Hand ausstreckt und von diesem »Baum« nimmt, wird in Ewigkeit leben (vgl. Gen 2,9. 3,22).

> Ein Lebensbaum ist die Weisheit für alle, die an ihr festhalten, und gewährt denen Sicherheit, welche sich darauf stützen wie auf den Herrn. (Spr 3,18)

Dieser Baum ist also »Weisheit Gottes«.
Nicht nur wir, sondern auch die feinstofflichen Wesen wie die Engel erhalten Nahrung und Leben durch die Weisheit Gottes. Im wahrhaften inneren Schauen der Weisheit erlangen sie die Kraft, um die eigenen Werke zu vollenden. Auch der Mensch kann an dieser feinsten geistigen Speise Anteil haben.

> Er ließ Manna auf sie regnen als Speise, er gab ihnen Brot vom Himmel. Da aßen die Menschen das Brot der Engel; Gott gab ihnen Nahrung in Fülle. (Ps 78,24-25)

Auch der geistig gewordene Mensch kann anderen, sogar göttlichen Mächten wie den Engeln, auf ihrem Weg und für ihre Aufgabe Nahrung geben. Diese wunderbare Wechselbeziehung wird in einem Bild bei Abraham deutlich. Der Herr schickt drei Männer zu ihm, die Abraham bewirtet.

Ich will einen Bissen Brot holen, und ihr könnt dann nach einer kleinen Stärkung weitergehen.   (Gen 18,5)

Durch das Erleben von Gemeinschaft auf diesen ganz feinen Ebenen der Schöpfung – immer im Geben und Nehmen von geistiger Nahrung – wächst ein ausgedehnteres und höheres Verständnis für Kommunion.
Über diese höchste Form der seelisch-geistigen Gemeinschaft sagt Christus:

Ich stehe vor der Tür und klopfe an. Wer meine Stimme hört und die Tür öffnet, bei dem werde ich eintreten, und wir werden Mahl halten, ich mit ihm und er mit mir.   (Offb 3,20)

✧ *Die Kommunion habe ich bisher nur als einseitiges Empfangen wahrgenommen.* »Kommunion« *ist nicht durch Sprache und Gedanken auszudrücken. Daher soll ein Bild eine Antwort geben, die jedoch auch Fragment bleiben wird. Sie kennen die wunderbare russische Ikone von Andrej Rubljew »Die drei Wanderer bei Abraham« oder »Die Dreifaltigkeit«? Abraham ist für Origenes Vorbild, da er in die tiefen mystischen Geheimnisse eingeweiht war – er konnte den Glanz des mittäglichen Lichtes ertragen. Die Ikone lädt ein, am Mahl und am Gespräch mit den drei göttlichen Engeln teilzunehmen und im Kreis der Liebe zu verweilen. Henri Nouwen nennt dieses Bild »Das Haus der Liebe«, einen heiligen Raum, in den man eintreten und bleiben kann.* ✧

Nahrung des Bösen

Wenn wir bereit sind, dürfen wir immer neu das »tägliche Brot« empfangen …

Damit euer Herz gefestigt wird und ihr ohne Tadel seid, geheiligt vor Gott, unserem Vater.   (1 Thess 3,13)

Wer aber mit den Mächten der Finsternis paktiert und mit ihnen Gemeinschaft hat, wird diesen zerstörerischen Elementen ähnlich. Sie halten ihn wie in einem Netz gefangen; so lange, bis sie ihn ganz gefügig gemacht haben (vgl. 2 Tim 2,26). Wenn ein Mensch eine solche Wahl getroffen hat, wird der Widersacher Gottes zur Quelle seiner Nahrung. Hat man die negativen Kräfte erst einmal in sich aufgenommen, entsteht das unweigerliche Verlangen, sie auch anderen zur Nahrung werden zu lassen.

Menschen, die sich mehr und mehr von Gott abwenden und sich ganz dem Widersacher verschreiben, haben trotz allem die Möglichkeit, »zur himmlischen Nahrung« zurückzukehren. Damit ist gleichzeitig für sie – und gemeint sind alle Menschen – die Tür zum wahrhaftigen Beten wieder geöffnet, in der Gewißheit, daß jedes berechtigte Gebet von Gott erhört werden wird.

✧ *Hier geht es zwar um geistige Nahrung – trotzdem aber eine Frage zur körperlichen Ernährung: Kann der Verzicht auf Fleisch unsere geistige Entwicklung unterstützen?*
Origenes gibt eine bemerkenswerte Antwort: »Der Genuß des Fleisches von Tieren ist weder gut noch böse, die Enthaltung aber ist vernünftiger.«✧

Heute ist nicht nur Jetzt

Bei der so großen Vielfalt der geistig-seelischen Nahrung gibt es nur ein einziges »tägliches Brot«, um das wir beten; nur das eine wahrhafte Wort, das im Anfang bei Gott war. Das Wort, das die Seele nährt und den Geist stärkt, ermöglicht es uns, am Wesen Gottes teilhaben zu dürfen.

Unser tägliches Brot gib uns heute.

Wir, die wir mitten in unserer Zeit stehen, uns auf Anwegen und Wegen zur Vervollkommnung befinden, bedürfen ständig dieser Stärkung. So drückt das Wort »heute« nicht nur das Jetzt aus, sondern weist gleichzeitig auf einen längeren Zeitraum hin und umfaßt damit die ganze Zeitdauer – die Dauer der Zeit der Gnade und des Heils. Für Gott selbst aber gibt es keine Zeit.

Denn tausend Jahre sind für dich wie der Tag, der gestern vergangen ist.
(Ps 90,4)

Jesus Christus ist derselbe gestern, heute und in Ewigkeit.
(Hebr 13,8)

Wenn auch der Mensch in seinem Gebet für Augenblicke Raum und Zeit hinter sich lassen kann, wenn er seinem Fassungsvermögen entsprechend Schöpfungszusammenhänge in der kosmischen Gesamtordnung erleben und eine ganz tiefe innere Ruhe in Gott erspüren darf, so bekommt er doch nur eine Ahnung von der unendlichen Größe und Liebe Gottes.

O Tiefe des Reichtums, der Weisheit und der Erkenntnis Gottes! Wie unergründlich sind seine Entscheidungen, wie unerforschlich seine Wege.
(Röm 11,33)

Der Betende kann bereits kosmische Erfahrungen machen. Da diese individuell sehr verschieden sind, können sie nicht einheitlich beschrieben werden. Alle aber, die sich auf diesem intensiveren Gebetsweg befinden, dürfen eine ganz tiefe innere Ruhe erleben und besondere Erfahrungen im Hinblick auf die Zeit machen.

Denn wer in das Land seiner Ruhe gekommen ist, der ruht auch selbst von seinen Werken aus, wie Gott von den seinigen.
(Hebr 4,10)

Zeitabschnitte zwischen tiefer Ruhe und Engagement werden überschaubar und in einer ganz neuen Dimension erlebt. Als notwendige Ruhephase inmitten der Aktivität nennt das Alte Testament den Sabbat zu Ehren des Herrn. Ebenso gilt es, das heilige siebte Jahr und die Aeonen-Jubeljahre zu begreifen und zu halten (vgl. Lev 25,4-13).
Wie kann vor dem Hintergrund der Erfahrung solch großer kosmischer Zeitzusammenhänge ein Mensch in seinem Alltag noch kleinlich um Tage, Stunden oder gar Minuten streiten? Hat er nicht bereits eine solche geistige Weite, daß er sich in jeder ihm möglichen Weise darauf vorbereitet, das »tägliche Brot« heute und jeden Tag zu empfangen?
»Heute« weist – wie wir gesehen haben – nicht nur auf das Jetzt, sondern auch auf einen zukünftigen Zeitraum hin. Wir müssen daher »täglich« um die für uns notwendige Dauer der Zeit der Gnade und des Heils zu Gott beten, der von Ewigkeit zu Ewigkeit ist.
Mehr als das, was wir erbitten oder jetzt verstehen können, wird er uns schenken.

Was kein Auge gesehen und kein Ohr gehört hat, was keinem Menschen ins Herz und in den Sinn gekommen ist: das Große, das Gott denen bereitet hat, die ihn lieben. (1 Kor 2,9)

8. Persönliche Schuldschrift

Der erste Schritt

Gebt allen, was ihr ihnen schuldig seid, sei es Steuer oder Zoll, sei es Furcht oder Ehre. Bleibt niemand etwas schuldig; nur die Liebe schuldet ihr einander immer. (Röm 13,7-8)

Der erste Schritt liegt bei uns. Damit unser Gebet erhört wird, haben wir zunächst einmal anderen das zu geben, was wir uns selbst durch Vergebung erhoffen.

Nicht nur um materielle Schulden geht es. Vornehmlich gemeint ist, im menschlichen Miteinander subjektiv empfundene Ungerechtigkeit oder unverständliche Verhaltensweisen anzunehmen und diese dem anderen nicht nachzutragen oder ihm das gar zu vergelten. Wenn wir unsere aus der Mitte kommende Intuition zulassen, sie durch die gesunde Vernunft prüfen, um sie dann entsprechend einzusetzen, wird für uns wie auch für den anderen das Richtige geschehen.

Ganz besonders aber schulden wir jedem anderen das, was wir uns auch von Gott und anderen Menschen erhoffen: eine aus dem tiefen Inneren kommende Liebe in einer reinen Gesinnung.

Wenn wir dagegen – verhaftet im eigenen Ego – nicht im Einklang mit diesen göttlichen Gesetzen stehen, bleiben wir in der Schuld.

Verantwortung bejahen

Nicht rein zufällig begegnen uns ganz bestimmte Menschen auf unserem Lebensweg. Nahezu immer tragen wir bewußt oder unbewußt mehr oder weniger Verantwortung für sie mit. So entstehen Verpflichtungen gegenüber allen Menschen
– in der Glaubensgemeinschaft,
– in der Familie,
– in der Nachbarschaft oder Bekanntschaft,
– im Berufsleben,
– insbesondere natürlich auch sozial Schwächeren gegenüber.
Aber auch für uns tragen wir Verantwortung:
Wie gehen wir mit unserem Körper um? Was muten wir ihm zu?
Was tun wir für unsere seelisch-geistige Entwicklung?

Was ist Inhalt unseres Sprechens? Welcher Ausdrucksweise bedienen wir uns?
Sind wir bejahend und aufbauend oder eher destruktiv und verletzend?

Über jedes unnütze Wort, das die Menschen reden, werden sie am Tag des Gerichts Rechenschaft ablegen müssen.

(Mt 12,36)

Kommen wir den Verpflichtungen uns selbst gegenüber nicht nach, so wird unsere eigene Schuld noch schwerer.
Spüren wir nicht auch Gott gegenüber, der uns geschaffen hat, eine tiefe und innere verpflichtende Dankbarkeit?
Auf der Erfahrungsgrundlage gelungener Lebensabschnitte und besonders des Betens entwickelt sich wie von selbst eine Beziehung zur Transzendenz, die sich in einer ganz besonderen Gesinnung Gott gegenüber ausdrückt.

Darum sollst du den Herrn, deinen Gott, lieben mit ganzem Herzen und ganzer Seele, mit all deinen Gedanken und all deiner Kraft.

(Mk 12,30)

Wenn wir von uns aus Gott nicht entgegenkommen und unser Herz kalt bleibt, machen wir uns ihm gegenüber schuldig.
– Gott, der Vater, schenkt einem jeden von uns das Leben.
– Christus vermittelt im Neuen und Ewigen Bund die göttliche Liebe.
– Heiliger Geist – die Gegenwart Gottes in uns – gibt der Seele das Leben.

Er hat uns fähig gemacht, Diener des Neuen Bundes zu sein, nicht des Buchstabens, sondern des Geistes. Denn der Buchstabe tötet, der Geist aber macht lebendig.

(2 Kor 3,6)

Verantwortung und Verpflichtungen begleiten uns während des ganzen Lebens – individuell sehr verschieden. Wenn wir unseren Verpflichtungen nicht nachkommen, bürden wir uns eine zusätzliche schwere Last auf.

Stehen wir zu unserer Verantwortung und erfüllen unsere Pflichten, werden wir von ihnen befreit.

Wir sollten aber niemals vergessen:

So lange wir in diesem Leben stehen, ist es zu keiner Stunde bei Tag und bei Nacht möglich, ganz frei von Pflichten zu sein.

✧ *Die Zeiten, in denen ich Verantwortung für meine Familie getragen habe, sind vorbei. Ich weiß nicht, in welcher Weise ich Verantwortung für andere Menschen übernehmen könnte oder sollte.*

Wenn persönliche, uns ganz in Anspruch nehmende Verpflichtungen gelöst sind, sollten wir für die Menschen da sein, die Opfer der Lieblosigkeit anderer geworden sind. Im Hinblick darauf, daß sie vielleicht selbst einmal Lieblose waren, ist die uns jeweils neu gestellte Aufgabe und Verpflichtung noch offensichtlicher. Haben Sie schon erlebt, wie jemand durch einen Absturz der Psyche ins Bodenlose gesunken ist? ✧

Ins reine kommen

Es liegt an uns, ob wir am Ende unserer Zeit mit Gott, den Mitmenschen und uns selbst ins reine gekommen sind oder ob es uns nur gelungen ist, einen großen oder kleinen Teil unserer Schuld abzutragen. Die verbleibende Schuld ist in unsere Seele eingraviert wie eine Schuldschrift, die von uns eigenhändig geschrieben wurde. Es kommt eine Zeit, in der sie ganz offen vor uns liegt, und wir erfahren, daß wir aus eigener Kraft nicht alle Schuld tilgen können.

Selbst wenn wir in unserem Leben im Einklang mit allem und jedem stehen, so daß wir keine neue Schuld auf uns laden, so bedürfen wir trotzdem einer Vergebung unserer Schuld aus früheren Zeiten.

Wir sollten jedoch in dem ständigen Bemühen um eine Gutmachung leben – dann dürfen wir diesen Nachlaß auch erwarten, wenn es uns in diesem Leben nicht gelingt, unsere Schuld abzutragen.

Er hat den Schuldschein, der gegen uns sprach, durchgestrichen und seine Forderungen, die uns anklagten, aufgehoben.

(Kol 2,14)

Wir finden bei Gott Vergebung – sollten wir da nicht bereit sein, anderen gegenüber, die uns verpflichtet sind, Geduld und Verständnis zu haben?
In Anbetracht dessen, was wir unserem Schöpfer und unseren Mitmenschen schuldig sind und sicherlich auch schuldig bleiben, sollten wir uns aufrichtig darum bemühen, die Beweggründe für das Verhalten anderer zu verstehen. So fällt es uns leicht, Nachsicht oder Toleranz zu üben bei den Menschen, die nach unserem Empfinden in unserer Schuld stehen.
Wieviel Zeit verstrich, in der wir für andere etwas hätten tun können und sollen?
Wieviel Möglichkeiten der Liebe und Versöhnung haben wir ungenutzt gelassen?
Wie sollten wir uns da über einen Mitmenschen erheben oder gar etwas von ihm einfordern wollen?
Vergessen wir nicht, daß wir oftmals nur aus Unkenntnis der Sachlage, fehlender Wahrheit oder einfach aus Unzufriedenheit mit unserem eigenen Schicksal ungerecht denken und handeln. Kommt dies nicht einer Beleidigung und Herabwürdigung Gottes gleich?
Wenn wir nicht von Herzen Nachsicht üben, so wird es uns ergehen wie dem Diener im Gleichnis vom Unbarmherzigen Gläubiger.

Hättest nicht auch du mit jenem, der gemeinsam mit dir in meinem Dienst steht, Erbarmen haben müssen, so wie ich mit dir Erbarmen hatte? (Mt 18,33)

Sicherlich fällt es uns schwer, weiterhin auch da Toleranz zu üben, wo immer wieder – trotz Bitte um Verzeihung – der andere unsere Geduld auf die Probe stellt und uns somit eine ständige nervliche Belastung zumutet. Einige Menschen sind so stark in einen Sog von Negativität hineingeraten, daß sie – wie trunken – ihre eigene Situation nicht mehr überblicken. Ihnen sollte man sich ganz besonders und liebevoll zuwenden.

Lossprechen durch Ihn

Jeder kann einem anderen die Belastung nehmen, wenn dieser sich ungerecht oder lieblos gegen ihn verhielt:

Wie auch wir vergeben unseren Schuldigern.

Wer aber wie die Apostel
- von höherer Erkenntnis, Einsicht und Reife erfüllt ist,
- sein inneres Leben ganz auf Vergeistigung und Wiedervereinigung mit Christus, dem Wort Gottes, ausgerichtet hat,
- den Heiligen Geist empfangen und dadurch geistig geworden ist,
- jede Handlung mit Vernunft ausführt und sich somit vom Geist Gottes leiten läßt (vgl. Röm 8,14),
- an seinen Früchten erkannt werden kann (vgl. Mt 7,16 . 20) und Vorbild ist,
- nicht eigene Gedanken, sondern den Willen Gottes verkündet,
der kann anderen Menschen die Sünden vergeben, weil Gott, der allein Macht hat zu vergeben, durch ihn hindurch wirkt.
Und trotzdem stößt auch dieser Mensch an Grenzen, wo er hilf- und machtlos ist. Er wird dann das anstehende Problem ganz tief mit in sein Gebet hineinnehmen und es in die Hände Gottes legen.

Er kann aber auch stellvertretend für die beten, welche keinen Zugang zum Gebet haben und für alle, denen ihr Vergehen noch nicht bewußt geworden ist.

Früh am Morgen stand er auf und brachte so viele Opfer dar wie er Kinder hatte. Denn Hiob sagte: Vielleicht haben meine Kinder gesündigt und in ihrem Herzen Böses gegen Gott gedacht. (Ijob 1,5)

✧ *Ist denn nicht die Vergebung der Sünden an die Vollmacht durch die Kirche gebunden?*
Origenes spricht von denjenigen, die wie die Apostel der Kirche dienen, und von den geistigen Voraussetzungen, damit Gottes Heiliger Geist durch diesen Menschen Sünden vergeben kann. ✧

9. Versuchung im göttlichen Plan

Wie können wir die Bitte »Und führe uns nicht in Versuchung« aussprechen, da doch das ganze Menschenleben auf Erden eine Zeit der Versuchung ist?
Ungesteuerte Begierden, besonders im Bereich der Macht und der Sexualität – gewinnen allzu leicht die Oberhand. Sie stehen damit im extremen Gegensatz zur notwendigen Entwicklung der Seele und lassen uns das nicht tun, was wir im eigentlichen Sinne wollen (vgl. Gal 5,17).

Ist nicht das Menschenleben auf Erden eine Zeit der Versuchung? (Ijob 7,1)

Gott, der uns nicht von Versuchung befreit, läßt aber auch nicht zu, daß wir in solche Versuchungen geraten, deren wir aus eigener Kraft nicht widerstehen könnten.

Noch ist keine Versuchung über euch gekommen, die den Menschen überfordert. Gott ist treu; er wird nicht zulassen, daß ihr über eure Kraft hinaus versucht werdet. Er wird auch in der Versuchung einen Ausweg schaffen, so daß ihr sie bestehen könnt. (1 Kor 10,13)

Leichte Gegner: fehlgeleitete Triebe

Wo wir im Leben auch stehen, ganz gleich auf welcher Stufe der see-lisch-geistigen Entwicklung: Von Versuchungen sind wir niemals frei.

Woher kommen die Kriege bei euch, woher die Streitigkeiten? Doch nur vom Kampf der Leidenschaften in eurem Innern. (Jak 4,1)

Gebt den irdischen Begierden nicht nach, die gegen die Seele kämpfen. (1 Petr 2,11)

Wenn ein Ringen in den menschlichen Versuchungen hinter uns lie-gen sollte, und wir nicht mehr in den überwundenen Versuchungen geprüft werden, beginnen auf viel subtileren Ebenen neue und hefti-gere Kämpfe, die wir zu bestehen haben.

Denn wir haben nicht (mehr) gegen Menschen aus Fleisch und Blut zu kämpfen, sondern gegen die Fürsten und Gewalten, gegen die Beherrscher dieser finsteren Welt, gegen die bösen Geister des himmlischen Bereichs. (Eph 6,12)

Wir sollten uns noch einmal fragen: Warum lehrt uns Jesus die Bitte »Und führe uns nicht in Versuchung«, da Gott doch alle Menschen in Versuchung führt?

Die zunächst noch leichteren Gegner sind unsere eigenen fehlgeleiteten Triebe; stärkere Gegner die von negativen Kräften gesteuerten Gedanken.

Dämonische Mächte

Wenn aber dämonischen Mächten Raum im Geiste gegeben wird, und sie ins Herz eindringen, werden die Versuchungen wesentlich stärker. Gott läßt uns, wenn wir widerstehen, einen Weg der Reinigung gehen und schickt uns immer neu durch Läuterungsprozesse, um unsere Herzen zu prüfen, uns zur Einsicht zu führen und uns reif werden zu lassen für sein Reich (vgl. Apg 14,22).

Der Abrahamsweg war ein sehr steiniger. Gott prüfte Isaak und Jakob. Die Apostel mußten unzählige Leiden erdulden.

Von allen Seiten werden wir in die Enge getrieben und finden doch noch Raum; wir wissen weder aus noch ein und verzweifeln dennoch nicht; wir werden gehetzt und sind doch nicht verlassen; wir werden niedergestreckt und doch nicht vernichtet.

(2 Kor 4,8-9)

Es ist meist schwer einzusehen, daß schmerzhafte Phasen für die eigene geistige Vervollkommnung notwendig sind.

In manchen Gebeten bitten wir Gott sogar um Prüfungen:

Erprobe mich, Herr, und durchforsche mich, prüfe mich auf Herz und Nieren! (Ps 26,2)

✧ *Bewußt werde ich mich dämonischen Mächten nicht öffnen. Wie kann ich jedoch ihren Einfluß verhindern?*

Obwohl wir dazu geschaffen sind, gute Werke zu vollbringen, versagen wir doch immer wieder besonders im Alltag zum Beispiel durch mürrisches Antworten, Gleichgültigkeit, liebloses Urteil oder Vorurteil. Schlimme Kettenreaktionen sind oft die Folge. Wir tragen aber Mitverantwortung für eine Welt nach Gottes Sinn. Er möchte, daß sein Heiliger Geist uns durchdringt und in unsere Umwelt hinein ausstrahlt. Durch mangelnde Wachheit, Stumpfheit, Ich-Verfangenheit versagen wir uns seiner Heilszuwendung, die durch uns auch andere Menschen erreichen soll. Durch unsere Verschlossenheit entsteht ein Leerraum, in den Ungeist eindringen kann. Die Dämonen lieben bekanntlich herrenlose und leerstehende Häuser. ✧

Ob arm oder reich ...

Niemand ist ganz ohne Versuchungen. Es gibt in dieser Welt auch keinen Zeitraum, in dem nicht die Möglichkeit besteht, zu fallen.
Der Mensch, der viele Entbehrungen auf sich nehmen muß, läuft Gefahr, unzufrieden und mißgünstig zu werden, sich der Dinge zu bedienen, die ihm nicht zustehen und sich sogar gegen Gott zu wenden.
Der dagegen im Überfluß lebt, mag sich sehr davor in acht nehmen, überheblich oder hochmütig zu werden.

G ib mir weder Armut noch Reichtum, nähr mich mit dem Brot, das mir nötig ist, damit ich nicht, satt geworden, dich verleugne und sage: Wer ist denn der Herr?, damit ich nicht als Armer zum Dieb werde und mich am Namen meines Gottes vergreife.
(Spr 30,8-9)

Es ist irrig anzunehmen, eine Versuchung sei bei den Menschen ausgeschlossen, die ohne großen materiellen Besitz leben. Auch ihnen lauern dämonische Kräfte auf, um sie vom rechten Weg abzubringen (vgl. Ps 37,14).

Der in irdischem Reichtum Lebende unterliegt durch seine Entscheidungsfreiheit einer besonderen Versuchung. Zerstörerische Mächte könnten am Werk sein, wenn der Besitz schlecht verwaltet oder verwendet wird.

Wenn auch die Erfüllung unserer Hoffnung für uns bereit liegt (vgl. Kol 1,5) und der eigentliche Weg dorthin ein geradliniger ist, so müssen doch viele von uns große Umwege machen.

Ob gesund oder krank …

Im Vollbesitz seiner körperlichen Kraft und bei guter Gesundheit mag man glauben, von Versuchungen frei zu sein. Doch gerade der Kräftige und Gesunde läuft Gefahr, ungesteuerten sexuellen Begierden und Praktiken zu unterliegen und damit seinen Körper, den Tempel Gottes (vgl. 1 Kor 3,17), zu zerstören.

Erheblichen Versuchungen ist auch der Kranke ausgesetzt. Er ist mit sich und seinem Körper oft lange allein. Extreme sexuelle Wünsche und Vorstellungen überfallen ihn, denen er dann allzu leicht und gerne nachgibt. In der langen Zeit seiner Krankheit wird ihm sein ungelebtes Leben vielfach erst schmerzlich bewußt. Seine Seele leidet mehr als der Körper. Es ist überaus wichtig, daß der Kranke mit jemandem sprechen kann und die Möglichkeit hat, sein Herz auszuschütten und sein Leben zu ordnen.

Mehr als alles hüte dein Herz;
denn von ihm geht das Leben aus.
(Spr 4,23)

Ob angesehen oder geringgeschätzt ...

Zu meinen, vor Versuchungen Ruhe zu haben, wenn man in einem guten Ansehen steht, ist ein Trugschluß. Wie schnell schleichen sich Überheblichkeit und Arroganz ein!

> Wie könnt ihr zum Glauben kommen, wenn ihr eure Ehre voneinander empfangt, nicht aber die Ehre sucht, die von dem einen Gott kommt? (Joh 5,44)

Auf der anderen Seite gibt es Menschen, die sich als gering und niedrigstehend einstufen. In Folge ihres mangelnden Selbstbewußtseins versuchen sie sich überall anzupassen und überfreundlich zu sein. Sie merken nicht, wie sich eine schmeichlerische Unterwürfigkeit ihrer bemächtigt und wie sie unfähig werden zu echter Freundschaft und Liebe.

... alle werden versucht

Ganz gleich, wer es ist und in welcher Lebenssituation er sich befindet: Von Versuchungen kann sich niemand freisprechen.
Wenn wir beten »Und führe uns nicht in Versuchung« ist das keine Bitte, nicht versucht zu werden. Wir bitten darum, in der versucherischen Situation den Anfeindungen nicht nachzugeben und ihnen zu erliegen.
Unser gesamtes Leben auf Erden ist eine Zeit der Versuchung und damit auch der möglichen Bewährung.
Jesus Christus ist als Mensch in unsere Welt gekommen, um alle zu erlösen, die der Verlockung nicht widerstehen konnten und durch sie wie in einem Netz gefangengehalten werden.

Das gilt auch für den geistigen Bereich, denn wieviel Menschen werden im Glauben, den rechten und gerechten Weg zu gehen, irregeführt.

Auch die Theologen

Davon ausgenommen sind auch nicht diejenigen, die sich mit dem Studium der Heiligen Schrift beschäftigen. Wird ein Inhalt falsch verstanden oder ausgelegt, entsteht ein Gottesbild, das der Wahrheit nicht entspricht.

Dieser großen Gefahr unterliegt allzu leicht derjenige, der
- nur intellektuell zu verstehen sucht, ohne Gefühl und Intuition,
- einseitig und fanatisch erkannte »Wahrheiten« festhält,
- vorschnell Schlüsse zieht, ohne zu reflektieren,
- nicht in der Lage ist, Symbole zu entschlüsseln,
- für seine Lebenssituation gleich fertige Lösungen und Antworten auf seine speziellen Fragen finden will,
- Erkenntnis höherer Wahrheiten intellektuell erzwingen will, anstatt Gott und seiner Gnade in sich Raum zu gewähren,
- mit Gewalt und vorschnell Offenbarungen verborgener Geheimnisse erzwingt.

10. Kosmische Sicht- und Denkweise

Greifen wir die anfangs gestellte Frage noch einmal auf und führen sie weiter:

Wir beten nicht darum, die Versuchung möge uns erspart bleiben, denn das ist unmöglich. Wir beten darum, nicht in Versuchungen verstrickt zu werden und in der Versuchung zu fallen.

Wie kann der gute Gott, der keine bösen Früchte bringen kann (vgl. Mt 7,18), jemanden ins Unheil stürzen?

Dieses Problem wird deutlich durch den Römerbrief, der davon berichtet, wie Gott Menschen der Sünde ausgeliefert hat.

Sie behaupteten, weise zu sein, und wurden zu Toren. Sie vertauschten die Herrlichkeit des unvergänglichen Gottes mit Bildern, die einen vergänglichen Menschen und fliegende, vierfüßige und kriechende Tiere darstellen. Darum lieferte Gott sie durch die Begierden ihres Herzens der Unreinheit aus, so daß sie ihren Leib durch ihr eigenes Tun entehrten …

Darum lieferte Gott sie entehrenden Leidenschaften aus: Ihre Frauen vertauschten den natürlichen Verkehr mit dem widernatürlichen; ebenso gaben die Männer den natürlichen Verkehr mit der Frau auf und entbrannten in Begierde zueinander …

Und da sie sich weigerten, Gott anzuerkennen, lieferte Gott sie einem verworfenen Denken aus, so daß sie tun, was sich nicht gehört. (Röm 1,22-24 . 26-28)

Wie läßt es sich erklären, daß Gott so hartherzig handelt?

Heilspädagogik Gottes

Die Antwort auf die Frage nach einer Hartherzigkeit Gottes ist sehr subtil und kann nur aus einer kosmischen Sicht- und Denkweise verstanden werden.

Gott leitet jede vernunftbegabte Seele mit Rücksicht auf ihr ewiges Leben. Die Seele hat immer die Möglichkeit, eine freie Wahl zu treffen und bestimmt damit ihr Schicksal selbst. Entweder erreicht sie durch Vergeistigung einen höheren Zustand – verglichen mit dem Bild des stufenweisen Aufstiegs – oder sie steigt durch ihre eigene

Entscheidung oder mangelnde geistige Wachheit Stufe für Stufe hinab und sinkt damit immer tiefer in ein bitteres geistloses Unten.

Die Entscheidungsmöglichkeit der Seele ist mit dem körperlichen Tod in dieser Welt nicht abgeschlossen. Der Mensch erhält in der ihm zur Verfügung gestellten neuen Zeit – es können unzählige aufeinander folgende Lebenszeiten sein – Chancen, von früher begangener Schuld frei zu werden und höhere Stufen zu erreichen. Durch seine Wahlfreiheit kann er jedoch auch falsche Entscheidungen treffen und damit neue Schuld auf sich laden.

Versucht man, eine Krankheit übermäßig schnell zu besiegen, läuft man Gefahr, nur die Symptome zu bekämpfen ohne den eigentlichen Krankheitsherd auszumerzen.

Ein allzu kurzer Heilungsprozeß kann weiterhin zu der Auffassung führen, die Krankheit sei auf Grund ihrer leichten Heilungsmöglichkeit doch nicht entsprechend ernst zu nehmen, so daß wir nach einer solch schnellen Genesung sehr bald schon ein weiteres Mal von der gleichen Krankheit eingeholt werden. Oftmals ist es besser, die Krankheit bricht voll aus, so daß der Körper grundlegend von Giften gereinigt wird und Abwehrkräfte bildet.

So würde auch eine vorschnelle Heilung von Sünden und eine Tilgung der Schuld durch Gott leicht eine Gleichgültigkeit und Verachtung gegenüber der Sünde fördern, so daß die Seele rückfällig wird. Daher läßt Gott es zu, daß Begierden durch übermäßige Befriedigung der Lust bis zuletzt ausgekostet werden, um durch Über-Sättigung einen Widerwillen zu erzeugen.

Erst auf dieser Erfahrungsgrundlage kann ein tiefgreifender Heilungsprozeß einsetzen. Die Seele wird sich erst jetzt ihrer wiedererlangten kostbaren Gesundheit voll bewußt. Nun kann sie mit größter Sicherheit diesen Heilzustand genießen und eine neue Weite gewinnen.

Ein Beispiel aus dem Alten Testament macht uns diese Heilspädagogik Gottes hervorragend deutlich:

Die Leute, die sich ihnen angeschlossen hatten, wurden von der Gier gepackt, und auch die Israeliten begannen wieder zu weinen und sagten: Wenn uns doch jemand Fleisch zu essen gäbe! Wir denken an die Fische, die wir in Ägypten umsonst zu essen bekamen, an die Gurken und Melonen, an den Lauch, an die Zwiebeln und an den Knoblauch. Nun aber sind wir abgemagert; nichts als das Manna sehen unsere Augen …
Mose hörte die Leute weinen, eine Sippe wie die andere; jeder weinte am Eingang seines Zeltes …
Zum Volk aber sollst du (Mose) sagen: Heiligt euch für morgen, dann werdet ihr Fleisch zu essen haben. Denn ihr habt dem Herrn die Ohren vollgeweint und gesagt: Wenn uns doch jemand Fleisch zu essen gäbe! In Ägypten ging es uns gut. So wird euch nun der Herr Fleisch zu essen geben. Nicht nur einen Tag werdet ihr es essen, nicht zwei Tage, nicht fünf Tage, nicht zehn Tage und nicht zwanzig Tage, sondern Monate lang, bis es euch zum Hals heraushängt und ihr euch davor ekelt. Denn ihr habt den Herrn, der mitten unter euch ist, mißachtet und habt vor ihm gejammert und gesagt: Warum sind wir aus Ägypten weggezogen?   (Num 11,4-6.10.18-20)

Der tiefe Sinngehalt:
Bekommen wir Begehrtes nicht und können unsere Leidenschaften nicht befriedigen, quält uns große Unzufriedenheit.
Werden unsere Wünsche nicht erfüllt, können wir weder endgültig gesättigt werden noch durch einen Überdruß hiervon loskommen.
Gott in seiner großen Menschenliebe und Güte ist bereit, Wünsche zu erfüllen und Begehrtes zu geben – jedoch so, daß keine Wünsche dieser Art und Begierden mehr zurückbleiben. Darum gibt Gott den aufbegehrenden Israeliten nicht nur für einen Tag Fleisch zu essen. In diesem Fall würde das Verlangen nach kurzer Zeit neu entstehen.

Beherrschende Leidenschaften, die bereits die Seele durchglüht haben, entflammen immer wieder auf's neue, wenn sie nicht endgültig ausgelebt oder aber so weit ausgekostet werden, daß sich ein andauernder Widerwille einstellt.

Für eine lange Zeit, Monate lang, sollten die Israeliten Fleisch essen. Mehr als genug: bis es ihnen zum Halse heraushing und sie sich davor ekelten.

Wenn all unsere Begierden befriedigt sind, werden wir in Erinnerung an die langen schmerzhaften Zeiten und die mühsamen Umwege, die wir bis zu diesem Freisein zurücklegen mußten, neuem Verlangen aus freier Entscheidung entsagen. Wenn keine begierlichen Wünsche, die uns Gott entfremden, mehr vorhanden sind, ist die heilspädagogische Absicht Gottes erfüllt.

✧ *Für mich ist es ein Widerspruch, wenn Origenes einmal sagt, wir sollten das ausleben, was in uns ist – zum anderen aber empfiehlt, wir sollten den geraden, unbequemen Weg gehen, der direkt zum Ziel führt.*

Es ist oft nicht einfach, Origenes durch seine subtilen Linien zu folgen. Er spricht nicht von einem unbequemen Weg, sondern von einem engen und schmalen. Diesen direkten Weg, den Christus weist, zu finden, ist oft sehr schwer, da Hindernisse im Weg stehen. Sie können sich schon seit langer Zeit aufgeschichtet haben. In seiner hervorragenden Erzählung »Eine kaiserliche Botschaft« beschreibt Franz Kafka diese Hindernisse als unüberwindbar. Origenes versucht dagegen zutiefst in die Heilspädagogik Gottes vorzudringen und Schicksalszusammenhänge auszuleuchten. Auf keinen Fall empfiehlt er, das auszuleben, was in uns ist. Das wäre unverantwortlich. Gott läßt es lediglich zu – wenn kein anderer, feinerer Weg der Heilung möglich ist – daß Begierden ausgelebt werden, um durch Übersättigung einen Widerwillen zu erzeugen. Dies ist in der Heilspädagogik Gottes eine Möglichkeit, Hindernisse auf dem geistlichen Weg zur Erfüllung und Vervollkommnung der Seele zu entfernen. »Die Göttliche Botschaft« besagt, daß einmal alle Hindernisse beseitigt sein werden. ✧

Rückkehr ist Fortschreiten

In Folge der großen Zeitperioden, die wir nach dieser Welt und Zeit durchleben, besteht durchaus die Möglichkeit des Vergessens. Die Leidensprozesse, die zur Sättigung unserer unangepaßten und ungesteuerten Leidenschaften geführt haben, sind uns dann nicht mehr bewußt. Wenn wir nun nicht die von allen Leidenschaften befreite Vernunft annehmen und auf den Fortschritt unserer Entwicklung acht geben, wird sich die Seele in ihrer freien Willensentscheidung wieder für neue Leidenschaften und Begierden entscheiden.
Jetzt verlangt sie wieder nach der irdischen Schöpfung, und die Seele begehrt die Inkarnation in die Materie, um erneut ihre Wünsche befriedigen und ausleben zu können.
Dieses wiederholte Erdenleben bedeutet für den Menschen kein Unglück, sondern eine pädagogische Hilfe auf dem Weg seines Fortschritts. Gott in seiner unendlichen Liebeszuwendung uns Menschen und der ganzen Schöpfung gegenüber, läßt die Seele so lange Sättigung und Überdruß erfahren, bis sie ganz befreit ist. In ihr wächst dann wieder das Verlangen nach dem Guten, zur himmlischen Nahrung zurückzukehren und geistig zu werden.
Dieses Verlangen nach seelisch-geistiger Vervollkommnung kann unter der Vorherrschaft von Begierden, die erst abgebaut werden müssen, kaum gespürt und daher nicht verwirklicht werden.

Selig der Mann, dessen Begreifen von dir ist, Herr;
Stufen des Aufstiegs sind in seinem Herzen.

(Ps 84,6)

Die sich von Gott entfernte inkarnierte Seele wird einmal den Punkt erreichen, von dem aus sie zurückkehrt, um wiederzugewinnen, was sie verloren hat. Da der Mensch nach dem Abbild Gottes geschaffen ist (vgl. Gen 1,27), wird ihm immer wieder erneut das Reich der

Himmel in Aussicht gestellt, wobei aber auch der Erde durch den göttlichen Schöpfungsakt eine ganz bestimmte Aufgabe im Heilsgeschehen zugewiesen wird.

Die heimkehrende Seele strebt in den Quellbereich der Schöpfungskräfte zurück. Dort streift sie die verbrauchte Schicksalsform des Erdenlebens ab und erwartet ihre neue Bestimmung.

Es ist nicht zu bezweifeln, daß nach gewissen zeitlichen Zwischenräumen erneut Materie ins Dasein tritt, Körper entstehen und die Mannigfaltigkeit einer Welt aufgebaut wird auf Grund der verschiedenen Willensbewegungen der Vernunftgeschöpfe. Die Seele macht jetzt neue Erfahrungen und hat neue Prüfungen zu bestehen. Sie kann sich bewähren oder wiederum versagen. Sie reift und erfährt eine weitere wertvolle Entwicklung auf das Ende hin, welches nicht gleich, sondern nur ähnlich dem Anfang ist.

Die Rückkehr ist also untrennbar mit dem Fortschreiten verbunden, selbst wenn zeitweilige Rückschläge eintreten.

Wenn unser irdisches Zelt abgebrochen wird, dann haben wir eine Wohnung von Gott, ein nicht von Menschenhand errichtetes ewiges Haus im Himmel. (2 Kor 5,1)

✧ *Innerhalb der Kirche habe ich auf Fragen nach wiederholten Erdenleben bisher keine mich zufriedenstellende Antwort bekommen.*
Mit seiner Schrift »Vom Gebet« will Origenes konkrete Anweisungen geben, die in der augenblicklichen Situation des Betenden verstanden und angewandt werden sollen. Das Thema »Reinkarnation« ist ein sehr sensibles. Origenes möchte – äußerst feinfühlig und versteckt – eine mögliche Erklärung subtiler Zusammenhänge auch in bezug auf das Gebet anbieten. In die Diskussion eines so komplexen Themas können wir hier nicht eintreten. Lesen Sie die aufschlußreichen negativen und positiven Stimmen zu seiner Lehre am Ende dieses Buches.✧

Gott mit der Vernunft wahrzunehmen und zu erkennen, ihn aber nicht anzuerkennen und ihn zu ehren, ist eine weitere wichtige Ursache für eine rückläufige, negative Entwicklung. Das Denken ist oberflächlich, der Inhalt nichtssagend, das unverständige Herz verfinstert. Ungute Machenschaften stehen an erster Stelle.

Gott läßt es wiederum zunächst zu, daß sich Begierden ausbreiten und sie – gegen alle Vernunft, Ehre und den Körper – unser Leben beherrschen (vgl. Röm 1,21-24).

Man läuft seelen- und empfindungslosen Phantomen nach und merkt vorerst nicht, wie diese in die Irre führen. Gott, der ein vernunftgemäßes Wahrnehmen, Denken und Empfinden verleiht und zur Vervollkommnung und Vollendung führen möchte, wird aber die Menschen, die sich gegen ihn entschieden haben, vorübergehend »ver-lassen« und sie ganz ihren entehrenden Leidenschaften »überlassen«.

Dadurch erfährt ihre Verirrung eine wesentlich bessere Korrektur und wird der Seele durch leidvolle Bewußtwerdung tiefer eingeschrieben als eine Reinigung durch das geistige Feuer (vgl. 1 Kor 3,13) oder durch Isolation (vgl. Mt 5,25-26).

Man kann sich noch so weit von Gott entfernen: Er gibt immer die Möglichkeit der Rückkehr. Auch dem am weitesten von Gott Entfernten räumt er diese Chance ein, denn am Ende der Zeiten vergeht nicht etwa seine von Gott geschaffene Substanz, sondern lediglich seine aus ihm selbst stammende feindliche Willensrichtung. Nicht einer soll verlorengehen. Alle können zur Umkehr gelangen.

Der Herr zögert nicht mit der Erfüllung der Verheißung, wie einige meinen, die von Verzögerung reden; er ist nur geduldig mit euch, weil er nicht will, daß jemand zugrunde geht, sondern daß alle sich bekehren. (2 Petr 3,9)

Gott möchte nicht, daß wir uns durch Zwang zum Guten wenden. Wir sollen uns ganz nach unserem eigenen freien Willen entscheiden. Selbst, wenn jemand durch eine freiwillig getroffene falsche Wahl eine sehr, sehr lange Zeit benötigt, bis ihm die negativen Folgen und seine Absonderung von Gott bewußt werden, greift Gott dennoch nicht strafend ein, sondern gibt ihm immer wieder auf's neue Chancen zur Umkehr.

Gott möchte den Menschen befähigen, die ihm geschenkte große innere Freiheit voll zu erfassen und zu leben, denn nur die wenigsten sind hierzu in der Lage. Alles Vorkommende, letztlich auch die Konfrontation mit dem Bösen, gehört zum göttlichen Erziehungsplan, der individuell jedem einzelnen Lebensschicksal angepaßt ist und die Entwicklung zur menschlichen Freiheit vorbereitet.

Gott läßt es nicht grundlos zu, daß seine Geschöpfe sich in Netzen verfangen (vgl. Spr 1,17) oder in die Schlinge, in die Bedrängnis geraten (vgl. Ps 66,11). Aber ohne den Willen des Vaters gerät nicht einmal ein Sperling in die Schlinge (vgl. Mt 10,29).

Wer allerdings wie in einem Netz gefangen wird, hat die Kraft seiner Flügel, die ihm verliehenen Fähigkeiten, nicht richtig gebraucht. Wir werden aber nur dann von Gott in das Netzwerk der verschiedensten Versuchungen geführt und müssen uns mit der Macht des Widergöttlichen auseinandersetzen, wenn wir es selbst verschulden. Daher beten wir mit den Worten

Führe uns nicht in Versuchung

um die Einsicht und Kraft, keine Fehlentscheidungen zu treffen, die zu einer schmerzlichen Distanz zu Gott führen.

Chancen durch unsere Freiheit

Jede Versuchung aber, in die wir verstrickt werden, ist entscheidend für unsere Psyche. Nahezu alles, was unsere Seele in sich aufgenommen hat, ist allen Menschen, sogar uns selbst, verborgen. Indem durch die Versuchungen immer wieder unsere Schatten offenbar werden, haben wir die Möglichkeit, unser eigenes Wesen – und somit uns selbst – besser zu erkennen.
Haben wir den Wunsch und den festen Willen, den geistigen Weg zur Entwicklung unserer Seele zu gehen, müssen wir uns selbst gegenüber ehrlich und lebenswahrhaftig sein und unsere Fehler und Schattenseiten offen eingestehen. Wenn auf diese Weise die Versuchungen zur Transparenz unseres Wesens führen, das Verborgene in unserer Seele ans Licht kommen lassen und die Geheimnisse unseres Herzens bewußt werden – sollten wir dann nicht dankbar sein?

Er hat dich durch die große und furchterregende Wüste geführt, wo es beißende Schlangen und Skorpione und Durst gibt, ... um dich zu prüfen, damit die Gesinnung deines Herzens offenbar werde. (Dtn 8,15-16)

Uns ist eine große Chance gegeben, die wir optimal nutzen sollten. Haben wir einer Versuchung widerstanden oder – wenn auch schmerzhaft – durch sie Reinigung und eine neue Sichtweise erfahren, ist diese Entwicklungsstufe ab-gelöst.
Nun sollten wir fest sein und Kraft schöpfen, damit unsere Seele von bevorstehenden weiteren Prüfungen nicht unvorbereitet getroffen wird.
– Machen wir uns bewußt, daß jede Versuchung eine göttliche erzieherische Absicht beinhaltet.
– Haben wir also keine Angst vor künftigen Anfeindungen.

- Denken wir daran, daß nicht nur unser, sondern jedes Leben Versuchungen ausgesetzt ist.
- Erkennen wir individuelle und kosmische Zusammenhänge.
- Üben wir uns ein in das Gebet – in die Hingabe an Gott.
- Vertrauen wir darauf, daß Gott in seiner unendlichen Liebe zu uns das ergänzen wird, was uns in Folge unserer menschlichen Schwachheit noch fehlt.

Wir wissen, daß Gott bei denen, die ihn lieben, alles zum Guten führt. (Röm 8,28)

11. Gebet: Weg zur Erlösung

Wenn wir uns unmittelbar negativen, bösen Kräften ausgesetzt fühlen, und sie uns herausfordern, wird Gott uns befreien, wenn wir ihn darum bitten:

Erlöse uns von dem Bösen.

Er wird uns Standfestigkeit verleihen, Selbstsicherheit und Stärke, daß wir nicht unterliegen.

Von allen Seiten werden wir in die Enge getrieben und finden doch noch Raum; wir wissen weder aus noch ein und verzweifeln dennoch nicht. (2 Kor 4,8)

Es gibt Zeiten in jedem Leben, in denen wir außerordentlich stark bedrängt werden. Gott läßt es zu, möchte aber nicht, daß wir Schaden leiden und in der Bedrängnis umkommen.

Wenn ich rufe, erhöre mich, Gott, du mein Retter!
Du hast mir Raum geschaffen, als mir angst war.
(Ps 4,2)

»Raum schaffen« heißt in der Schrift: Fröhlichkeit und Heiterkeit der Seele. Diese lichte und befreiende Lebensqualität schenkt uns Gott in Zeiten der Bedrängnis, indem er uns durch die helfende Gegenwart seines Wortes ermutigt und rettet.

Bei allem, was ihm zustieß, sündigte Hiob nicht und äußerte nichts Ungehöriges gegen Gott. (Ijob 1,22)

Obwohl Hiob so viele Anfeindungen und Leiden zu erdulden hatte, flucht er doch nicht, wie der Widersacher behauptete, Gott ins Angesicht, sondern bleibt dabei, zu Gott zu beten und ihn zu rühmen, auch dann, als er dem Versucher ganz ausgeliefert war (vgl. Ijob 1,11 . 21).

Nehmen wir das Gute an von Gott, sollen wir dann nicht auch das Böse annehmen? (Ijob 2,10)

Das Böse und die Versuchung treten immer wieder an uns heran. Im Vater unser bitten wir Gott, daß wir in der Versuchung nicht umkommen, sondern von dem Bösen erlöst werden. Allerdings bedarf das Beten noch einer ganz wesentlichen Voraussetzung, um von Gott erhört zu werden. Die zum rechten Gebet gehörende Erkenntnis gewinnen wir nicht allein durch unseren Verstand. Diese Erkenntnis ist ein Ergebnis unseres Hörens auf Gott.

Dadurch, daß wir auf Gott hören,
werden wir seiner Erhörung würdig.

Wir bitten nicht darum, er möge uns jede Versuchung ersparen, sondern beten, nicht in der Versuchung gefangen zu werden und dem Bösen zu unterliegen, welches sich wie ein verzehrendes Feuer unserer Herzen bemächtigt. Nur dann besteht keine Ansteckungsgefahr, wenn wir durch das Gebet so mit Gott verbunden sind, daß wir aus seinem Geist heraus leben.

Aus seinem Inneren werden Ströme von lebendigem Wasser fließen. Damit meinte er den Geist, den alle empfangen sollten, die an ihn glauben. (Joh 7,38-39)

Gottes Heiliger Geist wird sich wie ein Wasserzeichen in die Seele all derer einprägen, die ihr Leben auf Geistiges und Geistliches hin ausrichten.

Wir aber haben nicht den Geist der Welt empfangen,
sondern den Geist, der aus Gott stammt,
damit wir das erkennen,
was uns von Gott geschenkt worden ist.
(1 Kor 2,12)

✧ *Vieles hat mich innerlich sehr angesprochen und mir ganz neue und weite Dimensionen des Gebetes eröffnet. Ungelöste Fragen sind mir wieder bewußt geworden; neue Fragen an mein bisher gelebtes Christsein und mein Beten haben sich ergeben.* Auf Gott hören können wir nur, wenn wir schweigen und uns ihm ganz anvertrauen – vornehmlich im Gebet – und sensibel genug werden, tiefere Zusammenhänge zwischen Gott, den Menschen und dem Kosmos wahrzunehmen. Es ist gut, Menschen zu finden, die mit uns den Gebetsweg gehen, uns Halt geben, und mit denen wir auf der Grundlage gemeinsamer Erfahrung nach Antworten auf neue und alte Fragen suchen. ✧

Nachwort von Tatjana Goritschewa

Dieses Buch »Das Kosmische Gebet« macht mit dem Gedankengut des Origenes bekannt, dem geheimnisvollsten und tiefsten christlichen Denker aller Zeiten. Das Christentum ist stark von ihm beeinflußt; die Erkenntnisse des Origenes sind allerdings weit bekannter als sein Name. Er wird uns in diesem Buch von Peter Dyckhoff als nahestehender Lehrer vorgestellt, der jedem Antwort gibt auf die aktuellen und brennendsten Fragen des heutigen geistigen Lebens.

Diese Schrift des Origenes bietet eine praktische Anleitung zum Beten – wie auch das Ruhegebet des Johannes Cassian, das von Origenes beeinflußt wurde. Das Gebet ist ein unmittelbares Gespräch mit Gott. Was kann in unserem Leben wichtiger sein? Und wie alles Wichtige, so ist auch ein Gebet vollkommen einfach und doch unglaublich schwer. Bei sehr vielen Menschen ist das Gebet auf seinen höchsten Ebenen leider nicht lebendig, da es nicht kultiviert ist und entwickelt wird. Es fehlen Lehrer, die uns das Beten nahebringen können und könnten, so daß wir – und das ist eine traurige Tatsache – geistlich verwaist sind. Daher sind die Schriften besonders wertvoll, die einfache und verborgene Wahrheiten und Weisheiten über das Gebet enthalten.

Auch die Mönche und Starzen in Rußland, von denen viele Tausende, die das Beten gelehrt hatten, umgebracht wurden, lernen heute vor allem aus Büchern. Vor kurzem besuchte ich das Tolgskoj-Kloster und sprach mit der jungen und intelligenten Matuschka (Oberin) Olga. Sie sagte: »Wir haben im Kloster keine erfahrenen Beterinnen und Beter, doch wir haben die Bücher der heiligen Väter. Und daraus lernen wir.«

Origenes' Lehre vom Gebet ist kosmisch. Daher ist sie immerwährend zeitnah. Der Mensch ist ein Mikrokosmos. »Begreife dieses: Du hast in deinem Innern ein zweites All im Kleinen, in dir ist eine Sonne, ein Mond, und sind auch die Sterne« (Origenes).

Die Theologie des Origenes ist die christliche Antwort auf die Frage nach der Ganzheit im modernen Denken. Auf der Suche nach dieser Ganzheit brauchen wir nicht über die Denk- und Ausdrucksweise des »New Age« zu gehen; wir brauchen uns auch nicht an Yang und Yin erinnern. Bei den alten Kirchenvätern ist der Kosmos bereits ein »ungeheuer großes Lebewesen«. Doch die moderne Wissenschaft hat sich dieser Weisheit erst jetzt genähert (siehe z.B. James Lovelock).

Origenes vertritt eine allumfassende christliche Weltanschauung, in der es kein Zurückziehen in die »reine« Moral, in rationale oder individuelle Frömmigkeit gibt. Die Sünde aber ist isoliertes Sein, ein Herausfallen aus dem Ganzen.

Origenes ist ein Denker schöpferischer Freiheit. Kreative Freiheit ist gerade in unserer Zeit außerordentlich wichtig. Alle reden vom »Menschen« und seinen »Rechten«; in der Wirklichkeit ist jedoch vom individuellen Menschen kaum etwas übrig geblieben. Alles hängt von allem ab, und alle sind für alles verantwortlich. Das Gefühl der anonymen Schuld nimmt ständig zu. Das Beziehungs- und Kommunikationsgeflecht wird immer enger. Der Zynismus wächst: »Ich weiß alles, aber ich kann nichts ändern.« Diese Hilflosigkeit wird größer. Der durchschnittliche Europäer ist zu einer auf Massenmedien und Reklame angewiesenen Marionette geworden. Nie zuvor lebte man in Europa so »versklavt« wie heute.

Origenes zeichnet sich in besonderer Weise dadurch aus, daß er immer wieder die Bedeutung von Kreativität und Aktivität des Einzelnen hervorhebt. Unser Leben, unsere Gemeinschaft mit Gott ist Synergie, ist gemeinschaftliche Schöpfung. Der freie Wille des Menschen ermöglicht es ihm, in seiner Entwicklung nicht stehenzubleiben, was im geistlichen Leben einem Fallen gleichkommt. Dieser freie Wille erlaubt es ihm, zu wachsen und sich auf Gott hin zu bewegen.

Das Werk Calvins trug nicht unerheblich dazu bei, daß Erfolg und Geld vergöttert wurden (siehe Max Weber) und führte zu einer noch größeren Abhängigkeit von weltlichen Trugbildern. Der Mensch, der in der Überzeugung lebt, an nichts zu glauben und von keinem abhängig zu sein, ist in Wirklichkeit völlig abhängig von seinem unglückseligen Schicksal. Origenes sieht den liebenden Gott als Schicksalsbestimmung. Für ihn gibt es keine willenlose Unterordnung, sondern eine lebendige Schicksalsübereinstimmung zwischen unserem Willen und unserer Bestimmung.

Schätze christlichen Denkens werden mit diesem Buch »Das Kosmische Gebet« neu zugänglich gemacht.

Zeittafel

185	Origenes, auch Adamantios genannt, wurde als ältestes Kind einer wohlhabenden christlichen Familie in Alexandria geboren.
202	mußte er als junger Student während der Christenverfolgung unter Kaiser Septimius Severus die Enthauptung seines Vaters Leonides miterleben. Leonides ließ bei seinem Tod die Familie mittellos zurück, da der Kaiser das Vermögen der Märtyrer einzog.
203	Als ältester Sohn hatte er nun für seine Mutter und sechs jüngere Brüder zu sorgen. Da er durch seinen Vater eine sehr hohe Bildung in den griechischen Elementarwissenschaften wie auch im Studium der Heiligen Schriften erfahren hatte, begann er – um den Unterhalt zu verdienen – Unterricht zu geben. Origenes widmete sich neben der Lehrtätigkeit weiterhin seinen theologischen und philosophischen Studien. Er beschäftigte sich sehr intensiv mit der griechischen Philosophie – insbesondere mit der Lehre Platons. Origenes war Schüler des Klemens von Alexandria und des Ammonius Sakkas, der eine große Liebe zu indischer Weisheit besaß. Auch Pantänus, den Vorgänger des Klemens in der Leitung der Katechetenschule, kannte Origenes persönlich. Zu seinen ersten Schülern gehörten Plutarch und Heraklas, dessen Bruder, der nach dem Tod des Demetrius Bischof von Alexandria wurde.
206-210	In Alexandria führte die Glaubensverfolgung der Stadthalter Subatianus Aquila. Unter den Opfern befanden sich auch viele Schüler des Origenes. Er stand zu ihnen, besuchte sie im Gefängnis und begleitete sie zur Hinrichtung.

212	Origenes reiste nach Rom, um die römische Gemeinde kennenzulernen und vor allem Hippolytus, einen hervorragenden Christen, der später zum Papst gewählt wurde.
215	ließ der Stadthalter der Provinz Arabien Origenes zu sich rufen, da er sich für dessen theologisches Wissen derart interessierte, daß er von ihm unterrichtet werden wollte.In dieser Zeit richtete Kaiser Antoninus Caracalla ein Blutbad in Alexandria an und wütete besonders gegen die christlichen Schulen. Viele Gelehrte wurden zur Flucht genötigt.
216	Um der Verfolgung zu entkommen, begab sich Origenes heimlich nach Cäsarea in Palästina. Dort hielt er im Auftrag der Bischöfe Theoktistos von Cäsarea und Alexander von Jerusalem gottesdienstliche Lehrvorträge. Die Hörer des Origenes behielten ihre volle Freiheit, der christlichen Kirche beizutreten oder nicht.
217	Bischof Demetrius rief ihn nach Alexandria zurück und bestellte ihn zum Leiter der Alexandrinischen Katechetenschule. In diesem Jahr begann Origenes, auch literarisch zu arbeiten. Er schrieb »Über die Auferstehung«, Bibelkommentare zur Genesis und zum Johannes-Evangelium.
	In den 20er Jahren entstand seine noch bis heute viel umstrittene Schrift »Peri Archon«. Aus vielen Stellen seiner Schriften wird die geistige Verbundenheit des Origenes mit dem Schriftsteller und Denker Numenios (121-180) deutlich. Numenios besaß eine tiefe Kenntnis von indischer Weisheit und der Lehre der Brahmanen.
218	Ambrosius, bekannter Freund und Gönner des Origenes, war so von der Spiritualität des Origenes überzeugt, daß er ihm zur rascheren Herstellung der Bibelkommentare und anderer Werke mehr als sieben Schnellschreiber, die abwechselnd das Diktat des Origenes aufnahmen, wie auch Buchschreiber auf Dauer zur Verfügung stellte.
222	folgte Origenes einer Einladung der Mutter des Kaisers Alexander Severus, Julia Mammaea, nach Antiochien, um ihr seine christliche, kosmische Sicht- und Denkweise zu vermitteln.
231	Durch den Bischof von Jerusalem und den Ortsbischof von Cäsarea wurde Origenes in Cäsarea zum Presbyter geweiht. Dies hatte seine Ausweisung und Exkommunikation durch den zuständigen Bi-

schof Demetrius von Alexandria zur Folge, der die Weihe des Origines als Eingriff in seine Kompetenz empfand. Dieser Beschluß, den auch der römische Bischof Pontianus sanktionierte, wurde allen Kirchen der christlichen Welt mitgeteilt. Da die Kirche von Palästina diesem Beschluß nicht zustimmte, übersiedelte Origines:

233   nach Cäsarea und gründete dort eine neue Schule und eine Bibliothek. Er blieb weiterhin mit der Alexandrinischen Schule in Verbindung. Als Lehrer und Gelehrter besaß Origenes Weltruf.

233-234   verfaßte er seine Schrift »Vom Gebet«, die übereinstimmend zu den »Perlen altchristlicher Literatur« gerechnet wird. In dieser Zeit schrieb er auch die »Aufforderung zum Martyrium«, den apologetischen Brief an Bischof Fabian in Rom und seine einzigartige sprachliche Bibelsynopse »Hexapla«.

238   hielt Gregorios Thaumaturgos, Schüler des Origenes und späterer Bischof im Pontos, die vielbeachtete Dankrede, in der er Origenes als »einmalige Persönlichkeit« bezeichnete und auf die hervorragende Bedeutung seiner Theologie hinwies.

239-242   Origenes erhielt den Auftrag, täglich – in sämtlichen Gottesdiensten – zu predigen und die gesamte Bibel auszulegen. Von Cäsarea aus unternahm er wiederholt Reisen in Palästina, nach Syrien und Arabien. Eine spezielle Reise nach Arabien unternahm er, um wesentlich mitzuhelfen, einen Streit unter den dortigen Bischöfen beizulegen.

248   Origenes verfaßte die »Acht Bücher gegen Celsus«.

249   Während der ersten allgemeinen Christenverfolgung unter Kaiser Decius wurde Origenes in Cäsarea vor das kaiserliche Gericht gestellt und als Christ verurteilt. Er wurde gefangengenommen, eingekerkert, in Ketten gelegt und hart gefoltert. Decius, der Philippus und anderen christlichen Kaisern folgte, galt aus Haß gegen diese Vorgänger als einer der schlimmsten Christenfeinde. Der Origenes angedrohte Feuertod wurde jedoch nicht vollstreckt – der Richter wollte unbedingt eine Hinrichtung des Origenes vermeiden.

251   Nach dem Tod des Kaisers Decius wurde Origenes freigelassen. Seine geistigen und körperlichen Kräfte waren jedoch derart geschwächt, daß er keine wissenschaftlichen Arbeiten mehr durchführen konnte.

254   oder 255 starb Origenes im Alter von 69 bzw. 70 Jahren in Tyrus. Sein Grab wurde bis zum Ende des 13. Jahrhunderts in der Kathedrale Sancti Sepulcri bewahrt.

Negative Einschätzung des Origenes

Ebioniten (3. Jahrhundert)
auch Nazoräer genannt, eine außerhalb der Großkirche verbliebene juden-christliche Gemeinschaft
Bereits zu Lebzeiten des Origenes hatten sie auf Grund ihrer Buchstabengläu-bigkeit die größten Vorbehalte gegen ihn. Sie fürchteten in der spirituellen Schriftauslegung des Origenes eine Verunsicherung ihres eigenen Glaubens.

Porphyrius (233-305)
Philosoph (Neuplatoniker)
»Diese törichte Methode möge man an einem Manne beobachten, mit dem auch ich in meiner frühesten Jugend verkehrt habe, nämlich Origenes, der in hohem Ansehen stand und noch heute durch seine hinterlassenen Schriften im Anse-hen steht … Origenes aber irrte, obwohl als Grieche unter Griechen erzogen, zu barbarischer Hartnäckigkeit ab. Dadurch schändete er sich und seine Bildung. Sein Leben war das eines Christen und widersprach den Gesetzen. In seiner Auffassung von der Welt und von Gott dachte er wie ein Grieche und schob den fremden Mythen griechische Ideen unter. Ständig beschäftigte er sich mit Platon.«

Demetrius (3. Jahrhundert)
Bischof von Alexandria
Im Jahr 231 erfolgte durch die ägyptische Kirche ein erster Schritt gegen Origenes. Eine alexandrinische Synode unter Führung von Bischof Demetrius ex-kommunizierte Origenes.

Pachomius der Ältere (um 287-347)

Abt

Aus »Leben des heiligen Pachomius« von Athanasius: »Den Origenes aber haßte er grimmig als einen Lästerer und Abtrünnigen und verabscheute ihn … Den Brüdern nun legte Pachomius dringend ans Herz, nicht nur das törichte Geschwätz des Origenes nicht zu lesen, sondern sich auch nicht zu erkühnen, dem Lesen anderer zuzuhören.«

Epiphanius von Salamis (315-403)

Metropolit auf Zypern, Kirchenschriftsteller

Im Rahmen der Auseinandersetzungen um die Trinitätslehre kam es Ende des 4. Jahrhunderts zum ersten Origenistenstreit, der von Epiphanius ausgelöst wurde. Er bekämpfte die Gedankenwelt des Origenes und behandelte ihn als Häretiker. Auf Reisen nach Palästina machte er gegen Origenes Propaganda. Dort ließ sich Hieronymus auf seine Seite ziehen, der Origenes bis dahin schätzte und einige seiner Werke ins Lateinische übertragen hatte.

Hieronymus (347-419/20)

Klostervorsteher in Betlehem, Kirchenlehrer

Hieronymus, der zuvor Origenes als seinen Meister verehrte, beteiligte sich am ersten großen Streit um Origenes Ende des 4. Jahrhunderts. Er nahm großen Anstoß an der Lehre des Origenes vom Fall der Seele, der Aufeinanderfolge der Welten und an der Wiederbringung aller Dinge. Von Hieronymus stammt die Unterscheidung, den Exegeten Origenes zu lieben und den Dogmatiker Origenes zu verachten.

Theodor von Mopsuestia (350-428)

Bischof, Exeget der antiochenischen Schule

Als strikter Gegner des Origenes lehnt er besonders dessen allegorische Methode ab.

Aurelius Augustinus (354-430)

Bischof, Kirchenlehrer

In seinen frühen Jahren war Augustinus dem Origenes sehr zugetan. Er vertrat zum Beispiel voll und ganz die Präexistenz der Seele. Später verdrängte Augustinus solche Fragen aus seinem Denken. Auch die Wiederbringung aller Dinge lehnte er dann ab, so daß er in Origenes denjenigen sah, den »die Kirche mit Recht verworfen« habe.

Sulpicius Severus (um 363-420)
Hagiograph, Chronist
»Die Bischöfe hatten auf mehreren Versammlungen durch verschiedene Dekrete verboten, die Schriften des Origenes zu lesen oder zu besitzen. Dieser Origenes galt zwar als der gelehrteste Ausleger der Hl. Schrift, allein die Bischöfe wiesen auf manche Stellen in seinen Büchern hin, die ungesunden Geist verrieten.«

Theophilus (im Amt 385-412)
Patriarch von Alexandria
Vom Lager der Origenes-Freunde wechselte Theophilus in das Lager der Origenes-Gegner und ließ die Schriften des Origenes auf Synoden verurteilen, zog selbst in die Wüste und plünderte eigenhändig Origenes-Schriften. Im Jahr 399 stimmte er einer offiziellen Verdammung des Origenes zu.
»Die Ansicht des Origenes ist eine Neuheit, die der Unwissenheit oder dem böswilligen Ehrgeiz entstammt und den Aberglauben begünstigt.«

Anastasius I. (im Amt 399-401)
Papst
Sein kurzes, zweijähriges Pontifikat ist ganz der Widerlegung der Sicht- und Denkweise des Origenes gewidmet.

Vinzenz von Lerin († vor 450)
Presbyter, Mönch
»So hat dieser so ausgezeichnete Origenes, weil er die Gnade Gottes übermütig mißbrauchte, weil er seinem Genie zu viel vertraute und sich selbst für genügend hielt, weil er die alte Einfachheit der christlichen Religion geringschätzte und gescheiter als alle zu sein sich vermaß, weil er, die kirchlichen Traditionen und die Lehren der Alten mißachtend, einige Stellen der Heiligen Schrift auf neue Weise erklärte ... es verschuldet ... die ihm ergebene Kirche ... von der alten Religion zu einer neuen falschen Lehre unvermerkt und allmählich hinüberzuführen.«

Leo der Große (im Amt 440-461)
Papst
Papst Leo I. lehnte Origenes insbesondere wegen seiner Seelenlehre ab.

Justinian (483-565)
Römischer Kaiser
Im Jahr 543 erläßt Justinian ein Edikt gegen Origenes. Dieses wurde von einer lokalen Synode in Konstantinopel bestätigt. Den Schluß dieses Ediktes bilden neun Anathematismen:
1. Wenn einer sagt oder dafürhält, die Seelen der Menschen seien präexistent gewesen, insofern sie früher Intelligenzen und heilige Mächte gewesen seien; es habe sie aber Überdruß ergriffen an der Schau Gottes, und sie hätten sich zum Schlechteren gewendet; darum seien sie abgekühlt von der Liebe zu Gott, hätten davon den Namen »Seelen« bekommen und seien zur Strafe in Körper hinabgeschickt worden – so sei er im Banne …
9. Wenn einer sagt oder dafürhält, die Bestrafung der Dämonen und der gottlosen Menschen sei zeitlich und werde zu irgendeiner Zeit ein Ende haben; oder es werde eine Wiederbringung von Dämonen oder gottlosen Menschen geben – so sei er im Banne.
Der Bann sei gesprochen über Origenes, der auch »Adamantios« heißt, welcher dies ausgesprochen hat, samt seinen abscheulichen und fluchwürdigen Lehren, und über jede Person, die dies denkt oder verteidigt oder in irgendeinem Punkt überhaupt zu irgendeiner Zeit dies zu vertreten wagt.

Vigilius (im Amt 537-555)
Papst
Vigilius leitete die 5. Ökumenische Synode in Konstantinopel von 553. Diese Synode wiederholte die offizielle Verurteilung des Origenes aus dem Jahre 543 in 15 Anathematismen, die die Aussagen des Origenes noch ausführlicher darstellen.
Anm.: Die moderne Forschung hat gezeigt, daß die beiden Anathemata aus den Jahren 543 und 553 nicht so sehr gegen die ursprüngliche Lehre des Origenes gerichtet waren, sondern gegen eine origenistische Gruppe in Palästina: die »Isochristen«.

Johannes Moschus († 619)
Byzantinischer Schriftsteller
In seinem um 600 verfaßten visionären Bericht erwähnte Moschus, daß der große Theologe Origenes sich als Ketzer und als Glaubensverleugner unter den Verdammten in der Hölle befinde.

Johannes von Damaskus (um 650-749)

Kirchenlehrer, Theologischer Schriftsteller

»Die Vernunft wurde nicht, wie einige falsch lehren, vor der Annahme des Fleisches aus der Jungfrau mit dem Gott-Logos geeint und seit damals Christus genannt. Diese Ungereimtheit gehört zu den Albernheiten des Origenes, der eine Präexistenz der Seele lehrte.«

Photius (815/20-891/898)

Patriarch von Konstantinopel, Kirchenlehrer

Photius gilt als letzter Zeuge für das Vorhandensein des vollständigen griechischen Originals der Werke des Origenes. »Ausbund der Blasphemie« und »Inbegriff der Häresie« – so nannte der Patriarch den alexandrinischen Kirchenlehrer.

Martin Luther (1483-1546)

Reformator

Die Verurteilung des Origenes durch Martin Luther wirkte im Protestantismus kräftig nach. Daß Luther kein Verhältnis zu Origenes gewinnen konnte, wird von vielen Seiten auch auf seine mangelhaften griechischen Sprachkenntnisse zurückgeführt. Luther wehrte sich, die Heilige Schrift zu spiritualisieren oder zu allegorisieren. Aus den Tischreden (I,8): »Darum gehört solche speculative Theologia in die Hölle und zum Teufel wie Zwingel und die Sacramentenschwärmer auch speculieren und gedenken ... und dies ist auch Origenis Theologia.«

Philipp Melanchton (1497-1560)

Humanist, Hauptmitarbeiter Luthers

Melanchton bezeichnet Origenes als Zerstörer der Schriftauslegung. Aufgrund der reformatorischen Rechtfertigungslehre widersprach er der Auffassung des Origenes von der Erlösung, die ihren Grund in der allegorischen Auflösung der Schrift finde.

Johann Calvin (1509-1564)

Reformator

Wegen seiner reformatorischen Ansätze lehnte Calvin, der zusammen mit Zwingli die Reformierte Kirche gründete, den Dogmatiker und Exegeten Origenes konsequent ab.

Positive Wertschätzung des Origenes

Gregorios Thaumaturgos (213-271)
Schüler des Origenes in Cäsarea, Bischof und griechischer Kirchenlehrer
In einer Dankrede, die er 238 vor Origenes und seinen Mitschülern hielt, nannte er Origenes eine »einmalige Persönlichkeit« und wies auf die hervorragende Bedeutung seiner Lehre hin. »Das göttliche Wort öffnet, was verschlossen ist, indem es die dunklen Stellen aufhellt. Diese höchste Gabe hat der Mann, den wir feiern, von Gott empfangen, und vom Himmel ward ihm der herrliche Beruf zuteil, den Sinn der göttlichen Worte an die Menschen zu vermitteln und den Menschen zu erklären, wie es für menschliche Ohren verständlich ist.«

Pamphilos von Cäsarea († 309/310)
Theologischer Schriftsteller
Im Kerker verfaßte Pamphilos von Cäsarea unter Mitwirkung des Eusebius seine »Apologia pro Origene«. In dieser Schrift widerlegt er Angriffe gegen die Dreifaltigkeitslehre des Origenes.

Eusebius († 339)
Bischof von Cäsarea, Kirchenhistoriker, Hoftheologe Konstantins
Anfang des 4. Jahrhunderts beschrieb er in seiner zehnbändigen »Kirchenge-schichte« das Leben des Origenes, stellte dessen Werke vor und setzte sich für die Verbreitung ein.

Yohanan von Tiberias (3. Jahrhundert)
Rabbi
Der Rabbi folgte Origenes im exegetischen Kampf gegen die Christologisie-rung des Hohenliedes. Erstaunlich ist die Wirkung des Origenes auf seinen Zeitgenossen, der ab 240 mehrfach Cäsarea besuchte. Das Gedankengut des

Origenes ging nicht zuletzt über Yohanan von Tiberias in das Traditionsgut des Judentums ein.

Athanasius (295-373)
Bischof von Alexandria, griechischer Kirchenlehrer
Im Streit um die Lehre des Origenes ergriff er für ihn Partei und betonte, man müsse unterscheiden zwischen dem, was Origenes gelehrt habe und was man ihm andichte.

Hilarius von Poitiers (315-367)
Bischof, Kirchenlehrer
Im Jahre 360 verfaßte er seinen Psalmenkommentar, der so stark von Origenes beeinflußt wurde, daß Hieronymus ihn als Übersetzung bezeichnete. Hilarius von Poitiers war ein großer Verteidiger des Origenes.

Basilius der Große (330-379)
Bischof von Cäsarea, Kirchenlehrer und

Gregor von Nazianz (329-390)
Patriarch von Konstantinopel und griechischer Kirchenlehrer
In den Jahren 364-378 gaben sie gemeinsam die »Philokalie« heraus, eine Sammlung von Origenes-Texten. Die aus großer Wertschätzung hervorgegangene, sehr verbreitete Anthologie wirkte vor allem in der Kirche des Ostens lange nach.

Gregor von Nyssa (334-395)
Bischof von Nyssa in Kappadokien, bedeutender Theologe und Mystiker
Bejaht die Werke des Origenes voll – insbesondere die Lehre von der Rückkehr aller Dinge in Gott. Gregor von Nyssa ist der vollkommenste Erbe der Mystik des Origenes.

Ambrosius (334-397)
Bischof von Mailand, Kirchenlehrer
Er gehörte zum Kreis der eifrigsten Leser der Werke des Origenes.

Evagrius Pontikus (345-399)
Kirchenschriftsteller
Evagrius Pontikus lebt ganz aus der Spiritualität des Origenes und trägt diese in das Mönchstum hinein.

Johannes Chrysostomus (345-407)

Patriarch von Konstantinopel, Kirchenlehrer
Als große Autorität setzt er sich für Origenes ein, vermag aber den Widerstand gegen ihn nicht einzudämmen. Aufgrund der Verehrung des Origenes wurde er seines Patriarchenstuhles enthoben.

Rufin (345-410)

Lateinischer Kirchenschriftsteller
Er bearbeitete das Werk des Origenes und gab es in lateinischer Sprache heraus. Nach dem ersten Origenisten-Streit (394) überwarf er sich mit seinem Freund Hieronymus, der zuvor Origenes als seinen Meister verehrte.

Johannes Cassian (360-435)

Abt, Kirchenschriftsteller
Wie bei Origenes ist auch für Cassian der Weg des Menschen ein Aufstieg zu Gott; die Umgestaltung erfolgt stufenweise.
Durch Evagrius Pontikus, dessen Schüler Johannes Cassian jahrelang war, wird er ebenfalls zum Origenisten. Da sich am Ende des 4. Jahrhunderts die Auseinandersetzungen um das geistig-geistliche Erbe des Origenes dramatisch zuspitzten, und die origenistischen Mönche aus Ägypten vertrieben wurden, mußte auch Cassian im Jahr 401 aus Ägypten fliehen.

Pelagius († nach 418)

Mönch und theologischer Schriftsteller
Zur Begründung der menschlichen Willensfreiheit benutzte er den Römerbrief-Kommentar des Origenes.

Pseudo-Dionysius Areopagita (um 500)

Christlicher Philosoph in Syrien
Seine Werke, die eine der Hauptquellen mittelalterlicher Mystik waren, wurden durch Origenes sehr inspiriert.

Gregor der Große (540-604)

Papst, Kirchenlehrer
Sein Werk »Moralia in Job« wurde völlig von der geistlichen Auslegung und der Exegese des Origenes geprägt. Die Bibelauslegung des Origenes wurde durch Gregor den Großen an das Mittelalter weitergegeben, welches aus dem Gedankengut des Origenes lebte.

Peter Abaelard (1079-1142)
Scholastischer Denker
Ungeachtet der Verurteilung des Origenes von seiten der Kirche zog er dessen
Werke für sein eigenes Bibelstudium heran.

Wilhelm von St. Thierry (1085-1148)
Benediktiner-Abt
Zur Genesung von einer schweren Krankheit ließ ihn Bernhard von Clairvaux
nach Clairvaux kommen. Gemeinsam lasen und erörterten sie den Hohelied-
Kommentar des Origenes. In seiner »Mystik« zitierte Wilhelm von St. Thierry
als großer Kenner des Origenes immer wieder dessen Werke.

Bernhard von Clairvaux (1091-1153)
Kirchenlehrer
Seine Predigten orientierten sich an den Werken des Origenes, die er auch für
seine eigene exegetische Arbeit nutzte. In der Auslegung der Klagelieder folgte
er Origenes. Ebenso bezog er sich in »Über die Besinnung an Papst Eugen« auf
den Johannes-Kommentar des Origenes. Im Kommentar zum »Hohelied« führte Bernhard von Clairvaux die Gedanken des Origenes weiter aus.

Thomas von Aquin (1225/26-1274)
Bedeutendster Philosoph und Theologe des Mittelalters
Trotz vieler Kontroversen und divergierender Positionen war das Werk des
Origenes für ihn eine große Inspirationsquelle. Thomas führte mit tiefem Ernst
einen Dialog mit Origenes, bezeichnete aber dessen These, wonach Gott auf
Grund seiner Güte im Anfang alle gleich geschaffen habe, als offensichtlich
falsch.

Mechthild von Hackeborn (1241-1299)
Mystikerin
Die Werke des Origenes bedeuteten ihr viel. Obwohl diese zu ihrer Zeit sehr
umstritten waren, blieb sie bei ihrer Wertschätzung.

Meister Eckart (1260-1327)
Mystiker, Dominikaner
In seiner 51. Predigt bezieht er sich auf Origenes: »Das Fünklein der Vernunft, das
ist das Haupt der Seele«. Meister Eckart nennt Origenes in seinem Traktat »Vom

edlen Menschen« den »großen Meister«. Er glaubt – wie Origenes – an die Prä-existenz der Seele und vertritt ebenso den immerwährenden Fortgang des Schöpfungsaktes. Wie Origenes hat auch er Vorbehalte gegen die Erbsünde.

Dante Alighieri (1265-1321)
Größter Dichter Italiens
Sein Werk »Sphärenkörper der Seligen« ist auf Origenes zurückzuführen. Im Inferno und Purgatorio der »Göttlichen Komödie« erwähnt er Origenes, den er nicht zu den Ketzern zählt.

Jan Hus (1370-1415)
Reformator
In Origenes sieht er einen hervorragenden Exegeten und Lehrer des geistlichen Lebens. Er bringt ihm große Sympathie entgegen.

Giovanni Pico della Mirandola (1463-1494)
Humanist und Philosoph
Umstrittene Themen aus den Schriften des Origenes stellt er erneut zur Diskussion: die Willensfreiheit des Menschen, den Fall und den Wiederaufstieg des Geistes, das Stufendenken, die Logoslehre und die Leugnung der ewigen Sündenstrafen.
Pico della Mirandola erklärte die Verdammung des Origenes als ganz und gar nicht berechtigt. Er verteidigte ihn mit aller Kraft und veröffentlichte 900 Thesen. Die Kirche trat ihm scharf entgegen und verurteilte ihn in einem Prozeß.

Erasmus von Rotterdam (1466-1536)
Humanist
In einem Brief von 1518 schreibt er: »Eine einzige Seite des Origenes lehrt mich mehr von der christlichen Philosophie als zehn des Augustinus.« Erasmus von Rotterdam pries Origenes als hervorragenden Prediger und besten Ausleger der Heiligen Schrift. Er gibt eine Origenes-Ausgabe heraus und setzt mit einem abschließenden Lebensbild dem alexandrinischen Kirchenlehrer ein bleibendes Denkmal.

Huldrych Zwingli (1484-1531)

Humanist und Reformator der Deutschen Schweiz
In seiner Abendmahlsschrift zitiert er Origenes ausdrücklich als Autorität.
Zwinglis »Predigt über die Vorsehung« zeigt die innere Verwandtschaft mit
Origenes: die Vorsehung Gottes, die Prä- und Postexistenz der Seele, der Fall
der Vernunftwesen, die Wiederbringung und die Reinkarnation der Seele.

Blaise Pascal (1623-1662)

Religionsphilosoph, Mathematiker, Physiker
In seinem Fragment »Über die drei Ordnungen des Weltlichen, des Geistes und
der christlichen Liebe« greift Pascal Gedanken des Origenes auf und entwickelt
sie weiter.

Gottfried Wilhelm Leibniz (1646-1716)

Philosoph
In seinem mehrbändigen Werk »Die Theodizee von der Güte Gottes, der Freiheit des Menschen und dem Ursprung des Übels« schreibt er anerkennend
über Origenes. Leibniz fühlte sich mit seiner Lehre von der Welt freier Geister
und von der Erlösung durch eine allgemeine Vergeistigung Origenes sehr verwandt.

Francois Fénelon (1651-1715)

Bischof, Theologe
Den geistigen Schwung des Origenes wie auch einzelne seiner Ausdrücke hat
Fénelon in seine Werke übernommen. »Hier werden wir gespeist mit der reinen
Substanz der ewigen Wahrheit; hier schenkt sich uns das fleischgewordene
Wort als unser inwendiges Wort, als unsere Rede, unsere Weisheit, unser Le-
ben, unser Sein, unser Alles.«

Gotthold Ephraim Lessing (1729-1781)

Dichter und Philosoph
Ein Jahr vor seinem Tod faßte er die Lehre des Origenes in seiner Schrift »Die
Erziehung des Menschengeschlechts« (Wolfenbütteler Schriften) zusammen.
Hier nimmt er die Präexistenz und als Konsequenz dieses Ansatzes auch die
Wiederverkörperung der Seele an.

Johann Gottlieb Fichte (1762-1814)
Philosoph
Besonders seine dritte Rede an die deutsche Nation beinhaltet sehr viel Gedankengut des Origenes. Fichte spricht von »der ewigen Kette eines geistigen Lebens überhaupt« und von der »übersinnlichen Weltordnung«.

Friedrich Daniel Ernst Schleiermacher (1768-1834)
Theologe und Philosoph
In seinen kirchengeschichtlichen Vorlesungen würdigte er das ihm geistesverwandte Gedankengut des Origenes.

Friedrich Wilhelm Joseph von Schelling (1775-1854)
Philosoph
Für wesentliche Elemente seines Denkens beruft sich Schelling auf Origenes: Präexistenz, Folge der Weltalter, Herkunft des Bösen, Wiederbringung aller Dinge. Wiederholt zitiert er Origenes in seinen Werken.

Arthur Schopenhauer (1788-1860)
Philosoph
Schopenhauer bewunderte Origenes' Erkenntnis, die dieser mit »lobenswerter Kühnheit« aussprach: daß man sich angewöhnen müsse, diese Welt als einen Ort der Buße, gleichsam als Arbeitsstätte zu betrachten, »wie schon die ältesten Philosophen sie nannten«. Diese Ansicht findet »ihre theoretische und objektive Rechtfertigung nicht bloß in meiner Philosophie, sondern in der Weisheit aller Zeiten, nämlich im Brahmanismus, Buddhaismus …«

John Henry Newman (1801-1890)
Kardinal
In seiner »Apologie« bezeugt er den Einfluß des Origenes. Eine starke geistige Beziehung zwischen Newman und Origenes ist offensichtlich.

Ferdinand Prat (1857-1938)
Jesuit, Exeget, Konsultor der Bibelkommission in Rom
»Jede Seite, jede Zeile, jedes Wort sitzt und kann einen unserer Zeitgenossen treffen, dessen Geist, noch enger als der eines Epiphanius, nicht verfehlt hätte, Origenes auf den Scheiterhaufen zu bringen, falls er Zeitgenosse dieses größten

aller Theologen gewesen wäre, dessen lau aufgewärmte Überreste uns erlauben, nicht allzu eingeengt unter dem Joch des Buchstabens zu leben … Wäre der exegetische Aufschwung Antiochiens und Kappadoziens je möglich gewesen ohne den gewaltigen Anstoß des Origenes?«

Nikolaj Berdjajew (1874-1948)
Russischer Religions-Philosoph
In seinem Buch »Die Philosophie des freien Geistes« beruft er sich ausdrücklich auf Origenes: »Es ist unerläßlich, das Voraufgehen von Seelen in der geistigen Welt, die Ewigkeit der Seele in der geistigen Welt gelten zu lassen.«

C. G. Jung (1875-1961)
Psychologe und Psychiater
In vielen seiner Werke bezieht er sich auf äußerst positive Weise auf Origenes.

Karl Jaspers (1883-1969)
Philosoph
»Obgleich Gott das einzige Ziel ist, nimmt den größeren Raum in der Denkarbeit des Origenes der Weg ein. Die Frage, wie wir Menschen in diese Lage geraten sind und wie wir zum Heil finden, ist die dringlichste.«

Hugo Ball (1886-1927)
Schriftsteller
»Und so fand man es noch im 2. Jahrhundert verwunderlich, daß ein Celsus sich die Mühe nahm, in einer eigenen Streitschrift auf die ›staatsgefährlichen‹ Lehren des Christentums hinzuweisen. Seine Schrift blieb auf kleine Kreise beschränkt. Die indifferente Haltung der gebildeten änderte sich jedoch rapid, nachdem das Genie des Origens dem Celsus eine Abfuhr erteilt und das Christentum über Nacht zur wissenschaftlichen Großmacht erhoben hatte.«

Paul Tillich (1886-1965)
Theologe und Philosoph
Das Denken bzw. Elemente des Denkens von Origenes finden sich in seinen theologisch-philosophischen Schriften.

Karl Barth (1886-1968)

Theologe und religiöser Sozialist
Ein Großteil seiner Schriften wurde nicht unmaßgeblich von Origenes beeinflußt.

Carl Orff (1895-1982)

Komponist
In seinem »Spiel vom Ende der Zeiten« griff Orff auf Origenes und die Idee der Rückkehr aller gefallenen Geschöpfe in die ursprüngliche reine Geistigkeit zurück.

Hugo Rahner (1900-1968)

Jesuit, Kirchenhistoriker
»Immer wieder zeigt Origenes, daß allein die sittliche Tat, das auf Grund des Gnadenbesitzes sich gestaltende sittliche Leben die Zugehörigkeit des Menschen zu Christus oder Satan, zu Licht oder Finsternis entscheide … Er betont stets mehr das Tun als das Sein, mehr das Moralische als das Dogma.«

Henri de Lubac (1896-1964)

Kardinal, Jesuit, Professor der Theologie
»Sein Christentum war keine vom Leben gelöste Spekulation, auch keine Träumerei abseits von den Sorgen der großen Kirche. Bei seinen tiefsten Meditationen wie bei seinen praktischen Ermahnungen lebt er – um eine heutige Formel zu gebrauchen – ein engagiertes Christentum.«

Hans Urs von Balthasar (1905-1989)

Theologe, Schriftsteller
In vielen seiner Werke scheint das Gedankengut des Origenes durch. Er gab unter dem Titel »Geist und Feuer« eine Auswahl der Schriften des Origenes heraus. »Es gibt in der Kirche keinen Denker, der so unsichtbar-allgegenwärtig geblieben wäre wie Origenes … Keiner hat tiefer als er die Aufhebung des Alten Bundes, des Gesetzes mit seiner gleichnishaften Mannigfaltigkeit und seiner sichtbaren Priesterhierarchie in der Einheit Christi begriffen … Manche von uns haben versucht, Origenes auf dem besagten, mechanischen Wege zu ›verchristlichen‹. Man schaltet dann Präexistenz und Wiederbringung aus, mäßigt da und dort noch einige extravagante Ansichten und behält ein stumpfes, antlitzloses Gebilde voll braver Harmlosigkeit in der Hand, in dem aber auch niemand mehr den Atem der Genialität verspürt.«

Tatjana Goritschewa (* 1948)
Russische Bürgerrechtlerin, Philosophin, Schriftstellerin
In ihrem Buch »Von Gott zu reden ist gefährlich« schreibt sie: »Und so lasen wir
die Texte von Gregorius dem Theologen, Basilius dem Großen, Origenes … wir
hatten gleichsam nur Bekanntes gefunden, das aber unendlich höher und geistig reifer war als wir selbst. Hier sprach zu uns eine unanfechtbare kirchliche
Autorität.«

Quellen-Hinweise

»Das Kosmische Gebet«
Kapitel

Grund-legung

 1. Tue den ersten Schritt
 2. Was Voraussetzung ist
 3. Gegner des Gebetes sind »geschickt«
 4. Gebet als Chance, Umwege zu vermeiden
 5. Über-geordnet
 6. Aufrichtigkeit und Ausrichtung auf Gott
 7. Die kosmische Dimension des Gebetes
 8. Gebet wird zum Leben – Leben zum Gebet
 9. Keiner betet allein
10. Widerstand
11. Wir bedürfen der Erinnerung
12. All-umfassende Wirksamkeit des Betens
13. Gebetsarten

14. »Durch Ihn und mit Ihm und in Ihm«
15. Beten ist Aufbruch in ein neues Geheimnis
16. Schatten – Zugabe des Wesentlichen
17. Schönheit und kosmische Weite der Seele

Origenes »Vom Gebet«
Peri Euches (PE)

PE I-II
PE XXXI-XXXII
PE V
PE VI
PE VII
PE VIII-IX, 1
PE IX, 2-3
PE X
PE XI
PE XII, 1
PE XII, 2
PE XIII
PE XIV, 2-6;
XXXIII; XXXIV
PE XV
PE XIV, 1; XVI
PE XVII, 1
PE XVII, 2

»Das Kosmische Gebet« Kapitel	Origenes »Vom Gebet« Peri Euches (PE)
All-umfassendes Fortschreiten	
1. Vater unser	PE XVIII
2. »Macht es nicht wie die Heuchler …«	PE XIX; XX; XXI
3. Lebendige Verbindung	PE XXII; XXIII
4. Urgrund Liebe	PE XXIV; PA IV 4,9; III 3,5; II 11,6 *
5. Gott-erfüllte Innerlichkeit	PE XXV
6. »Dein Wille …«	PE XXVI
7. Unser überwesentliches tägliches Brot	PE XXVII
8. Persönliche Schuldschrift	PE XXVIII
9. Die Versuchung im göttlichen Plan	PE XXIX, 1-10
10. Kosmische Sicht- und Denkweise	PE XXIX, 11-19 PA II 3,7; III 6,1-3; I 3,8 *
11. Gebet: Weg zur Erlösung	PE XXX

* PA = Peri Archon; Origenes »Vier Bücher von den Prinzipien«

Literaturverzeichnis

Primärliteratur

Origenes: Des Kirchenschriftstellers Origenes Schrift: Vom Gebete. Nach dem Urtexte übersetzt von Dr. Jos. Kohlhofer.
Ermunterung zum Martyrium. Aus dem Urtexte übersetzt von Dr.Jos. Kohlhofer. Bibliothek der Kirchenväter. Kempten 1874.

Origenes: Vom Gebet und Ermahnung zum Martyrium. Aus dem Griechischen übersetzt von Dr. Paul Koetschau. Bibliothek der Kirchenväter. München 1926.

Origenes: Vier Bücher von den Prinzipien. Herausgegeben, übersetzt, mit kritischen und erläuternden Anmerkungen versehen von Herwig Görgemanns und Heinrich Karpp.
Zweisprachige Ausgabe. Texte zur Forschung, Band 24. Darmstadt [3]1992.

Origenes: Des Kirchenschriftstellers Origenes acht Bücher Gegen Celsus. Aus dem Griechischen übersetzt von Johann Röhm. Bibliothek der Kirchenväter. Erstes Buch: I-IV, Kempten 1876. Zweites Buch: V-VIII, Kempten 1877.

Origenes: Acht Bücher gegen Celsus. Aus dem Griechischen übersetzt von Dr. Paul Koetschau. Bibliothek der Kirchenväter. I. Teil: Buch I-IV, München 1926. II. Teil: Buch V-VIII, München 1927.

Origenes: Gegen Kelsos. Ausgewählt und bearbeitet von Karl Pichler. Deutsche Übersetzung von Paul Koetschau. Schriften der Kirchenväter. Herausgegeben von Norbert Brox, Band 6. München 1986.

Origenes: Der Kommentar zum Evangelium nach Mattäus. Erster Teil. Bibliothek der griechischen Literatur, Band 18. Stuttgart 1983. Zweiter Teil. Bibliothek der griechischen Literatur, Band 30. Eingeleitet, übersetzt und mit Anmerkungen versehen von Hermann J. Vogt. Stuttgart 1990.

Origenes: Matthäuserklärung. 3. Teil, 2. Hälfte. Fragmente und Indices. Gesamtregister. Berlin 1968.

Origenes: Homilien zum Lukasevangelium. I. Band: Lateinisch-Griechisch-Deutsch. Freiburg 1991. II. Band: Lateinisch-Griechisch-Deutsch. Übersetzt und eingeleitet von Hermann-Josef Sieben SJ. Freiburg 1992.

Origenes: Das Evangelium nach Johannes. Übersetzt und eingeführt von Rolf Gögler. Einsiedeln 1959.

Origenes: Römerbriefkommentar. I. Band: Erstes und zweites Buch. Lateinisch-Deutsch. Freiburg 1990. II. Band: Drittes und viertes Buch. Lateinisch-Deutsch. Übersetzt und eingeleitet von Theresia Heither OSB. Freiburg 1992.

Origenes/Gregor der Große: Das Hohelied. Eingeleitet und aus dem Lateinischen übersetzt von Karl S. Frank. Einsiedeln 1987.

Origenes: Die griechisch erhaltenen Jeremiahomilien. Eingeleitet, aus dem Griechischen übersetzt und erläutert von Erwin Schadel. Bibliothek der griechischen Literatur, Band 10. Stuttgart 1980.

Origenes: Jeremiahomilien. Klageliederkommentar. Erklärung der Samuel- und Königsbücher. Origenes Werke, Band 3. Berlin 1983.

Origenes: Das Gespräch mit Herakleides und dessen Bischofskollegen über Vater, Sohn und Seele. Die Aufforderung zum Martyrium. Eingeleitet, aus dem Griechischen übersetzt und erläutert von Edgar Früchtel. Bibliothek der griechischen Literatur, Band 5. Stuttgart 1974.

Origenes: Geist und Feuer. Ein Aufbau aus seinen Schriften. Übersetzung und Einleitung von Hans Urs von Balthasar. Freiburg [3]1991.

Sekundärliteratur

Agrapha. Außerkanonische Schriftfragmente. Herausgegeben von A. Resch. Darmstadt 1967 (Leipzig 2. Aufl. 1906 = TU NF 15, 3/4).

Aurelius Augustinus: Bekenntnisse. Übersetzt von Joseph Bernhart. Frankfurt 1957.

Berthold Altaner: Augustinus und Origenes. In: Historisches Jahrbuch. Im Auftrag der Görresgesellschaft. Herausgegeben von J. Spörl. 70, 1951, 15-41 = Kleine patristische Schriften. Herausgegeben von Günter Glockmann. TU 83, 1967, 224-252.

Gustav Anrich: Clemens und Origenes als Begründer der Lehre vom Fegfeuer. Theologische Abhandlung für H. J. Holtzmann. Tübingen 1902.

Hans Urs von Balthasar: Le mysterion d'Origène. In: Recherches de science religieuse, Nr. 26. Paris 1936, 268-282.

–: Herrlichkeit. Eine Theologische Ästhetik, Band III, 2. Einsiedeln 1967.

F. Barth: Prediger und Zuhörer im Zeitalter des Origenes. Orelli- Festschrift 1898.

Ernst Benz: Indische Einflüsse auf die frühchristliche Theologie. Akademie der Wissenschaften und der Literatur. Abhandlungen der geistes- und sozialwissenschaftlichen Klasse. Jahrgang 1951, Nr. 3, Wiesbaden 1951.

Ulrich Berner: Origenes. Erträge der Forschung 147. Darmstadt 1981.

W. A. Bienert: Dionysius von Alexandrien. Zur Frage des Origenismus im dritten Jahrhundert. Patristische Texte und Studien. Berlin 1978.

H. Bietenhard: Caesarea, Origenes und die Juden. Stuttgart 1974.

F. Böhringer: Clemens und Origenes. 2. Auflage 1869. o. A.

J. Borst: Beiträge zur sprachlich-stilistischen und rhetorischen Würdigung des Origenes. Freising 1913.

Louis Bouyer: Einführung in die christliche Spiritualität. Mainz 1965.

N. Brox: Spiritualität und Orthodoxie. Zum Konflikt des Origenes mit der Geschichte des Dogmas. In: Pietas. Festschrift für Bernhard Kötting. Jahrbuch für Antike und Christentum, Ergänzungsband 8, Münster 1980, 140-154.

G. Bürke: Des Origenes Lehre vom Urstand des Menschen. In: Zeitschrift für katholische Theologie, Band 72. Wien 1950.

Hans von Campenhausen: Nimm und lies. Christliche Denker von Origenes bis Erasmus von Rotterdam. Stuttgart 1991.

W. Capitaine: De Origenes ethica. Münster 1889.

Johannes Cassian: Das Ruhegebet. Eine Einübung nach Johannes Cassian. Übertragen und eingeleitet von Peter Dyckhoff. München [3]1993.

Henry Chadwick: Origenes. In: Gestalten der Kirchengeschichte. Herausgegeben von Martin Greschat. 1. Band. Stuttgart 1984, 134-157.

Henri Crouzel: Die Origenesforschung im zwanzigsten Jahrhundert = Die Patrologie und die Erneuerung der patristischen Studien 3. In: Bilanz der Theologie im 20. Jahrhundert. Herausgegeben von H. Vorgrimmler/R. van der Gucht. Band 3. Freiburg 1970, 515-521.

–: Origenes. In: Lexikon für Theologie und Kirche, Band 7. Freiburg 1986, 1230-1235.

–: Origène. Paris – Namur 1985.

Franz Diekamp: Die origenistischen Streitigkeiten im sechsten Jahrhundert und das fünfte allgemeine Concil. Münster 1899. Dazu: A. Jülicher. In: Theologische Literaturzeitung 25, 1900, 173-176.

–: Zur Chronologie der origenistischen Streitigkeiten im 6. Jahrhundert. In: Historisches Jahrbuch. Im Auftrag der Görresgesellschaft. Herausgegeben von J. Spörl. 21, 1900, 743- 757.

F. J. Dölger: Die »Gottes-Stimme« bei Ignatius von Antiochien, Kelsos und Origenes. In: Antike und Christentum 5, Münster 1936, 218-223.

–: Sol salutis. Gebet und Gesang im christlichen Altertum mit besonderer Rücksicht auf die Ortung in Gebet und Liturgie. Münster ^{2}1925.

Heinrich Dörrie: Ammonius, der Lehrer Plotins. In: Hermes, Band 83, 1955, 439-477. Wiesbaden 1955.

–: Platonica Minora. Kontroversen um die Seelenwanderung im kaiserzeitlichen Platonismus. In: Studia Et Testimonia Antiqua. Herausgegeben von Vinzenz Buchheit, Band VIII. München 1976.

W. Dürig: Die Bedeutung der Brotbitte des Vaterunsers bei den lateinischen Vätern bis Hieronymus. In: LJ 18, 1968, 72-86.

Ecclesia Catholica: Katechismus der Katholischen Kirche. München 1993, 66, 71, 158, 244, 532, 544, 688, 707, 713.

Meister Eckehart: Deutsche Predigten und Traktate. Herausgegeben und übersetzt von Josef Quint. München ^{5}1978, 140-149; 392-395.

Matthias Eichinger: Die Verklärung Christi bei Origenes. Die Bedeutung des Menschen Jesus in seiner Christologie. Wiener Beiträge zur Theologie, Band 23. Wien 1969.

Eusebius Pamphili, Bischof von Cäsarea in Palästina: Zehn Bücher der Kirchengeschichte. Nach dem Urtexte übersetzt von Dr. Marzell Stigloher. Bibliothek der Kirchenväter. Kempten 1870.

–: Kirchengeschichte. Aus dem Griechischen übersetzt von Dr. Phil. Haeuser. Bibliothek der Kirchenväter. München 1932.

–: Kirchengeschichte. Herausgegeben und eingeleitet von Heinrich Kraft. Darmstadt 1967.

F. Faessler: Der Hagios-Begriff bei Origenes. Ein Beitrag zum Hagios-Problem. Freiburg/ Schweiz 1958.

C. Fries: Zur Willensfreiheit bei Origenes. Archiv für Geschichte der Philosophie und Soziologie, NF. 32, 1929.

Ursula Früchtel: Die kosmologischen Vorstellungen bei Philo von Alexandrien. Leiden 1968.

Wilhelm Gessel: Die Theologie des Gebetes nach »De Oratione« von Origenes. Paderborn 1975.

Rolf Gögler: Zur Theologie des biblischen Wortes bei Origenes. Düsseldorf 1963.

Herwig Görgemanns: Die »Schöpfung« der »Weisheit« bei Origenes. Eine textkritische Untersuchung zu De principiis Fr. 32. In: Studie patristica. Papers presented to the international conference on patristic studies 7 (= TU 92), 1966, 194-209.

E. v. d. Goltz: Das Gebet in der ältesten Christenheit. Eine geschichtliche Untersuchung. Leipzig 1901, 266-278.

Gerhard Gruber: Zoä-Wesen, Stufen und Mitteilungen des wahren Lebens bei Origenes. Münchener theologische Studien 2, 23. München 1962.

W. Habbel: Die Gegenwart Gottes durch das Wort in der Schrift des Origenes gegen Celsus. Pontif. Univ. Gregoriana. Excerpta ex Diss. Rom 1977.

Caroline P. Hammond Bammel: Der Römerbrieftext des Rufin und seine Origenes-Übersetzung. Freiburg 1985.

–: Der Römerbriefkommentar des Origenes. Kritische Ausgabe der Übersetzung Rufins. Buch 1-3. Freiburg 1990.

Adolf von Harnack: Der kirchengeschichtliche Ertrag der exegetischen Arbeiten des Origenes. Leipzig 1919.

–: Die Mission und Ausbreitung des Christentums in den ersten drei Jahrhunderten. 2 Bände. Nachdruck der Originalausgabe Leipzig 1924. Leipzig 1965.

E. Hautsch: Die Evangelienzitate des Origenes. Leipzig 1909.

Peter Heimann: Erwähltes Schicksal. Präexistenz der Seele und christlicher Glaube im Denkmodell des Origenes. Theol. Beiträge und Forschungen, Bd 5. Tübingen 1988.

Theresia Heither OSB: Translatio religionis. Die Paulusdeutung des Origenes in seinem Kommentar zum Römerbrief. Bonner Beiträge zur Kirchengeschichte Nr. 16. Köln 1990.

Karl Holl: Die Zeitfolge des ersten origenistischen Streits. In: SB Berlin 1916, 226-275 = Karl Holl: Gesammelte Aufsätze zur Kirchengeschichte, Band 2. Tübingen 1928, 310-350.

Harald Holz: Über den Begriff des Willens und der Freiheit bei Origenes. In: Neue Zeitschrift für systematische Theologie und Religionsphilosophie 12. Berlin 1970, 63-84.

O. Holtzmann: Die täglichen Gebetsstunden im Judentum und Urchristentum. In: Zeitschrift für neutastamentliche Wissenschaften 12. Berlin 1911, 90-108.

Manfred Hornschuh: Das Leben des Origenes und die Entstehung der alexandrinischen Schule. In: Zeitschrift für Kirchengeschichte 71, Stuttgart 1960, 1-25 und 193-214.

Endre von Ivánka: Origenes. In: Plato Christianus. Übernahme und Umgestaltung des Platonismus durch die Väter, Kap. 3. Einsiedeln 1964, 101-148.

–: Zur geistesgeschichtlichen Einordnung des Origenismus. In: Byzantinische Zeitschrift 44, 1951, 291-303.

Werner Jaeger: Das frühe Christentum und die griechische Bildung. Berlin 1963.

Karl Jaspers: Origenes. In: Die großen Philosophen. Nachlaß 1. Darstellungen und Fragmente. Herausgegeben von Hans Saner. München 1981, 158-188.

Hans Jonas: Die origenistische Spekulation und die Mystik. In: Theologische Zeitschrift 5, 1949, 24-45.

–: Origenes' »Peri archon« – ein System patristischer Gnosis. In: Theologische Zeitschrift 4, 1948, 101-119.

Heinrich Karpp: Probleme altchristlicher Anthropologie. Biblische Anthropologie und philosophische Psychologie bei den Kirchenvätern des dritten Jahrhunderts. Gütersloh 1950.

Joseph Karst: Origenes Mediterraneae. Die vorgeschichtlichen Mittelmeervölker nach Ursprung, Schichtung und Verwandtschaft. Ethnol.-linguist. Forschungen. Schriften der Elsass-Lothr. Wiss. Gesellschaft Straßburg, C 3. Straßburg 1931.

Wilhelm Kelber: Die Logoslehre von Heraklit bis Origenes. Stuttgart ^{2}1976.

Franz Heinrich Kettler: War Origenes Schüler des Ammonios Sakkas? In: Epektasis. Mélanges patristiques offerts au Cardinal Jean Daniélou. Publiés par J. Fontaine et Ch. Kannengiesser. Paris 1972, 327-334.

–: Die Ewigkeit der geistigen Schöpfung nach Origenes. In: Reformation und Humanismus – Robert Stupperich zum 65. Geburtstag. Herausgegeben von Martin Greschat und J. F. G. Goeters. Witten 1969, 272-297.

–: Origenes. In: RGG ^{3}IV, 1692-1701.

–: Funktion und Tragweite der Historischen Kritik des Origenes an den Evangelien. In: Kairos 15, 1973, 36-49.

–: Der ursprüngliche Sinn der Dogmatik des Origenes. Beiheft zur Zeitschrift für die neutest. Wissenschaft und die Kunde der älteren Kirche, Nr. 31. Berlin 1965.

J. Klein: Die Freiheitslehre des Origenes. Leipzig 1894.

E. Klostermann: Formen der exegetischen Arbeiten des Origenes. In: Theol. Literaturzeitung. Leipzig, Oktober 1947, 203-208.

–: Überkommene Definitionen im Werk des Origenes. In: Zeitschrift für die neutestamentliche Wissenschaft und die Kunde der älteren Kirche 37, Berlin 1938, 54-61.

Adolf Knauber: Das Anliegen der Schule des Origenes zu Cäsarea. In: Münchener Theologische Zeitschrift 19, 1968, 182-203.

K. Kneller: Mystisches bei Origenes. STZ 67 (1904), 238-240.

Hal Koch: Pronoia und Paideusis. Studien über Origenes und sein Verhältnis zum Platonismus. Arbeiten zur Kirchengeschichte, Band 22. Berlin und Leipzig 1932.

–: Origenes. In: PWRE 18,1 (1939), 1036-1059.

Hugo Koch: Kennt Origenes Gebetsstufen? In: Theologische Quartalsschrift 87, Tübingen 1905, 592-596.

Paul Koetschau: Bibelcitate bei Origenes. In: Zeitschrift für wissenschaftliche Theologie 43, 1900, 312-378.

Heinrich Kraft: Die Kirchenväter. Bis zum Konzil von Nicäa. Bremen 1966.

Paul Kübel: Zum Aufbau von Origenes' de principiis. In: Vigiliae Christianae. Review of early Christian life and language 25. Amsterdam 1971, 31-39.

–: Schuld und Schicksal bei Origenes, Gnostikern und Platonikern. Calwer theologische Monographien, Reihe B, Band 1. Stuttgart 1973.

Werner van Laak: Allversöhnung. Die Lehre von der Apokatastasis. Ihre Grundlegung durch Origenes und ihre Bewertung in der gegenwärtigen Theologie bei Karl Barth und Hans Urs von Balthasar. Vorwort von Klaus Reinhardt. Sinziger theologische Texte und Studien, Band 11. Sinzig 1990.

Jacques Lafaye: Manuscrit Tovar. Origenes et Croyances des Indiens du Mexique. Transkription des spanischen Textes. Übersetzt ins Französische. Anmerkungen, Einleitung, Bibliographie und Indizes. Graz o. A.

M. Lang: Über die Leiblichkeit der Vernunftwesen bei Origenes. 1892. o. A.

Hermann Langerbeck: Die Verbindung aristotelischer und christlicher Elemente in der Philosophie des Ammonius Saccas. In: Aufsätze zur Gnosis. Aus dem Nachlaß herausgegeben von Hermann Dörries. Göttingen 1967, 146-166.

Gotthold Ephraim Lessing: Die Erziehung des Menschengeschlechts. Wolfenbütteler Schriften 1780. Ed. Gerhard Fricke. Leipzig o. A. (Reclam).

Lothar Lies: Origenes' »Peri Archon«. Eine undogmatische Dogmatik. Werkinterpretationen. Darmstadt 1992.

–: Vom Christentum zu Christus nach Origenes »Contra Celsum«. In: Zeitschrift für katholische Theologie 112. Wien 1990, 150- 177.

–: Wort und Eucharistie bei Origenes. Zur Spiritualisierungstendenz des Eucharistieverständnisses. Herausgegeben von Emerich v. Coreth, Walter Kern, Hans Rotter. Innsbrucker theol. Studien, Band 1. Innsbruck [2]1982.

–:Origenes' Eucharistielehre im Streit der Konfessionen. Die Auslegung seit der Reformation. Innsbrucker theol. Studien, Band 15. Innsbruck 1985.

Alois Lieske: Die Theologie der Logosmystik bei Origenes. In: Münst. Beitr. z. Theol. 22, 1938.

Henri de Lubac: Geist aus der Geschichte. Das Schriftverständnis des Origenes. Übertragen und eingeleitet von Hans Urs von Balthasar. Einsiedeln 1968.

–: »Du hast mich betrogen, Herr!« Der Origeneskommentar über Jeremia 20,7. Übertragen von Hans Urs von Balthasar. Kriterien 69. Einsiedeln 1984.

Franz Mali: Das »Opus imperfectum in Matthaeum« und sein Verhältnis zu den Matthäuskommentaren von Origenes und Hieronymus. Herausgegeben von Emerich v. Coreth, Walter Kern, Hans Rotter. Innsbrucker theol. Studien, Band 34. Innsbruck 1991.

Anna Miura-Stange: Celsus und Origenes. Das Gemeinsame ihrer Weltanschauung nach den acht Büchern des Origenes gegen Celsus. Gießen 1926.

G. Müller: Origenes und die Apokatastasis. In: Th Z 14, 1958.

Francis Xaver Murphy: Evagrios Pontikos and Origenism. In: Origeniana III. o. A.

Bernhard Neuschäfer: Origenes als Philologe. Band I: Text, Band II: Anmerkungen. Herausgegeben von Christoph Schäublin. Schweizerische Beiträge zur Altertumswissenschaft, Band 18. Basel 1987.

W. Noell: Vergleich von Hesychasmus und Yoga. In: Byzantinische Zeitschrift 47, 1954, 95-103.

Rudolf Palgen: Dante und Origenes. In: Österreichische Akademie der Wissenschaften, philosophisch-historische Klasse. Anzeiger 96, 1959, 214-227.

Blaise Pascal: Über die Religion (Pensées). Übertragen und herausgegeben von Ewald Wasmuth. Heidelberg [7]1972.

L. Pelt / H. Rheinwald: Homiliensammlung aus den ersten sechs Jahrhunderten der christlichen Kirche. Berlin 1829.

Platon: Der Staat. Siebtes Buch. Übersetzt von Wilhelm Weigand. In: Sämtliche Werke, II. Band. Heidelberg o. A.

Ferdinand Prat: Origène, le thélogien et l'exégete. Paris 1907.

Erwin Preuschen: Origenes: Unsere religiösen Erzieher I. Herausgegeben von R. Beß. Leipzig 1908.

Hugo Rahner: Das Menschenbild des Origenes. Eranos-Jahrbuch 15. Zürich 1947, 197-248.

–: Die Gottesgeburt. Die Lehre der Kirchenväter von der Geburt Christi im Herzen der Gläubigen. In: Zeitschrift für katholische Theologie 59. Wien 1935, 333-418.

–: Kirche und Staat im frühen Christentum. München 1961.

–: Taufe und geistliches Leben bei Origenes. In: Zeitschrift für Aszese und Mystik, Nr. 7. Innsbruck 1932, 205-223.

Karl Rahner: »Coeur de Jésus« chez Origène? In: Revue d'ascétique et de mystique, Nr. 15. Toulouse 1934, 171-174.

M. Rauer: Origenes über das Paradies. Studien zum Neuen Testament. (TU 77), 1961, 253-259.

Ernst Rudolf Redepenning: Origenes. Eine Darstellung seines Lebens und seiner Lehre. 2 Bände. Bonn 1841. Neudruck Aalen 1966.

A. Reicheis: Engel, Tod und Seelenreise. Das Wirken der Geister beim Heimgang des Menschen in der Lehre der alexandrinischen und kappadokischen Väter. Rom 1958.

Geradus Q. Reijners O.S.C.: Das Wort vom Kreuz. Kreuzes- und Erlösungssymbolik bei Origenes. Bonner Beiträge z. Kirchengeschichte, Band 13. Bonn 1983.

Henning von Reventlow: Epochen der Bibelauslegung. Band I: Vom Alten Testament bis Origenes. München 1990.

J. H. Ropes: Die Sprüche Jesu, die in den kanonischen Evangelien nicht überliefert sind. Eine kritische Bearbeitung des von Dr. Alfred Resch gesammelten Materials. Leipzig 1896.

Kurt Ruh: Geschichte der abendländischen Mystik. Band I. Die Grundlegung durch die Kirchenväter und die Mönchstheologie des 12. Jahrhunderts. München 1990.

Helmut Saake: Pneumatologica. Untersuchungen zum Geistverständnis im Johannesevangelium, bei Origenes und Athanasios von Alexandreia. Frankfurt 1973.

Emmanuel von Severus: Gebet I. In: Reallexikon für Antike und Christentum, Band VIII. Stuttgart 1950. 1134-1258.

Max Schär: Das Nachleben des Origenes im Zeitalter des Humanismus. Basler Beiträge zur Geschichtswissenschaft 140. Basel-Stuttgart 1979.

Robert Schlarb: Wir sind mit Christus begraben. Die Auslegung von Römer 6, 1-11 im Frühchristentum bis Origenes. Beiträge zur Geschichte der Bibl. Hermeneutik, Band 31. Tübingen 1990.

Karl Fr. Schnitzer: Origenes über die Grundlehren der Glaubenswissenschaft. Wiederherstellungsversuch. Stuttgart 1835.

Eberhard Schockenhoff: Zum Fest der Freiheit. Theologie des christlichen Handelns bei Origenes. Tübinger theol. Studien, Band 33. Mainz 1990.

W. Schüler: Die Vorstellungen von der Seele bei Plotin und Origenes. In: Zeitschrift für Theologie und Kirche 10. Tübingen 1900, 181 f.

H. Schultz: Die Christologie des Origenes im Zusammenhang seiner Weltanschauung. In: J pr Th I, 1875.

–: Origenes. Quellen. Ausgewählte Texte aus der Geschichte der christlichen Kirche. H. 6. Berlin 1962.

Robert Sträuli: Origenes. Der Diamantene. Vorwort: Walther Hinz. Zürich 1987.

Basilius Steidle: Neue Untersuchungen zu Origenes' »Peri archon«. In: Zeitschrift für neutestamentliche Wissenschaft und die Kunde der älteren Kirche 40. Berlin 1942 für 1941, 236-243.

Basilius Studer: Zur Frage des westlichen Origenismus. In: Studia patristica. Papers presented to the international conference on patristic studies 9. (= TU 94), 1966, 270-287.

G. Teichtweier: Die Sündenlehre des Origenes. Regensburg 1958.

Gregorius Thaumaturgos: Des heiligen Gregorius Thaumaturgos ausgewählte Schriften. Aus dem Griechischen übersetzt von Dr. P. Hermann Bourier OSB. Bibliothek der Kirchenväter. Kempten und München 1931.

Willy Theiler: Ammonius der Lehrer des Origenes. In: Forschungen zum Neuplatonismus. Berlin 1966, 1-45.

Walther Tritsch: Origenes. In: Die Kirchenväter. Quellen und Zeugnisse. Augsburg 1990, 129-171.

Karl-Wolfgang Tröger: Mysterienglaube und Gnosis im »Corpus Hermeticum« XIII. Berlin 1971.

Marcel Viller/Karl Rahner: Aszese und Mystik in der Väterzeit. Ein Abriß der frühchristlichen Spiritualität. Freiburg 1939/1989.

Vinzenz von Lérin: Commonitorium (Merkbuch von 434). Aus dem Lateinischen übersetzt von Dr. Gerhard Rauschen. Bibliothek der Kirchenväter. Kempten und München 1914, 45-50.

Walter Völker: Das Vollkommenheitsideal des Origenes. Eine Untersuchung zur Geschichte der Frömmigkeit und zu den Anfängen christlicher Mystik. Tübingen 1931.

–: Paulus bei Origenes. Theologische Studien und Kritiken. Zeitschrift für das gesamte Gebiet der Theologie 102. Hamburg 1930.

Hermann J. Vogt: Das Kirchenverständnis des Origenes. Bonner Beiträge zur Kirchengeschichte, Band 4. Bonn 1974.

–: Warum wurde Origenes zum Häretiker erklärt? Kirchliche Vergangenheits-Bewältigung in der Vergangenheit. Origeniana Quarta. Die Referate des 4. Internationalen Origeneskongresses. Innsbruck, 2.-6. September 1985. Herausgegeben von Lothar Lies = Innsbrucker theologische Studien 19. Innsbruck 1987, 78-99.

Karl-Otto Weber: Origenes der Neuplatoniker. Versuch einer Interpretation. Zetema 27. München 1962.

Ulrich Wickert: Glauben und Denken bei Tertullian und Origenes. In: Zeitschrift für Theologie und Kirche 62. Tübingen 1965, 153-177.

Hans Windisch: Taufe und Sünde im ältesten Christentum bis auf Origenes. Ein Beitrag zur altchristlichen Dogmengeschichte. Tübingen 1908.

F. J. Winter: Origenes und die Predigt der ersten drei Jahrhunderte. Die Predigt der Kirche, Band 22. Leipzig 1893.

T. Zahn: Die Predigten des Origenes über das Evangelium des Lukas. In: Neue kirchliche Zeitschrift. Erlangen 22, 1911, 253-268.

A. Zoellig: Die Inspirationslehre des Origenes. Str Th S 5,1. Straßburg 1902.

PETER DYCKHOFF

DAS RUHEGEBET

Einübung nach Cassian.
Mit einem Vorwort von Johannes Bours und
einem Nachwort von Tatjana Goritschewa

142 Seiten. Gebunden

Das Ruhegebet basiert auf den Erfahrungen der frühchristlichen Mönchsväter. Johannes Cassian (4./5. Jahrhundert) zeichnete diese Gebetsweise auf und machte sie der christlichen Mystik und Meditation zugänglich.

Der Ruhelosigkeit in unserer Zeit wird in diesem Buch die Methode des in vielen Jahrhunderten des Christentums bewährten Wegs in das innere Ruhen entgegengesetzt.

Haben Sie Fragen zum »Ruhegebet« oder zum »Kosmischen Gebet«? Oder möchten Sie an Einübungs- und/oder Aufbaukursen teilnehmen? Dann wenden Sie sich bitte an das HAUS CASSIAN:

HAUS CASSIAN
AM MÖNCHEBERG
Leitung Pastor Peter Dyckhoff
Auf der Heide 14
31840 Rohdental
(0 51 52 / 5 23 14)

Bruno P. Kremer

Querbeet

Das kleine Gartensammelsurium

Am besten lesen.   *Am besten lesen.*   *Am besten lesen.*

Die Deutsche Nationalbibliothek verzeichnet diese Publikation in der
Deutschen Nationalbibliografie; detaillierte bibliografische Daten sind im Internet
über http://dnb.d-nb.de abrufbar.

Der Lambert Schneider Verlag ist ein Imprint der WBG

© 2017 by WBG (Wissenschaftliche Buchgesellschaft), Darmstadt
Die Herausgabe des Werkes wurde durch die Vereinsmitglieder
der WBG ermöglicht.

Satz: Melanie Jungels, scancomp GmbH, Wiesbaden
Einbandabbildung: © nicoolay – Istockphoto.com
Einbandgestaltung: Jutta Schneider, Frankfurt am Main
Gedruckt auf säurefreiem und alterungsbeständigem Papier
Printed in Germany

Besuchen Sie uns im Internet: www.wbg-wissenverbindet.de
ISBN 978-3-650-40192-2

Elektronisch sind folgende Ausgaben erhältlich:
eBook (PDF): 978-3-650-40193-9
eBook (epub): 978-3-650-40194-6

Inhalt

7 Botschaften aus verschiedenen Gartenwinkeln

33 Gartenpflanzen – unsere grünen Bodenschätze

71 Notizen zu den Gartentieren

87 Gartenpraktisches: Säen, Keimen, Wachsen und Ernten

135 Gartenweisheiten – bemerkenswerte Einsichten für Herz und Verstand

142 Literatur

143 Bildnachweis

Botschaften aus verschiedenen Gartenwinkeln

E s kann doch kein bloßer Zufall sein, dass in vielen alten Kulturen gerade der Garten als Ort einer besonderen Glückseligkeit geschildert wird. Tatsächlich geht der aus dem altgriechischen Wort *paradeisos* abgeleitete Begriff Paradies auf das altpersische *pairidaeza* zurück, was umzäunter Bereich und eben Garten bedeutet. In den modernen Sprachen entwickelte er sich, übrigens nicht gerade besonders klar erkennbar, bis zur Vokabel Park fort. In dieser Tradition liegt auch das Alte Testament: „Gott, der Herr, nahm also den Menschen und setzte ihn in den Garten Eden, damit er ihn bebaue und hüte" (Genesis 2,15).

Bei den meisten Menschen weckt die Vorstellung an einen Garten geradezu archetypische Empfindungen. Bitten Sie bei nächster Gelegenheit Ihre (Garten-)Partygäste einmal, sich genüsslich auf ihrer Sitzgelegenheit zurückzulehnen, die Augen zu schließen und für einen Moment von ihrem jeweiligen Ideal eines Gartens zu träumen. Die anschließend berichteten Bilder werden vermutlich sehr ähnlich sein: Sie umreißen einen paradiesischen Garten mit feinem Linienspiel von Blättern und Zweigen, mit nuancenreich abgestimmtem Duft- und Farbenrausch vieler Blüten, mit verwunschenen Winkeln, verlockenden Pfaden und Überraschungen an jeder Ecke – kurz: eine Fülle unvermuteter, faszinierender und das Gemüt anrührender Bildeindrücke, wie man schon bei Annette von Droste-Hülshoff lesen kann:

Im Parke weiß ich eine Bank,
Die schattenreichste nicht von allen,
Nur Erlen lassen, dünn und schlank,
Darüber karge Streifen wallen;
Da sitz ich manchen Sommertag
Und lass mich rösten von der Sonnen,
Rings keiner Quelle Plätschern wach,
Doch mir im Herzen springt der Brunnen.

Gärten sollten – wenn sie gestalterisch gelungen sind – immer aussehen wie Ausschnitte einer enorm fülligen und üppigst wuchernden Natur. Tatsächlich sind sie wohl eher das genaue Gegenteil – nämlich hochgradig gelenkte, nach dem Willen des Menschen zugerichtete und in ihrem Artengefüge weitgehend festgelegte Ökosysteme, auf denen die natürliche Sukzession durch gärtnerische Maßnahmen im saisonalen Rhythmus ständig unterbrochen wird.

Garten

althochdeutsch *garto*, mittelhochdeutsch *garte*, gotisch *garda* (Viehhürde) oder *gards* (Haus, Hof, Familie) mit Verwandtschaft zum englischen *yard* (Hof) und zum schwedischen *gård* (Grundstück, Gebäude) gehen auf die indogermanische Sprachwurzel *ghortho* (Flechtwerk, Zaun, Umfriedetes, Hürde, Umzäunung, Eingehegtes) zurück. In engem Zusammenhang mit diesen Begriffen stehen auch alle zum Wortfeld von *gürten* gehörenden Wörter.

Gartenbegriffe

Die folgende – gewiss nicht vollständige – Begriffsliste zeigt, dass das Gartenleben viele Facetten aufweist und einen bedeutenden Teil unseres (Er-)Lebens ausmacht:

Gartenarbeit	Gartengestaltung	Gartenschaukel
Gartenarchitekt	Gartengrundstück	Gartenschere
Gartenbahn	Gartenhaus	Gartenschirm
Gartenbank	Gartenkalender	Gartenschlauch
Gartenbau	Gartenkolonie	Gartenschuppen
Gartenbedarf	Gartenkunst	Gartenspaß
Gartenbeet	Gartenkurse	Gartenstuhl
Gartenbewohner	Gartenlabyrinth	Gartenteich
Gartenblume	Gartenlandschaft	Gartenterrasse
Gartenboden	Gartenlaterne	Gartentisch
Gartenbücher	Gartenlaube	Gartentreppe
Gartendesign	Gartenlektüre	Gartentür
Gartenfest	Gartenlokal	Gartenweg
Gartenfreunde	Gartenmagazin	Gartenzaun
Gartengemüse	Gartenmöbel	Gartenzwerg
Gartengerät	Gartenparty	
Gartengeschichte	Gartenpflanzen	

Kleingärten

Zum Bundesverband Kleingärten gehören 19 Landesverbände mit derzeit
über 15 000 Kleingärtnervereinen, die etwa 1 020 000 Kleingärten
mit einer Gesamtfläche von knapp 50 000 ha bewirtschaften. Die kleinen
privaten Hausgärten sind in dieser Zahl nicht enthalten. Die gesamte
Gartenfläche in Deutschland wird auf über 250 000 ha geschätzt und ist
damit etwa so groß wie das Saarland.

Der Tag des Gartens

Erstmals 1984 hat der Bundesverband Deutscher Gartenfreunde e. V. (BDG) den *Tag des Gartens* eingerichtet, um in der noch nicht allzu gartenbegeisterten Öffentlichkeit die Freude an einem Garten zu wecken. Immerhin hat schon 1965 der Frankfurter Psychoanalytiker Alexander Mitscherlich in seinem aufrüttelnden Buch *Die Unwirtlichkeit der Städte* auf die bedenklichen Folgen der Naturentfremdung hingewiesen. Anliegen des Tages ist es außerdem, auf die städtebauliche, ökologische und soziale Funktion des Kleingartenwesens hinzuweisen. Der Tag des Gartens findet immer am zweiten Sonntag im Juni statt.

Daneben finden bundeslandweise verschieden ein „Tag des offenen Gartens" sowie ein „Tag der offenen Gartentür" statt.

George Washington (1732–1799), erfolgreicher Armeebefehlshaber und erster Präsident der USA (1789–1797), war gelernter Gärtner und Tabakpflanzer. Die meisten seiner Amtsnachfolger waren Rechtsanwälte.

Gartenvielfalt

Alpengarten	Kaffeegarten	Spielgarten
Apothekergarten	Kindergarten	Stadtgarten
Aromagarten	Kleingarten	Staudengarten
Bauerngarten	Klostergarten	Steingarten
Baumgarten	Kräutergarten	Tastgarten
Biergarten	Landschaftsgarten	Terrassengarten
Biogarten	Lustgarten	Tiergarten
Botanischer Garten	Nutzgarten	Vorgarten
Burggarten	Obstgarten	Wassergarten
Dachgarten	Ökogarten	Weingarten
Duftgarten	Rosengarten	Wildpflanzengarten
Flurgarten	Schattengarten	Wintergarten
Gemüsegarten	Schlossgarten	Wohngarten
Hanggarten	Schmetterlingsgarten	Ziergarten
Hausgarten	Schrebergarten	Zoologischer Garten

Die Gärten gehören natürlich dazu

§ 1 Bundesnaturschutzgesetz (letzte Fassung 2010) lautet:
Natur und Landschaft sind aufgrund ihres eigenen Wertes und als
Lebensgrundlagen des Menschen auch in Verantwortung für die
künftigen Generationen im besiedelten und unbesiedelten Bereich so zu
schützen, zu pflegen und, soweit erforderlich, wiederherzustellen, dass

1. die Leistungs- und Funktionsfähigkeit des Naturhaushalts,
2. die Regenerationsfähigkeit und nachhaltige Nutzungsfähigkeit der
   Naturgüter,
3. die Tier- und Pflanzenwelt einschließlich ihrer Lebensstätten und
   Lebensräume sowie
4. die Vielfalt, Eigenart und Schönheit sowie der Erholungswert von
   Natur und Landschaft

auf Dauer gesichert sind.

Der Gartenboden unter Ihren Füßen

Setzen Sie sich auf den Gartenstuhl unter Ihren Apfelbaum.
Bezogen auf den 50. Breitengrad betragen jetzt Ihr

Abstand bis zum Erdmittelpunkt	6 367 467 m
Abstand bis zur Außengrenze des festen inneren Erdkerns	4 997 467 m
Abstand bis zur Außengrenze des flüssigen äußeren Erdkerns	4 257 467 m
Abstand bis zum Beginn des Erdmantels	3 497 467 m
Abstand bis zur Untergrenze der kontinentalen Kruste	38 000 m

und Ihre

Geschwindigkeit mit der Erdumdrehung von West nach Ost	1 380,6 km/h
Geschwindigkeit mit der Bahnbewegung der Erde um die Sonne	107 301,88 km/h

Gärten international

altgriechisch	kepos	mazedonisch	bavca
bretonisch	liorz	neugriechisch	kipos
bulgarisch	gradina	niederländisch	tuin
dänisch	have	nordfriesisch	tün
englisch	garden	norwegisch	hage
finnisch	puutarha	polnisch	ogród
föhringisch	guard	portugiesisch	jardim
französisch	jardin	schwedisch	tomt
helgoländisch	gooar	serbisch	bašta
hochdeutsch	Garten	spanisch	jardín
irisch	geard	syltringisch	guart
isländisch	garo-ur	türkisch	bahçe
italienisch	giardino	tschechisch	zahrada
kroatisch	vrt	ungarisch	kert
lateinisch	hortus	westfriesisch	tun

Gigantische Aussicht

Selbst wenn die seitliche Sicht aus einem Garten durch Nachbars Hecke oder eine gegenüberliegende Hauswand etwas eingeengt wird – der Blick nach oben reicht gigantisch weit hinaus. Der Mond ist im Durchschnitt etwa 360 000 km von Ihrem Garten entfernt, bei den im Allgemeinen gut sichtbaren Planeten sind die Distanzen noch viel größer, und bis zur untergehenden Sonne, die glutrot hinter dem Horizont versinkt und dann ausnahmslos augenschonend angeblinzelt werden darf, sind es durchschnittlich rund 150 000 000 km – so weit, dass das mit 300 000 km in der Sekunde herbeieilende Licht etwas mehr als 8 Minuten unterwegs ist, um von der Sonnenoberfläche Ihre Radieschen zu erreichen. Noch viel weiter sind die Sterne von der Erde entfernt. Die entfernteste Struktur im Weltall, die Sie aus Ihrem Garten mit bloßem Auge gerade noch als milchiges Scheibchen erkennen können, ist die Andromeda-Galaxie – sie ist etwas mehr als 2 Millionen Lichtjahre entfernt. In bürgerlichen Angaben sind das etwa 180 200 000 000 000 000 000 km.

Apothekergärten

In vielen Orten informieren besondere Apothekergärten über Herkunft und Wirkung wichtiger Heilpflanzen. Sie sind gleichsam lebendige Arzneipflanzenbücher zum Ansehen und Schnuppern. Viele Apothekergärten sind Bestandteil botanischer Gärten, andere sind im Zusammenhang mit Bundes- und Landesgartenschauen entstanden. Besuchenswerte Auswahlbeispiele sind:

- Apothekergarten Berlin, Botanischer Garten, Königin-Luise-Straße 6–8, 14195 Berlin
- Apothekergarten der Tiermedizinischen Hochschule, Bünteweg 17, 30559 Hannover
- Apothekergarten Gütersloh, Parkstraße 51, 33332 Gütersloh
- Apothekergarten Lünen, Im Seepark / Baukelweg, 44532 Lünen
- Apothekergarten Bottrop, Gesundheitspark Quellenbusch, Osterfelder Straße 159, 46242 Bottrop
- Apothekergarten Wiesbaden, An der Römerklinik, Aukammallee, 65191 Wiesbaden
- Apothekergarten Bad Liebenzell, Kurhausdamm, 75378 Bad Liebenzell
- Apothekergarten Augsburg, Dr.-Ziegenspeck-Weg 1, 86161 Augsburg
- Apothekergarten Erfurt, Am Thüringer Apothekenhaus / Thälmannstraße 6, 99085 Erfurt
- Apothekergarten Bad Marienberg, Wilhelmstraße 10, 56470 Bad Marienberg
- Arzneipflanzengarten Hof, Theresienstein, 95028 Hof / Saale

Phytochemie für fortgeschrittene Angeber

Alkaloide sind eine typenreiche Gruppe weitverbreiteter Naturstoffe von zum Teil ziemlich giftiger Wirkung und zur besonderen Freude der Naturstoffchemiker mit überaus kompliziertem molekularem Aufbau. In einigen Ihrer Gartenpflanzen sind mit großer Wahrscheinlichkeit Vertreter der folgenden Alkaloid-Stofffamilien vorhanden. Die sind meist mindestens so ungesund, wie ihre Bezeichnungen klingen: Phthalidisochinoline, Secophthalidisochinoline, Benzophenanthridine, Bicycloazanonadiene, Furochinoline, Pyrrolizidine und Indolizidine bzw. die Einzelsubstanzen Meteloidin-6-tiglinsäureester, 6-Hydroxyhyoscyamin, 3a-Phenylacetoxytropan, 2(1-Hex-5'-enyl)-5-nonyl-pyrrolidin ...

Bibelgärten

Im Alten und Neuen Testament werden in Gleichnissen zahlreiche Pflanzenarten aus dem Vorderen Orient benannt – vom Feigenbaum über diverse Disteln bis zum Weinstock. In den letzten Jahren sind an vielen Orten sogenannte Bibelgärten entstanden, in denen thematisch die Pflanzenwelt der Bibel im Vordergrund steht. Solche Einrichtungen bestehen u. a. an folgenden Kirchen, Klöstern oder Gemeindezentren (Auswahl):

Schleswig-Holstein
Nordelbisches Bibelzentrum – Ansgarkirche Kiel – Kirchengemeinde Hohenwestedt – St. Nicolai Eckernförde – St. Sixtus Werlte
Niedersachsen und Bremen
St.-Petri-Dom Bremen – St.-Petri-Gemeinde Oyten – Kirchengemeinde Holtrop – Pfarrgarten Amelunxen – Marienkirche Wendeburg – Martin-Luther-Kirche Seckenhausen – Friedenskirche Hannover – Kreuzkirche Nienburg – Kloster Lüne Lüneburg – St. Lamberti Hildesheim
Mecklenburg-Vorpommern
Bibelzentrum Barth
Hessen
Markus-Kirche Korbach – Kirchengemeinde Wolfskehlen
Nordrhein-Westfalen
Martinskirche Billigheim
Brandenburg
Evangelische Schule Neuruppin – Bibelgarten Ribbeck
Sachsen-Anhalt
Friedensau Magdeburg – St. Moritz Halberstadt
Sachsen
Klosterstift St. Marienthal-Ostritz
Rheinland-Pfalz
Klosterberg Waldbreitbach – Kaiserberg Kaiserslautern – St. Remigius Ingelheim – St. Martin Trifels
Baden-Württemberg
Kloster St. Lobia Freiburg – Meersburger Bibelgarten – Kirchengemeinde Korb/Remstal – Kirchengemeinde Löffingen – Eberhardskirche Tübingen
Bayern
Pfarrei Jägerwirth bei Fürstenzell – Michaelskirche Bamberg
Österreich
Bibelgarten Greisinghof bei Tragwein
Schweiz
Bibelgarten Gossau

Die Tag- und Nachtstunden über Ihrem Garten

Tag	Dämmerungs- beginn	Sonnen- aufgang	Sonnen- untergang	Dämmerungs- ende
01. Jan.	06:59	08:19	16:28	17:48
15. Jan.	06:56	08:13	16:46	18:03
01. Feb.	06:40	07:54	17:13	18:27
15. Feb.	06:20	07:31	17:37	18:44
01. März	05:55	07:04	18:01	19:11
15. März	05:25	06:35	18:24	19:34
01. April	04:46	05:58	18:51	20:03
15. April	04:12	05:28	19:13	20:29
01. Mai	03:34	04:57	19:38	21:01
15. Mai	03:03	04:35	19:59	21:31
01. Juni	02:33	04:16	20:20	22:03
15. Juni	02:21	04:12	20:31	22:20
01. Juli	02:26	04:15	20:33	22:21
15. Juli	02:45	04:27	20:24	22:05
01. Aug.	03:18	04:48	20:03	21:33
15. Aug.	03:47	05:09	19:39	21:01
01. Sep.	04:19	05:34	19:05	20:20
15. Sep.	04:43	05:55	18:35	19:46
01. Okt.	05:09	06:19	17:59	19:09
15. Okt.	05:31	06:41	17:30	18:40
01. Nov.	05:57	07:09	16:58	18:10
15. Nov.	06:17	07:15	16:36	17:51
01. Dez.	06:38	07:56	16:21	17:39
15. Dez.	06:52	08:11	16:18	17:38

Die Zeiten sind in MEZ für 50° nördlicher Breite und 10° östlicher Länge angegeben und berücksichtigen nicht die Zeitgleichung, die jahreszeitlich verschieden Abweichungen von bis zu einer Viertelstunde bringt. Für den Geltungszeitraum der mitteleuropäischen Sommerzeit (MESZ) muss man 1 h hinzuzählen.

Die Zeitkorrektur in Minuten gegen 10° östliche Länge beträgt für die folgenden größeren Städte in Mitteleuropa:

Aachen +16	Graz –22	Magdeburg –7
Augsburg –4	Halle –8	Mainz +7
Bern +10	Hamburg 0	Mönchengladbach +14
Bonn +12	Hannover +1	München –6
Bozen –5	Heidelberg +5	Nürnberg –4
Berlin –14	Heilbronn +3	Osnabrück +8
Bremen +5	Innsbruck –6	Potsdam –12
Chemnitz –12	Karlsruhe +6	Rostock –8
Dortmund +10	Kassel +2	Saarbrücken +12
Frankfurt (M) +5	Kiel –1	Salzburg –12
Frankfurt (O) –18	Koblenz +10	Stralsund –12
Freiburg +9	Köln +12	Stuttgart +3
Genf +15	Leipzig –10	Wien –25

Der Feigenbaum gedeiht in wintermilden Gebieten auch in Mitteleuropa.

Alte deutsche Monatsnamen
alle aus dem bäuerlich-gärtnerischen Jahreskreis entwickelt:

Januar	Hartung
Februar	Hornung
März	Lenzmond, Lenzing
April	Saatmond, Ostermond
Mai	Wonnemond
Juni	Brachet, Brachmond
Juli	Heuert, Heumond
August	Ernting, Erntemond
September	Scheiding, Herbstmond
Oktober	Gilbhard, Weinmond
November	Nebelung, Nebelmond
Dezember	Julmond, Christmond

Die acht Jahreszeiten im Garten
Der Wechsel der Jahreszeiten erfolgt erfahrungsgemäß nicht streng nach Kalender, sondern in Abhängigkeit vom jeweiligen Witterungsverlauf und von der Höhenlage des Beobachtungsortes. Man legt den Beginn der Jahreszeiten daher mit bestimmten Naturerscheinungen fest: Die Phänologie beschreibt die periodisch wiederkehrenden Lebensäußerungen von Pflanzen (und Tieren):

Jahreszeit	Beginn mit	Ende mit
Vorfrühling	Blüte von Hasel und Schneeglöckchen	Laubaustrieb der Rosskastanie
Erstfrühling	Laubentfaltung der Rot-Buche	Blüte der Rosskastanie
Vollfrühling	Apfelblüte	Stäuben des Roggens
Frühsommer	Blüte von Schwarzem Holunder	Beginn der Roggenernte
Hochsommer	Roggenreife	Fruchtabwurf der Rosskastanie
Frühherbst	Reife der Rosskastanien	Einsetzende Laubverfärbung
Vollherbst	Einsetzende Laubverfärbung	Allgemeiner Laubfall
Winter	Tagesdurchschnittstemperatur unter 0 °C	Stäuben der Haselkätzchen

18

Eine der Wohltaten im Garten –
ein Apfelbaum.

19

Verzögerter Jahreszeitenbeginn

Je 1° nördlicher Breite und 100 m Höhenzunahme lässt sich
in Mitteleuropa ein unterschiedliches tägliches süd-nördliches Fortschreiten
des phänologischen Eintritts (in km/Tag) beobachten. Der Frühling zieht
durch Mitteleuropa im Allgemeinen von Süden nach Norden. Um einen
Breitenkreis (ca. 111 km) zu überwinden, braucht er etwa 4 Tage. Im Westen
startet die Saison etwas früher als im Osten: Für die Überwindung von
einem Längengrad (ca. 100 km) benötigt der Frühling ebenfalls rund 4 Tage.
Auch wenn er von den Tälern auf die Berge steigt, benötigt er für je 100 m
4 Tage. Für die einzelnen Jahreszeiten hat man aus der detaillierten
Beobachtung die folgenden genaueren Werte abgeleitet:

Jahreszeit	Breitenverzögerung (Tage)	Höhenverzögerung (Tage)	tägliches Fortschreiten (km)
Vorfrühling	1,5–2,6	2,9–3,4	76–74
Erstfrühling	3,4–4,2	ca. 4	33–26
Vollfrühling	3,0–3,6	3,1–4,7	37–27
Frühsommer	ca. 3	3,4–4,2	ca. 37
Hochsommer	5,2–5,9	4,3–5,6	27–20

Phänologischer Kalender

Professionelle Wetterfrösche, nachplappernd die Medien und dann
auch noch die übrige Welt reden vom Klimawandel. Die anerkannte
Erd(oberflächen)erwärmung und die daraus folgenden Anstiege der
Durchschnittstemperaturen haben natürlich Folgen für die Lebewesen
auch in Ihrem Garten. Legen Sie sich einen phänologischen Kalender an,
in dem Sie über die nächsten Jahre hinweg markante Daten festhalten,
und notieren Sie zum Beispiel:

Ereignis	2017	2018	2019	2020	2021
Beginn der Haselblüte					
Beginn der Forsythienblüte					
Beginn der Apfelblüte					
Beginn der Fliederblüte					
erste Schwalbe gesehen					
erste Fledermaus gesehen					

Dauer der kalendarischen Jahreszeiten

Die Jahreszeiten auch in Ihrem Garten entstehen durch die
Neigung der Erdachse zur Bahnebene um die Sonne. Da
die Bahngeschwindigkeit nach dem zweiten Kepler'schen Gesetz
unterschiedlich ist, dauern die vier Jahreszeiten verschieden
lang – ablesbar unter anderem an den Kalenderdaten:

Datum	Kalender-ereignis	Astronomisches Ereignis
21. Dezember	Winter-anfang	Wintersonnenwende (Solstitium); Sonne steht mittags senkrecht über dem südlichen Wendekreis (Steinbock)
Anfang Januar (jedes Jahr geringfügig anders)		Erde am sonnennächsten Bahnpunkt (Aphel; verschiebt sich jährlich um ca. einen halben Tag)
21. März	Frühjahrs-anfang	Frühjahrs-Tagundnachtgleiche (Äquinoktium); Sonne steht mittags senkrecht über dem Äquator
21. Juni	Sommer-anfang	Sommersonnenwende (Solstitium); Sonne steht mittags senkrecht über dem nördlichen Wendekreis (Krebs)
Anfang Juli		Erde am sonnenfernsten Bahnpunkt (Perihel, verschiebt sich jährlich um ca. einen halben Tag)
23. September	Herbst-anfang	Herbst-Tagundnachtgleiche (Äquinoktium); Sonne steht mittags senkrecht über dem Äquator

Auf der Nordhalbkugel dauert das Sommerhalbjahr astronomisch
exakt 186 Tage und 10 Stunden, das Winterhalbjahr 178 Tage und
20 Stunden. Der Grund dafür sind die Unregelmäßigkeiten der Erdbahn.

Hoch- und Tiefdruckgebiete

bestimmen das Wettergeschehen und damit den Rhythmus der
Gartenarbeiten. Seit 1954 werden sie vom Meteorologischen Institut
der Freien Universität Berlin mit besonderen Namen versehen.
Früher waren die Tiefs immer weiblich. Seit 1998 wechselt die
Namengebung wegen anhaltender Proteste feministischer Kreise
jährlich, und zwar

Jahre	Tiefdruckgebiete (Zyklone)	Hochdruckgebiete (Antizyklone)
ungeradzahlig (2017, 2019, 2021 …)	männliche Vornamen A–Z	weibliche Vornamen A–Z
geradzahlig (2018, 2020, 2022 …)	weibliche Vornamen A–Z	männliche Vornamen A–Z

Die Strahlungsbilanz Ihres Gartens

- Die Sonne schickt ständig eine Strahlungsleistung von 41,86826 Joule/Sekunde ab.
- An der Außenseite der Atmosphäre kommen davon 8,123 Joule/(cm^2 und Sekunde) = 1360 Watt/m^2 (= sogenannte Solarkonstante) an.
- Etwa 45 % dieser Strahlung sind sichtbares Licht der Wellenlängen 380–720 Nanometer.
- Rund 15 % davon werden an Wolken reflektiert.
- Etwa 4 % werden von kleinsten Teilchen in der Atmosphäre reflektiert.
- Bis zu 6,5 % werden in der Atmosphäre absorbiert.
- Nur etwa 30 % der Solarkonstanten erreichen demnach den Erdboden in Ihrem Garten als diffuse oder direkte Sonnenstrahlung.

Sicher ist sicher

Wie für fast alle anderen Lebensbereiche gibt es auch für die Gärten besondere Schutzheilige:

- St. Gertrud (626–659), Tochter von Pippin dem Älteren und Ururgroßtante von Karl dem Großen, ist die Schutzpatronin der Gärtner und gegen Mäuseplagen. Ihr Namenstag (17. März) taucht in vielen Wetterregeln auf: „Getraud führt die Kuh zum Kraut" oder „Wer dicke Bohnen und Möhren will essen, darf St. Gertrud nicht vergessen".
- St. Fiakrius (? – ca. 670), irischer Einsiedler in Frankreich, ist der Schutzpatron der Gärtner und Taxifahrer. Am Hotel Saint-Fiacre in Paris befand sich ein Stellplatz für Mietkutschen, die französisch immer noch „fiacre" und davon abgeleitet in Wien „Fiaker" heißen.
- St. Valentin (? – 269), Bischof im italienischen Terni, schenkte der Legende nach frisch verheirateten Paaren Blumen aus seinem Garten und gilt daher als Schutzpatron der Gartenblumen. Der Valentinstag (14. Februar) geht auf altes englisches Brauchtum zurück, wurde von Auswanderern nach Nordamerika mitgenommen und gelangte erst nach 1945 durch US-Soldaten nach Deutschland – heute heftig propagiert vor allem von Floristen und der Süßwarenbranche.

Lebensräume im Garten

Gärten sind nicht nur der Wuchsplatz speziell ausgesuchter Nutz- und
Zierpflanzen, sondern selbst in ihrer einfachsten und möglicherweise
weitgehend fantasielosen Form immer auch Lebensräume für spontan
einziehende Mitbewohner. Erst recht bestehen in einem naturbetonten
Garten mit Lebensraumvielfalt zahlreiche Beziehungsnetzwerke. (Teil-)
Lebensräume im Garten sind unter anderem:

Blumenbeet	Kletterspalier	Trockenmauer
Brennholzstapel	Kompost	Uferzone
Einzelbaum	Kräuterspirale	Wegrand
Gartenhecke	Steingarten	Wildwiese
Gartenlaube	Steinhaufen	Zierrasen
Gartenzaun	Strauchgruppe	Zwergsträucher
Gemüsebeet	Teich	

Lebensräume (früher häufiger Lebensstätten genannt) sind die
Aufenthaltsorte der Organismen. Die Fachsprache bezeichnet
sie auch als Biotope. Der korrekte Singular lautet übrigens *der* Biotop
(abgeleitet vom griechischen Maskulinum *topos*), während der Duden
auch die umgangssprachliche Notierung *das* Biotop zulässt, was auch in
diesem Fall gegen die Kompetenz der Lexikonredaktion spricht.

Kulturdenkmal Bauerngarten

Aus der strengen Geometrie klösterlicher Gärten, wie
sie der berühmte Sankt Gallener Plan aus dem Jahre 820 zeigt, entwickelten sich die ebenso strikt abgezirkelten Gärten der Barockzeit, wie
man sie als gärtnerische Umsetzung des Absolutismus an Schlössern und
größeren Herrensitzen findet.

Aus beiden Quellen schöpften auch die Bauerngärten. Ihr besonderes
Kennzeichen ist die genaue Geometrie der von niedrigen Buchshecken
eingefassten Beete, die sich über ein Wegekreuz erschließen, und ein
Bepflanzungsprogramm, das auf Buntheit und Nützlichkeit abgestellt ist.
Bauerngärten sind Nutz-, Zier-, Heilpflanzen-, Würz- und Blumengärten
in einem.

Diese Vielfalt ist in den letzten Jahrzehnten zunehmend verloren
gegangen. Die meisten Freilichtmuseen, die sich der Bewahrung
ländlicher Kulturdenkmäler widmen, zeigen daher klassisch bestückte
Bauerngärten – zur Nachahmung empfohlen. Solche Bauerngärten kann
man unter anderem erleben in:

Baden-Württemberg
   Schwarzwälder Freilichtmuseum Vogtsbauernhof
Bayern
   Bauernhausmuseum Amerang
   Bauernhausmuseum Glentleiten
   Bauernhofmuseum Illerbeuren
Hamburg
   Museumsdorf Volksdorf
   Freilichtmuseum Kiekeberg
Mecklenburg-Vorpommern
   Freilichtmuseum Schwerin
   Rundlingsmuseum Lübeln
Niedersachsen
   Museumsdorf Cloppenburg
   Museumsdorf Hösseringen
Nordrhein-Westfalen
   LVR-Freilichtmuseum Kommern
   LVR-Freilichtmuseum Lindlar
   LWL-Freilichtmuseum Detmold
   LWL-Freilichtmuseum Hagen
Rheinland-Pfalz
   Freilichtmuseum Roscheider Hof
Sachsen
   Schloss Blankenhain
Sachsen-Anhalt
   Freilichtmuseum Diesdorf
Schleswig-Holstein
   Freilichtmuseum Kiel-Molfsee
Thüringen
   Kloster Veßra

Straße der Gartenkultur

Im Jahre 2004 gründete sich der Verein „Straße der Gartenkunst zwischen Rhein und Maas", der sich der Aufgabe stellt, auf das reiche kulturelle Erbe bedeutender Garten- und Parkanlagen im linken Niederrheingebiet und in der niederländischen Provinz Limburg aufmerksam und dieses für die Öffentlichkeit zugänglich zu machen. Rund 50 öffentliche und private Gärten und Parks zwischen Schloss Drachenburg bei Bonn und dem Forstgarten Kleve, zwischen Düsseldorf-

Benrath und dem Burgemeester Damenpark in Sittard-Geelen heißen unterdessen die Besucher willkommen. Hier lässt sich die gesamte Bandbreite vom spätbarocken Schlosspark bis zum reichhaltigen Privatgarten der Gegenwart erleben. Man kann aber auch auf den Spuren bedeutender Gartenarchitekten wie Peter Joseph Lenné oder Maximilian Friedrich Weyhe wandeln. Details zu den einzelnen Anlaufpunkten sind auch im Internet (www.strasse-der-gartenkunst.de) zu erfahren.

Ein wenig Kräutergeschichte

Aromatische, duftende, würzende und heilende Kräuter sind ein Dauerrenner der Kulturgeschichte. Wann der Mensch die besondere Wirkung von Kräutern entdeckte, lässt sich nicht einmal auf das Jahrtausend genau angeben. Sicher ist nur, dass in allen Kulturhorizonten, aus denen überhaupt auswertbare Reste überliefert sind, auch Heil- und Würzpflanzen immer eine bedeutende Rolle spielten. Ein großer Teil von ihnen stammt – sicher nicht zufällig – aus dem Mittelmeerraum und damit aus dem Ursprungsgebiet der abendländischen Kultur. Manche Arten aus noch ferneren Regionen kamen durch die Araber zunächst in das Mittelmeergebiet und breiteten sich von hier aus. Die wichtigsten frühmittelalterlichen Quellen entstammen dem Wirkungskreis des Benediktinerordens: Vor allem diese Mönche haben wesentlich zur Verbreitung der mediterranen Kräuter beigetragen. Auch die heilkundige Äbtissin Hildegard von Bingen (1098–1179) widmete ihnen in ihrem „Physica" genannten Hauptwerk besondere Aufmerksamkeit.

Eine wichtige Phase bildet die Kräuterliteratur der frühen Neuzeit: Otho Brunfels (1485–1534), Hieronymus Bock (1498–1554), Leonhart Fuchs (1501–1577) und Conrad Gesner (1516–1565) verfassten bedeutende Kräuterbücher, die jeweils das Wissen ihrer Zeit komplett zusammentrugen.

Von den klösterlichen Kräutergärten übernahmen die Bauern sowohl das Pflanzgut als auch die Kenntnisse zum Umgang mit den Kräutern. Über die bäuerlichen Gärten und wohl auch über die späteren Burg-, Pfarr- und Apothekergärten reicht die Tradition der wertvollen Pflanzen bis zu unseren heutigen Kräutergärten an Haus und Hof oder deren „Zweigstellen" auf Balkon und Fensterbrett.

Blüten und Blumen

Man kennt Blumenbeete, Blumenkästen, Blumenläden, Blumensträuße sowie Blumenzwiebeln und andererseits Blütenlese, Blütenpflanzen, Blütenstand, Blütenstaub oder Blütezeit. Umgekehrt funktionieren diese zusammengesetzten Begriffe eher nicht: Blütenbeet, Blumenstaub, Blütenladen? Gibt es einen Unterschied zwischen Blüten und Blumen? Da wird ein danach befragter Hobbygärtner eventuell schwer um erklärende Worte ringen. Dabei ist die Sache im Prinzip ganz einfach.

Sehen wir uns die Sonnen*blume* an: Ihr gigantischer Blüten-kopf besteht wie bei allen Korbblütengewächsen aus zahlreichen Einzelelementen, den sterilen flammend-gelben Zungen*blüten* am Rande und den fertilen, bräunlichen Röhren- oder Scheiben*blüten* in der Mitte. Beim Gänse*blümchen* liegen die Dinge genauso. Die Pflanzenmorphologen unterscheiden also die Einzel*blüte* als strukturelle Einheit der Bestäubung von einem als Super*blume* wirkenden Ensemble vieler Einzelteile, welches die funktionelle Einheit der Pollenbeladung und -übertragung darstellt. Bei vielfältig zusammengesetzten Blütenständen sind die Begriffe Blüte und Blume nicht identisch. Das Gänseblümchen ist funktionell somit eine kleine Blume, aber strukturell ein recht komplexes Gebilde aus vielen Einzelblüten. Bei großen, auffälligen Einzelblüten entfällt diese Unterscheidung. Eine vergleichsweise simpel aufgebaute Nelke, Rose oder Tulpe ist zugleich Blüte und Blume.

Schimpfwortbotanik

In der nächsten Verwandtschaft der vielfach kultivierten Wassermelone gibt es noch eine angebaute Art, die aber gartenbaulich von geringe-rer Bedeutung ist: Die Koloquinte ist eine mehrjährige Wüstenpflanze, die von Nordafrika bis nach Südasien vorkommt.

Nach verbreiteter Ansicht könnte sie sogar die Wildform der nur in Kultursorten bekannten Wassermelone sein. Ihr heutiger wissenschaftlicher Artname, vom altgriechischen *kolokynthe* abgeleitet, wurde bei den antiken Autoren zunächst für die Wassermelone verwendet. Ebenso wie das lateinische Wort *cucurbita* für Kürbis stand in der Antike auch der Vergleich mit der Wassermelone für einen aufgeblasenen, einfältigen Dummkopf.

So verfasste der römische Schriftsteller Seneca eine ziemlich boshafte Satire auf den 54 n. Chr. verstorbenen Kaiser Claudius, der wohl ein ausgesprochener Schwachkopf war. Auch heute greift man gelegentlich zu Vergleichen aus der Nutzpflanzenbotanik und zitiert dazu vor allem die Kopfkohle.

Cucurbitaceae.

Citrullus Colocynthis Schrad.

Redensarten aus dem Garten
Zum Zankapfel werden
In den sauren Apfel beißen
Für einen Apfel und ein Ei
Der Apfel fällt nicht weit vom Stamm
Äpfel mit Birnen vergleichen
Zwischen Baum und Borke stecken
Durch die Blume sprechen
Den Bock zum Gärtner machen
Mit dem Feigenblatt zudecken
Da wächst kein Gras mehr
Das Gras wachsen hören
Gras drüber wachsen lassen
Den sticht der Hafer
Kastanien aus dem Feuer holen
Anhänglich wie eine Klette
Das macht den Kohl nicht fett
Ins Kraut schießen
Dastehen wie eine geknickte Lilie
Lorbeer(en) ernten
Ohne Moos nichts los
Sich in die Nesseln setzen
Die Petersilie verhageln
Die Radieschen von unten betrachten
Keine Rose ohne Dornen
Die Rose der Verschwiegenheit
Da haben wir den Salat
Wie ein Storch im Salat
Süßholz raspeln
Nicht alle Nadeln an der Tanne haben
Treulose Tomate
In ein Wespennest greifen

◁ *Die Koloquinte ist ein weniger bekanntes Mitglied der Kürbisfamilie und eventuell die Wildform der Wassermelone.*

Ein echter Abstauber

Tulpen, Gladiolen oder Kohlblätter, dazu auch Blaubeeren und Zwetschgen zeigen es unübersehbar: Viele Pflanzenteile sind durch wachsartige Überzüge einfach unbenetzbar. Diese abwischbaren Beläge – man nennt sie Epicuticularwachse, weil sie auf der äußersten Blattschicht, der Cuticula, liegen – bilden jedoch keine filmglatten Schichtbeläge, sondern bestehen in der mikroskopischen Dimension aus überraschend vielgestaltigen Kleinststrukturen. Diese haben nun die bemerkenswerte Eigenschaft, auftropfendes Regenwasser einfach hemmungslos und rückstandsfrei abrollen zu lassen. Die natürliche Rauigkeit der winzigen Wachskristalloide verringert dabei die Haftwirkung zwischen Oberfläche und Wasser so sehr, dass nur noch die Kohäsionskräfte des Wassers die Raumgestalt bestimmen und sofort die Tropfenform erzwingen.

Die praktische Bedeutung solcher Wasser abweisender Blattober-flächen hat man bislang überwiegend als Verdunstungsschutz oder als Schutzschild gegen schädliche UV-Strahlung gedeutet. Die abstreif-baren Blattwachse leisten jedoch, wie Bonner Botaniker herausfanden, wohl in erster Linie eine hochwirksame Selbstreinigung. Das zuverlässig abtropfende Regenwasser wäscht – wie Experimente auch an Rotkohl und am Kohlrabi ergaben – alle möglichen Partikeln ab und hält damit die Oberflächen sauber – auch von Bakterien oder Mikropilzen, die Pflanzenkrankheiten hervorrufen könnten. Nach der Lotuspflanze, die in Ostasien schon immer als Symbol der Reinheit galt und an der man die Physik des Wasserabperlens genauer erforschte, nennt man diese erstaunliche Selbstreinigung von Pflanzenorganen Lotus-Effekt. Bei den langlebigen Blattorganen tropischer Pflanzen verhindert dieser Effekt zudem die Ansiedlung von Algen, Moosen und Flechten, die die tieferen Blattgewebe beschatten und damit die photosynthetische Stoffproduktion behindern würden.

Wasser, wisch und weg wird von der Natur offenbar mehrfach einge-setzt: Eine ähnlich gute und automatische Selbstreinigung durch „nasses Abstauben" kommt unter anderem bei Libellen und anderen Insekten mit großen Flügeln vor, die mit den Beinen nicht flächen-deckend zu reinigen sind. Nicht rasch genug abperlendes Wasser würde in solchen Fällen auch die Flugfähigkeit der Tiere beeinträchtigen.

Das Klima in Ihrem Garten – früher und heute

Die nachfolgende Tabelle gibt die mittleren Wintertemperaturen im Mittel der Dezennien an. Die Tabellenspalte „Winter mild" gibt die Anzahl der Winter an, in denen die benannten Mitteltemperaturen um mindestens 0,4 °C über dem Jahrzehntdurchschnitt (letzte Tabellenspalte) lagen. Die folgenden Spalten sind entsprechend zu lesen. Mess-Stationen waren Utrecht, Potsdam, Basel und Wien. Die Erwärmung der letzten Jahrzehnte ist nicht zu übersehen.

| | Winter | | davon | | |
| | mild | kalt | sehr mild | sehr kalt | Winterdurchschnitts- |
Jahrzehnt	> 0,4 °C	< 0,4 °C	> 2,4 °C	< –1,6 °C	temperatur in °C
1781–1790	5	5	1	2	0,0
1791–1800	5	5	2	3	0,3
1801–1810	4	6	1	2	–0,1
1811–1820	4	6	-	2	–0,2
1821–1830	4	6	2	2	–0,2
1831–1840	6	4	1	1	0,6
1841–1850	4	6	1	4	–0,4
1851–1860	4	6	-	-	0,4
1861–1870	5	5	3	-	0,9
1871–1880	4	6	1	2	0,2
1881–1890	5	5	1	-	0,5
1891–1900	5	5	1	2	0,1
1901–1910	6	4	1	-	0,8
1911–1920	8	2	2	-	1,6
1921–1930	7	3	2	1	0,8
1931–1940	7	3	1	1	0,6
1941-1950	6	4	1	3	0,3
1951–1960	6	4	1	-	0,7
1961–1970	6	4	2	1	0,3
1971–1980	9	1	2	-	1,8
1981–1990	7	3	3	1	1,6
1991–2000	7	3	2	-	1,7
2001–2010	7	3	4	-	1,8

Die Erdnuss gehört zwar zur Familie der Hülsenfrüchte, aber ihre Frucht ist eindeutig eine Nuss.

Gartenpflanzen –
unsere grünen Bodenschätze

Überaus erstaunlich ist, mit wie vielen Produkten nicht heimischer Pflanzen man an einem ganz und gar durchschnittlichen Tag zu tun hat. Die Parade beginnt bereits beim morgendlichen Ritual im Bad mit allerhand Duftessenzen in Duschgel, Parfüm oder Rasierwasser. Dann folgen die Tagestextilien aus afrikanischer Baumwolle. Das anschließende Frühstück bringt die Fortsetzung mit Kaffee aus Kolumbien oder Tee aus Indien, mit Erdnussbutter aus den USA oder einem Fruchtjogurt mit Guave oder Maracuja aus Honduras. Bevor man den Fuß vor die Haustür auf die Matte aus Fasern der mexikanischen Sisal-Agave setzt, steckt man noch schnell eine Banane aus Costa Rica für die gelbe und einen Schokoriegel mit Erntegut aus Sri Lanka für die lila Pause am Vormittag ein. Im Mittagessen finden sich Kartoffeln, Tomaten oder Paprika und weitere Pflanzen, die zwar bei uns wachsen, aber ihre eigentliche Heimat in der Neuen Welt haben. Na ja, und dann wäre da eventuell noch eine Cocktailparty anlässlich eines Kollegengeburtstages, deren Zutaten ebenfalls angewandte Botanik aus weit entfernten Biogeographien praktizieren. Bevor der Tag zu Ende geht, hat man mit seinen ganz normalen Lebens- und Konsumgewohnheiten tatsächlich größere Teile des Welthandels beflügelt.

Selbst ein kurzer Gang durch den eigenen Gemüsegarten wird praktisch zum Ausflug in andere Erdteile: Die Salatgurken stammen aus Nordindien, die Küchen-Zwiebeln aus Afghanistan und der Spinat aus dem Kaukasus. Die Tomate ist in Mittelamerika beheimatet und trägt übrigens auch in unserer Sprache bis heute noch den Namen, den ihr bereits die Azteken gaben. Die schlanken Zucchini, die von der gleichen Wildpflanze abstammen wie die superdicken Halloween-Kürbisse, kommen ebenfalls aus dem tropischen Amerika. Die Erbse ist im Mittelmeergebiet beheimatet und ebenso der Kopfsalat. Bohnen stammen je nach angebauter Art aus Südamerika, Afrika oder Ostasien. Dagegen ist die ursprünglich heimische Flora auf den Beeten deutlich unterrepräsentiert. Nicht einmal

die weniger erwünschten Wildkräuter, die man etwas erbarmungslos als
Unkräuter diffamiert, halten sich an die von der Natur vorgegebene
Biogeographie – sie stammen bezeichnenderweise im Wesentlichen aus
den gleichen Herkunftsgebieten wie die hoch geschätzten Nutzpflanzen.
Der Prozess des globalen Artentausches dauert übrigens immer noch an.
In jedem durchschnittlich bestückten Garten oder seinem Umfeld finden
sich (auch) Wildkrautarten aus allen Kontinenten.

Pflanzen und Flora

Pflanzen begegnen uns buchstäblich auf Schritt und Tritt – als unauf-
fällige Winzlinge in den Pflasterfugen, als grüne Spielwiese hinter
dem Haus, als Bohnen, Erbsen, Kartoffeln und Möhren im Supermarkt
oder als Sträucher und Bäume in Parkanlagen, an Straßenrändern
oder irgendwo in der freien Landschaft. Für alle diese grünen Klubs
von den Blumentöpfen auf der Fensterbank über Nachbars Garten bis
zum ausgedehnten Stadtwald verwendet die Umgangssprache den
Sammelausdruck Flora. Diese Bezeichnung ist lateinisch-römischen
Ursprungs. Die alten Römer verwendeten diesen Namen für ihre Göttin
der Blüten und Gärten. Schon im Jahre 238 v. Chr. erbauten sie ihr
im antiken Stadtzentrum von Rom nahe beim Circus Maximus einen
eigenen Tempel.

Selbstverständlich hatte sie ihre eigenen und meist ziemlich heftig
begangenen Festtage: Die *Floralia* fanden jedes Jahr bezeichnenderweise von Ende April bis Anfang Mai statt, wenn auch im mediterranen
Süden fast alles in Blüte steht. Die blumige Göttin Flora soll nach
römischer Tradition passenderweise mit der einflussreichen und hoch-
verehrten Ceres verwandt sein, der Göttin des Ackerbaus und aller
der Ernährung dienenden Pflanzen. Ob die beiden nun Cousinen, Nichten
oder gar Schwestern waren, verschweigt uns die römische Sagenwelt
leider.

Immerhin steht der Begriff Flora seit weit über 2000 Jahren in Verbindung zur blühenden Pflanzenwelt. Begrifflich sind damit in vielen
modernen europäischen Sprachen diejenigen Wörter eng verwandt, die
Blüten bzw. Blumen bezeichnen, beispielsweise *flores* (spanisch),
fleurs (französisch), *fiori* (italienisch) oder *flowers* (englisch). Außerdem
hat man – schon im Altertum – von der Blumengöttin Flora verschiedene
Vornamen abgeleitet. Typische antike „Hippies" (wie man die nach
ihrem Selbstverständnis so bezeichneten Blumenkinder der 1960er-Jahre
nannte) sind Florian und Florentine, aber auch Florentius und Florence –

allesamt Vornamen, die man ab und zu auch heute noch oder schon wieder findet.

Auch in etliche andere Bereiche unseres heutigen Alltags hat sich die Göttin Flora eingeschlichen. Viele romantische Frühlingsgedichte und

Kalendersprüche schwärmen ausdrücklich und ausgiebig vom Blütenflor, was eigentlich ein doppelt gemoppelter Pleonasmus ist wie weißer Schimmel oder schwarzer Rabe; Blüte oder Flor jeweils alleine würde bereits zur genauen Bezeichnung völlig genügen. Unter Flor versteht man den Blütenbesatz, die gesamte Fülle der aufgeblühten Knospen an einer Pflanze.

Und wenn die Pommes-Bude an der nächsten Straßenecke hervorragende Umsätze erzielt, freut sich unter anderem auch das Finanzamt und stellt ausdrücklich fest, dass der Laden eben *floriert*.

Abgesehen von der Wortverwendung im Alltag findet sich der Begriff Flora natürlich auch in der Wissenschaftssprache: Er bezeichnet hier einerseits die Gesamtheit aller Pflanzenarten, die in einem bestimmten Gebiet vorkommen. Die Flora von Deutschland, Österreich oder der Schweiz muss man sich also als eine Art Auflistung aller knapp 4000 Pflanzenarten vorstellen, die in dem benannten Gebiet vorkommen. Oder etwas griffiger ausgedrückt: Die Flora in dieser Begriffsbedeutung ist der Artenbestand einer bestimmten Region. Der geographische Zuschnitt ist dabei unerheblich. Man kann gleichermaßen von einer Flora der Ostseeinseln, Berlins, des Ruhrgebiets, des Oberrheingrabens oder der Südalpen sprechen.

Unter einer Flora versteht man in der Fachszene aber auch spezielle Bücher, die alle Pflanzenarten eines bestimmten Gebietes aufzählen und/oder genau beschreiben sowie meistens auch besondere Bestimmungsschlüssel anbieten, mit denen man den korrekten Namen einer konkreten Pflanzenart feststellen kann. Zum ersten Mal tritt der Begriff Flora in diesem Zusammenhang in der berühmten, bereits 1648 (also unmittelbar nach dem Dreißigjährigen Krieg) erschienenen „Flora Danica" von I. Pauli auf. Heute gibt es eine Vielzahl solcher Gebietsfloren. Zu den für Mitteleuropa besonders bemerkenswerten und wichtigen bis unentbehrlichen Werken dieser Art gehören die nunmehr schon in der 96. Auflage (2016) vorliegende „Flora Deutschlands und der angrenzenden Länder" von Otto Schmeil und Jost Fitschen (daher meist nur als Schmeil-Fitschen zitiert) sowie die von dem aus der Schweiz stammenden Münchener Botaniker Gustav Hegi im Jahre 1908 begonnene und bis heute vielbändig fortgeführte „Illustrierte Flora von Mitteleuropa". Für ganz speziell interessierte Pflanzenfreaks gibt es besondere Florenwerke beispielsweise für Madeira, Mallorca, die Nordseeinseln, Island oder sogar Grönland. Natürlich kann man sich heute in entsprechenden Spezialwerken auch über die Flora der Mittelmeerländer, diejenige von

Zentralafrika, Madagaskar, die Sunda-Inseln oder irgendeines anderen, fast beliebigen Erdenwinkels informieren. Mit Flora bezeichnet man fallweise auch botanische Gärten (z. B. Kölner Flora).

Einige weitere Begriffe aus diesem Wortfeld sind bemerkenswert: Das Florilegium ist eine Sammlung von Blütendarstellungen. Florist(in) bezeichnet jemanden, der sich mit der Flora einer Region beschäftigt (z. B. die Vorkommen der Arten kartiert). Es ist aber auch die Berufsbezeichnung des Blumenfachhandels. Floristik meint dagegen nur die Erfassung aller Pflanzenarten eines bestimmten Gebietes.

Pflanzennamen

Die normale Alltagssprache hat für Pflanzen einfache Namen. Löwenzahn und Gänseblümchen, Kopfsalat und Petersilie sind unmissverständliche, aber nicht unbedingt eindeutige Ansagen. In den Niederlanden ist eine *botterblom* eventuell eine ganz andere Pflanzenart als die Butterblume in Österreich.

Der schwedische Botaniker Carl von Linné (1707–1778) hatte den genialen Einfall, für Pflanzen und alle übrigen Lebewesen einen zweiteiligen wissenschaftlichen Namen aus Gattungsbegriff und Artzusatz (Epitheton) festzulegen: Die Weiße Taubnessel heißt danach *Lamium album*, die davon verschiedene Art Gefleckte Taubnessel konsequenterweise *Lamium maculatum*. In wissenschaftlichen Werken steht dahinter oft noch der Autorenname (bei beiden Taubnessel-Arten wäre es L. für Linné) und meist auch eine Jahreszahl, in der die Erstbeschreibung veröffentlich wurde (im vorliegenden Fall 1753).

Bei den durch Züchtung in zahlreiche Varietäten und Sorten aufgegliederten Gartenpflanzen erhält der wissenschaftliche Name verschiedene Zusätze und zuletzt den bezeichneten Sortennamen in einfachen Anführungszeichen. Mitunter entstehen auf diese Weise ziemliche Wortungetüme: *Prunus domestica* L. ssp. *italica* (Borkhausen) Gams var. *claudiana* (Poiret) Gams ‚Boddarts Reineclode' bezeichnet innerhalb der Art Pflaume oder Zwetschge die Unterart *italica* (Edel-Pflaume) und innerhalb deren Varietät *claudiana* die Reineclaude bzw. Ringlotte der verbreiteten Kultursorte ‚Boddarts Reineclode'.

Die wissenschaftliche Benennung der Pflanzen folgt mit juristischer Akribie international festgelegten Regeln, die der *International Code of Botanical Nomenclature* (ICBN) vorschreibt.

Fünf Gründe für Wildpflanzen im Garten

Wie bitte? Wildpflanzen? Da denkt der akribische Gärtner doch gleich
an lästiges Unkraut, zügelloses Wuchern, bedrohliche Schädlingswellen
und sonstiges Ungemach. Nichts davon trifft zu, denn

1. Wildblumen stehen an Blühkraft und Schmuckwert anderen
   Zierpflanzen in nichts nach.
2. Mit Wildblumen wird der Garten nicht nur schöner, sondern auch
   spürbar naturnäher – denn sie locken mit ihrer Blütenpracht nicht
   nur Bienen, Hummeln und Schmetterlinge an, sondern bieten mit
   ihrer Frucht- bzw. Samenfülle vielfältige Nahrung für Vögel und
   Kleinsäuger.
3. Wildpflanzen sind einfach zu beschaffen, leicht zu kultivieren,
   unproblematisch in der Pflege und im Allgemeinen auch weniger
   parasitenanfällig.
4. Viele heimische Wildpflanzen sind außerdem recht nützlich,
   beispielsweise als Heil- und Würzkräuter oder als Wildpflanzengemüse
   und -salate.
5. Bunte, artenreiche Gärten mit Wildpflanzen, die sich zum Lebensraum
   verweben und eine Portion liebenswerter Unordnung inszenieren,
   sind stückweise gerettete oder wiederbegründete Natur.

Liebe, Lust und Leidenschaft

Von den antiken Pflanzenkundigen über die Kräuterbuchautoren der
Neuzeit bis zur modernen Phytotherapie zieht sich die Spur wachsender
Kenntnis von den erstaunlichen Heilkräften mancher Pflanzen bei Husten,
Verdauungsproblemen und sonstigen Beschwerden. Da mag es eigentlich
kaum verwundern, dass man in der Natur auch nach solchen Mitteln
suchte, die Männer stark und Frauen schwach werden lassen. So sind im
Laufe der Zeit etliche (angeblich) potenzstärkende Liebesmittel, nach
der griechischen Göttin Aphrodite kurz Aphrodisiaka genannt, erfunden,
zusammengebraut und erprobt worden. Die gesamte europäische
Kulturgeschichte kennt entsprechende Berichte. So versprach sich
Madame de Pompadour, von der es am französischen Hof hieß, sie sei
„eigentlich so frigide wie eine Trauerente", vor den Schäferstündchen
mit ihrem königlichen Liebhaber eine spürbare Aufmunterung durch eine
kräftig gewürzte Selleriesuppe.

Nun ja – für das Wiederanheizen einer abgekühlten Beziehung
helfen weder Kräutertee noch ein sonstiges pflanzliches Gebräu.
Ausnahmslos alle historischen Empfehlungen zeichnen sich eher

durch Wunschdenken als durch überzeugende Wirkung aus. Eine überdenkenswerte Alternative zu solchem Schabernack wäre ganz einfach ein stimmungsvoller Abend mit Blumen, zärtlichen Worten und einem phantasievoll komponierten Menü bei Kerzenschein ...

Erlebte Vielfalt

Unter dem modernen Begriff Biodiversität versteht man die Arten- und Typenvielfalt der Lebewesen. Ist nur die Gefäßpflanzenflora (Farne und Blütenpflanzen) gemeint, spricht man von Phytodiversität. Für die Anzahl der wild wachsend vorkommenden Gefäßpflanzenarten im Gebiet der Bundesrepublik Deutschland bestehen in verschiedenen Standardwerken unterschiedliche Angaben. Jeder Garten zeigt davon – meist eher ungewollt – eine gewisse Auswahl.

Die genaue Anzahl ist unter anderem deswegen relativ schwer festzulegen, weil es bei vielen Gruppen sogenannte Aggregate mit einer wachsenden Zahl beschriebener Kleinarten gibt, beispielsweise beim Löwenzahn (rund 370), bei der Brombeere (über 80) und bei einigen Habichtskräutern. Insgesamt sind in Deutschland knapp 1,4 % der weltweit bekannten Gefäßpflanzenarten (Farne und Blütenpflanzen) vertreten.

Diese Artensummen betreffen eine Fläche von 357 021 km². Der regional erlebbare Artenreichtum zeigt sich eher bei der Wahl eines kleineren Flächenrasters (z. B. jeweils 3 x 3 Messtischblätter im Maßstab 1 : 25 000 = ca. 1 000 km²): Im Mittel kommen auf einer solchen Bezugsfläche 1230 Gefäßpflanzenarten vor (Varianzbereich 810 bis 1676 Spezies). Nimmt man als Bezugsfläche das Gebiet von jeweils 9 x 9 MTB (= annähernd 10 000 km²), kommen im Durchschnitt sogar 2214 Arten Farn- und Blütenpflanzen vor.

Testfall

Achten Sie doch bei der Intensivlektüre der Menükarte auch in (sehr guten Sterne-) Restaurants einmal auf die Schreibweise von Rote Bete: Man schreibt dieses farbintensive und durchaus schmackhafte Gewächs im zweiten Wortteil definitiv nur mit einem „e", denn der deutsche Artname leitet sich vom botanischen Gattungsnamen *Beta* und nicht vom Garten*beet* ab.

Übrigens: Rote Bete, Mangold, Futterrübe und Zuckerrübe sind botanisch die gleiche Art und stellen lediglich verschiedene Kulturformen der Meerstrandrübe (*Beta maritima*) dar, die in Deutschland wild nur auf Helgoland vorkommt.

Obst oder Gemüse?

Nerven Sie bei nächster Gelegenheit Ihre Gartengäste einmal mit der Frage nach dem genauen Unterschied zwischen Obst und Gemüse. Man wird Sie zunächst erstaunt anschauen, dann die Stirn runzeln und schließlich verzweifelt um eine Erklärung ringen, die aber nicht so einfach und schon gar nicht eindeutig ausfallen wird.

Machen wir es akademisch kurz: Unter Obst versteht man im Allgemeinen überwiegend süß schmeckende Früchte, die man roh oder nach besonderer Zubereitung genießt und die man eben von Obststräuchern oder Obstbäumen erntet. Aber was ist mit den Erdbeeren?

Gurken, Kürbisse und Tomaten sind zwar nach botanischen Kriterien ebenfalls Früchte und sogar Beeren, gehören aber nach küchentechnischer Konvention nicht zum Obst, sondern ebenso wie Avocado und Zucchini zum Gemüse. Der kulinarische Gemüsebegriff umfasst somit mehrheitlich alle essbaren Pflanzenteile, die vor dem Verzehr durch hitzeabhängiges Garen aufbereitet werden:

- Blattgemüse sind beispielsweise Spinat, Mangold, Weiß-, Grün- und Rotkohl (Blaukraut).
- Stängelgemüse sind Spargel, Kohlrabi, Fenchel und Sellerie, in größeren Anteilen auch Blumenkohl, Brokkoli, ferner Bambus und Palmherzen.
- Wurzelgemüse sind Mohrrüben, Schwarzwurzel, Radi und Wurzelpetersilie.

Nüsse sind weder Obst noch Gemüse: Fast immer handelt es sich um die Samen bestimmter Pflanzenarten. Und um die begriffliche Vielfalt zu komplettieren: Erbsen und Linsen, die jedes Kochbuch unter Gemüse behandelt, sind zwar ebenfalls Samen, aber dennoch keine Nüsse. Eindeutigkeit ist also nicht unbedingt herzustellen. Manchmal muss man eben nicht so inquisitorisch genau nachfragen …

Übrigens: Im Jahre 1893 entschied der Oberste Gerichtshof der USA, dass man Tomaten zu den Gemüsen zu zählen hat und nicht zu den Früchten, was sie unzweifelhaft sind (nämlich Beerenfrüchte). Der Grund für dieses Urteil war kein Rechtsstreit unter Botanikern, sondern eine steuertechnische Auseinandersetzung mit einem Tomatenimporteur, der sich weigerte, auf seine Handelsware die übliche Einfuhrsteuer für Gemüse zu entrichten.

Warum sind Pilze keine Pflanzen?

Wenn von der Gartenflora die Rede ist, denkt man natürlich an Kräuter, Blumen, Sträucher und Bäume. Pilzfachleute sprechen aber ebenso von der Pilzflora eines Gebietes, und Pilze kann man heute recht einfach auch im eigenen Garten gezielt kultivieren. Dennoch darf man nach moderner Erkenntnis Pflanzen und Pilze nicht in einem Atemzug nennen – beide gehören nämlich zu grundverschiedenen Organismenreichen und sind noch weniger miteinander verwandt als Regenwurm und Wildschwein. Die Gründe dafür sind:

1. Pilze betreiben keine Photosynthese wie die grünen Pflanzen und können daher nicht selbstständig organische Substanz aus Wasser und Kohlenstoffdioxid aufbauen.

2. Pilze ernähren sich nur von vorgefertigten organischen Stoffen, entweder als Fäulniserreger von toter Substanz (Recycler) oder als Parasiten von lebendem Material.

3. Die Zellwände der Pilze bestehen nicht wie bei Pflanzen aus Zellulose, sondern aus Chitin wie beim Außenskelett der Gliederfüßer.

4. Pilze enthalten zahlreiche Stoffe, die in Pflanzen nicht vorkommen.

5. Pilze haben ein besonderes und einzigartiges Vermehrungssystem, das es so bei Pflanzen nicht gibt.

Pilze bilden ein eigenes Organismenreich.

41

Artenreichtum der Pilze

Gruppe	Arten weltweit	Arten in Deutschland
Ständerpilze	ca. 20 000	5166
Schlauchpilze	ca. 30 000	4170
Flechten	ca. 18 000	1691
Schimmelpilze	ca. 30 000	1754
Urpilze	ca. 300	46
Jochpilze	ca. 500	250

Warum schießt der Kopfsalat?

Ein uralter Gärtnerwitz antwortet auf die Frage, wann es im Garten besonders gefährlich ist, mit dem Hinweis auf die ausschlagenden Bäume und den schießenden Salat. Vermutlich ist klar, dass mit dem Schießen der Salatköpfe keine pflanzliche Artillerie gemeint ist, obwohl es auch eine solche gibt: Manche Pflanzenarten bringen ihre Samen dadurch schwungvoll in die Luft, dass sie ihre Früchte explodieren lassen.

Sprachlich hängt das Schießen des Salats mit den Begriffen Schossen bzw. Schösslingen zusammen. Damit bezeichnet man besonders rasch wachsende Pflanzenteile wie etwa die Wasserreiser an Laubbäumen. Auch bei den Salatpflanzen stehen die „Schießmanöver" im direkten Zusammenhang mit einer raschen Achsenverlängerung.

Kopfsalat, botanisch eine Lattich-Art mit vielen Verwandten in der heimischen Flora, ist von Natur aus eine einjährige Pflanze. Sie keimt bei zusagender Temperatur rasch und entwickelt in kurzer Zeit eine große, kräftige Blattrosette. Beim Kopfsalat entwickelt sie sich – als typisches Kulturpflanzenmerkmal – zur kopfartigen Superknospe, deren innere Blattwirtel sich gar nicht mehr flach ausbreiten. In dieser Form ist die Pflanze erntefähig. Bei anderen Salatsorten wie beim Schnitt- und Pflücksalat unterbleibt die Kopfbildung.

Wenn die Kurztagbedingungen des Frühjahrs sich schrittweise zu den Langtagbedingungen des Sommers wandeln, steuert das veränderte Lichtregime die Entwicklung der Pflanze komplett um: Unter Auflösung der Blattrosette streckt sich nun ihre zuvor stark gestauchte Sprossachse und entwickelt an ihrem oberen Ende einen Blütenstand mit zahlreichen hellgelben Blütenkörbchen. Besonders bei feuchtwarmer Witterung erfolgt das Strecken der Achsen mit

Durchbrechen der Köpfe erstaunlich rasch – entsprechend der Schösslingbildung bei anderen Pflanzen spricht man also vom „Schießen" der Salatpflanze. Entwicklungsbiologisch interessant ist daran die Umsteuerung durch die Tageslänge. Bei wie vielen Stunden Licht je Tag für eine Pflanze die Langtagbedingungen einsetzen, ist allerdings von Art zu Art verschieden. Manche werden schon kurz nach der Tag-und-Nacht-Gleiche (21. März, Frühlingsbeginn) umgesteuert, andere brauchen nicht nur hochsommerliche Temperaturen, sondern auch mehr als 16 Stunden Licht.

Nachts im Garten: Gehen auch die Blätter schlafen?

Haben Sie schon einmal nachts mit der Taschenlampe den Rasen abge-leuchtet oder das Bohnenbeet im Mondschein betrachtet? Das ist weniger gruselig, als nachts allein auf dem Friedhof zu wandeln. Sie werden eine erstaunliche Beobachtung machen: Der Klee im Rasen und die Bohnen an der Stange sehen total schlaff aus, obwohl sie am Nachmittag noch voll im Saft standen.

Bei Tageslicht, am nächsten Vormittag, zeigen sie sich dagegen wieder so normal, wie man es eigentlich erwartet. Der Grund für das veränderte Aussehen ist die recht seltsame und noch nicht so recht erklärbare Schlafbewegung der Blätter. Täglich wiederholt sich das Schauspiel mit der Zuverlässigkeit einer Uhr: Tagsüber sind die drei Fiederblätter einer Kleepflanze flach und waagerecht ausgebreitet, während sie sich nach Einbruch der Dunkelheit einfalten und nach unten klappen. Ähnlich verfahren auch die Busch- und Stangenbohnen. Robinien und Sauerklee lassen sich bei Dunkelheit ebenfalls hängen und zeigen solche auffälligen Falt- und Klappbewegungen. Mit dieser Bewegung kehren die Blattorgane jede Nacht wieder zu einer Stellung zurück, die sie kurz nach dem Ende ihrer Knospenzeit schon einmal eingenommen haben.

Motor der auffallenden Bewegung sind die Zellen an der Basis der beteiligten oder ausführenden Blattorgane, deren Binnendruck sich tagesperiodisch ändert und damit eine auffällige Positionsveränderung der betreffenden Organe einleitet. Diese Zellgruppen wirken damit gleichsam wie hydraulisch gesteuerte Scharniergelenke – die resultierenden Bewegungen erfolgen jeweils nur in einer Achsenrichtung.

Während man den Bewegungsablauf und seine genaue Steuerung bis ins Detail kennt, bleibt der ökologische Sinn der seltsamen tagesrhythmischen Schlafbewegung vieler Laubblätter nach wie vor unklar. Manche Pflanzenforscher weisen darauf hin, dass die betreffenden Pflanzen auf diese Weise ihre Blattflächen besser ins rechte Licht rücken. Das versuchen jedoch eigentlich alle Pflanzen, wobei die weitaus meisten den täglichen Kampf um die hellsten Plätze jedoch abends durchaus nicht aufgeben, sondern die Blätter dort lassen, wo sie gerade stehen. Irgendwelche stofflichen Vorteile sind für Bohne, Klee und ihre Verwandtschaft aus der Schlafstellung der Blätter nicht abzuleiten.

Radieschen: Knollen, Wurzeln oder Rüben?

Klein, seit frühester Jugend ganz schön scharf und deshalb hoch-rot – so erklärt man sich das seltsame Erscheinungsbild des harmlosen Radieschens aus dem Frühbeet. Rein sprachlich sind sie die Verkleinerungsform des Rettichs, den man in Bayern Radi nennt und dessen Namen sich vom lateinischen *radix* = Wurzel ableitet. Während der Radi eindeutig eine verdickte Wurzel darstellt, sitzen beim Radieschen die Wurzeln klar erkennbar unterhalb der Verdickung. Rein gestaltlich ist es daher gar kein kleiner Radi. Vielleicht ist der Radi eine Rübe, das Radieschen dagegen eine Knolle oder etwa umgekehrt? Wo liegen die Unterschiede?

Mit dieser Frage kann man sogar erfahrene Gärtner in Verlegenheit bringen. Das Problem lässt sich aber recht leicht auflösen. Die so sichtlich verdickten Speicherteile, die den eigentlichen Nutzwert mancher Kulturpflanzen ausmachen, können auf verschiedene Weise entstehen. Ist an der Verdickung nur ein pflanzliches Grundorgan beteiligt, spricht man von Knollen. Wurzelknollen sind folglich verdickte Wurzeln, Sprossknollen angeschwollene Teile der Sprossachse. Zu den nutzbaren Wurzelknollen gehören beispielsweise Batate und Maniok. Klassische Sprossknollen sind die Kartoffeln – die daran sitzenden „Augen" sind typische Ruheknospen, die ebenso austreiben können wie die Knospen an einem Zweig. Das Radieschen ist ebenfalls eine Sprossknolle, wobei hier aber nur das unterste Achsenstück verdickt ist. Bei Kohlrabi und Knollensellerie sind es jeweils mehrere Achsenabschnitte.

Beteiligen sich an der Verdickung zum Speicherkörper dagegen zwei Organe, nämlich Sprossachsenabschnitt(e) und Hauptwurzel, spricht man jeweils von einer Rübe. Je nach beteiligtem Mengenanteil sind Wurzel- und Sprossrübe zu unterscheiden. Die Zuckerrübe ist ebenso eine Wurzelrübe wie Radi, Möhre (= Mohrrübe!), Schwarzwurzel und Kohlrübe. Die Futterrübe ist dagegen eine Sprossrübe wie die mit ihr nahe verwandte Rote Bete. Den Unterschied kann man sich leicht merken: Wurzelrüben stecken zum größten Teil im Boden, Sprossrüben schauen immer mit den größten Teilen aus dem Boden heraus.

Gartenrosen: Ranken mit Dornen oder Zweige mit Stacheln?

Betörend duftende Rosen sind traditionell eine hoch geschätzte Zierde und Zutat eines jeden Gartens. Allerdings gelten sie auch nahezu sprichwörtlich als gefährliche Schönheiten. Nach gärtnerischen Pflegearbeiten auf Rosenrabatten sehen die Unterarme des Rosenfreundes mitunter aus, als habe er mit einer wilden und sehr entschlossenen Katze gerungen: Von den Stämmen bis zu den Blättern vermitteln fast alle Rosen eine klar spürbare Bereitschaft wehrhafter Eindringlichkeit. Das – übrigens auch tiefenpsychologisch recht bemerkenswerte – Bild vom unzugänglichen Dornröschenschloss und andere von der spürbar abwehrenden Rose abgeleitete Begriffsschöpfungen begründen die verbreitete Einschätzung, die bedrohlich spitzen Hakengebilde am Rosenstängel seien Dornen.

Für solche unverschämt unangenehmen Pflanzenteile haben die Botaniker aber auch noch einen anderen Fachbegriff – es könnte sich dabei auch um Stacheln handeln, und wenn die tief im Fleisch sitzen, kommt ebenfalls keine Freude auf. Wo liegen die Unterschiede?

Dornen sind nach botanischer Festlegung immer komplett um-gewandelte Pflanzenorgane: Ein Dorn kann beispielsweise das Endstück einer Sprossachse sein, die ihr Längenwachstum vorzeitig einstellte und zu einem mehr oder weniger langen, nadelspitzen Sprossdorn wurde. Beispiele dafür gibt es bei den heimischen Rosengewächsen: Schlehen nennt man wegen ihrer fast fingerlangen Dornen auch Schleh- oder Schwarzdorn, und bei den Weißdorn-Arten oder beim Feuerdorn sind sie ebenfalls Namensbestandteil. Auch Blätter können sich zu dornigen und unfassbaren Gebilden vereinfachen – entsprechend liegen dann Blattdornen vor. Beispiele liefern neben der Robinie, bei der die Nebenblätter umgewandelt wurden, auch die Berberitze, die man bezeichnenderweise Sauerdorn nennt. Auch bei den Kakteen, denen man gerne ein stachliges Äußeres unterstellt, liegen Blattdornen vor.

Stacheln sind dagegen immer nur Oberflächenbildungen an Pflanzen-organen. Sie gehen gewöhnlich aus den äußeren Gewebeschichten

Rosa Gallica Aurelianensis   *La Duchesse d'Orléans.*

P. J. Redouté pinx.   Imprimerie de Rémond   Langlois sculp.

Keine Rose ohne Dornen? Es sind immer Stacheln ...

der Stängelrinde hervor. Deshalb sitzen sie verhältnismäßig locker und lassen sich durch seitlichen Druck unverhältnismäßig leicht wegknicken. Genauso liegen die Dinge bei den Wild- und Gartenrosen, bei Brombeeren und anderen Stachelsträuchern, die ihre Hakenspitzen nicht nur als Abwehrsystem, sondern auch als Kletterhilfe nach dem Steigeisenverfahren einsetzen.

Die Potsdamer Kartoffel

Nein – es ist nicht schon wieder eine moderne Sorte, sondern ein neues Bild unserer Erde: Gärten, die in Deutschland im Mittelgebirge auf genau 250 m ü. NN (Normalhöhennull) liegen, befinden sich in Österreich auf 250,34 m, in der Schweiz auf 250,32 m und in Tschechien auf 249,79 m. In Italien schwingt man die Hacke in einem solchen Garten bei 250,57 m.

Der Grund für diese kleinen Unterschiede sind die unterschiedlichen Bezugssysteme. In Deutschland werden die Höhen auf dem Festland auf den Amsterdamer Pegel (Mittelwasser der Nordsee) bezogen, in Österreich auf die Adria bei Triest und in Tschechien auf den Pegel von Kronstadt am Finnischen Meerbusen.

Da die Erde wegen der Abplattung der Polarregionen keine geometrisch exakte Kugel ist und nicht einmal ein einigermaßen zutreffendes Rotationsellipsoid, sondern mit ihren Beulen und Buckeln eher aussieht wie eine Kartoffel, nennen die Geophysiker sie scherzhaft „Potsdamer Kartoffel" – in Potsdam sitzt nämlich das Institut, das die zurzeit genauesten Vermessungen der Erdgestalt ausgewertet hat.

Potsdamer Kartoffel und der Alte Fritz

Friedrich der Große (1712–1786) wollte nach seinem Tode auf der Gartenterrasse von Schloss Sanssouci beigesetzt werden. Sein Neffe und Nachfolger ließ den Sarg jedoch in die königliche Gruft in der Potsdamer Garnisonkirche bringen. Während der Wirren des Zweiten Weltkriegs kamen die preußischen Königssärge 1943 zunächst in ein Bergwerk, dann in das Marburger Schloss und 1947 in die Marburger Elisabethkirche. Schließlich überführte man sie 1952 in die Kapelle der Burg Hohenzollern. Erst im August 1991 wurde der letzte Wille Friedrichs erfüllt: Man brachte seinen Sarg nach Potsdam zurück und vollzog die Beisetzung als Staatsbegräbnis. Eine schlichte Steinplatte schmückt seither das Grab.

Friedrich der Große führte seinerzeit in Preußen den Anbau der damals den Gärtnern und Bauern noch unbekannten bzw. verdächtigen

Kartoffel geradezu diktatorisch ein, was sich letztlich als richtige Maßnahme gegen die drohende Hungersnot erwies. Aus Dankbarkeit liegen auf seiner Grabplatte bis heute immer ein paar (Potsdamer?) Kartoffeln. Dass die allseits so beliebten, in heißem Fett gesottenen Vierkantkartoffeln deshalb *Pommes Fritz* heißen, ist ein netter Sprachgag, den seinerzeit Heinz Erhardt kreiert hat.

Vielfalt der Gartensträucher

Etliche Zierstraucharten weichen vom Normalbild eines sommergrünen, Laub werfenden Mittelstrauches stärker ab, weil sie sich an ihrem Originalstandort auf besondere Lebensumstände eingerichtet haben.

1. Immergrüne Hartlaubsträucher steifen ihre äußere Blatthaut (Epidermis) aus. Eine zusätzliche Wachsimprägnierung dichtet die Oberfläche ab und garantiert einen noch besseren Verdunstungsschutz. Immergrüne, derblaubige Arten wie Buchsbaum oder Stechpalme sind daher auf anhaltende sommerliche Trockenheit optimal vorbereitet.

2. Eine beeindruckende Anpassung an knappe Wasserversorgung zeigen auch die Rutensträucher. Ihre kleinen Blätter können aus Gründen der Wasserökonomie schon sehr frühzeitig abfallen. Die lebenserhaltende Aufgabe der Photosynthese fällt dann den schlanken, grünen Ästen und Zweigen zu wie beim Besenginster und beim Färber-Ginster.

3. Während Spaliersträucher gleichsam natürliche Bodendecker sind und kaum einmal mehr als fingerlang aufragen, bilden die Zwergsträucher wie Krähenbeere, Preiselbeere, Blaubeere, Heidekraut und Zwerg-Birke die anschließende Größenklasse. Irgendwo zwischen handbreit oder kniehoch, trotzen sie als dichtwüchsige Kleinstgebüsche dem Angriff von Wind und Wetter.

4. Die langen, rückwärts gebogenen Stacheln der Brombeeren und Rosen sind nicht nur ein prächtiges Verhütungsmittel gegen Fraßangriffe, sondern auch eine perfekte Kletterhilfe, die nach dem Spreizhaken- und Klettereisen-Prinzip arbeitet. Brombeergestrüpp und Rosenhecken sind gerade deswegen so völlig undurchdringlich, weil die einzelnen Äste und Zweige sich auch gegenseitig Halt bieten.

5. Seltsame Sträucher sind auch die nach Lianenmanier aufsteigenden Schling- und Windepflanzen, die Mauerwerk, Drahtzäune oder die Kronenregion anderer Gehölze mühelos vereinnahmen wie das windende Wald-Geißblatt. Die Waldrebe klettert dagegen mit ihren Blattstielen. Der Efeu, der an Bäumen stammaufwärts geht und sich

in deren Krone querlegt, ist ein Wurzelkletterer. Mit raffinierten Haftscheiben befestigen sich die Jungfernreben an völlig glatten Hausfassaden.

6. Ein Sonderfall unter den Sträuchern sind die Misteln – kugelige Kleingehölze, die eine abgehobene Lebensweise auf dem Geäst bestimmter Laub- oder Nadelbaumarten ansiedeln. Hier schließen sie sich an die gut funktionierende Wasserleitung ihrer Wirtspflanzen an. Die Stoffdieberei beschränkt sich tatsächlich auf das Wasser und die darin gelösten Mineralsalze. Organische Stoffe zweigt die Mistel nicht für sich ab.

Wie viel Wiesenfläche spendet die Atemluft für einen Menschen?

Von den gasförmigen Hauptkomponenten der Luft sind für die Lebensvorgänge der Organismen eigentlich nur das Kohlenstoffdioxid (CO_2, Volumenanteil 0,035 %) und der Sauerstoff (O_2, Volumenanteil rund 20 %) von unmittelbarer Bedeutung. Kohlenstoffdioxid ist neben Wasser das Endprodukt der Zellatmung – mit jedem Atemzug geben wir es über die Lunge an die Atmosphäre ab, und auch alle anderen atmenden Lebewesen produzieren diesen Stoff. Grüne Pflanzen nehmen Kohlenstoffdioxid aus der Luft (oder gelöst in Wasser) wieder auf. Sie stellen daraus durch den bewundernswert raffinierten Prozess der Photosynthese wieder wertvolle organische Stoffe wie Zucker und Stärke her.

Ein gesunder erwachsener Mensch, der völlig entspannt in seinem Garten sitzt, nur die Zeitung liest und sich auch in den restlichen Tagesstunden nicht sonderlich anstrengt, atmet am Tag ungefähr 400 L CO_2 aus. Diese Menge entspricht dem durchschnittlichen CO_2-Gehalt von etwas mehr als 1000 m^3 Luft. Mit der ausgeatmeten Luft eines Erwachsenen könnte nun ein etwa 20 m^2 großer Pflanzenbestand aus mittelhohen Gräsern oder Kräutern den Kohlenstoffbedarf für seine Photosynthese decken (unter Annahme einer Durchschnittsleistung von 20 Mikromol CO_2 je m^2 Blattfläche und Sekunde) und dabei für sich selbst einen Trockenmassenzugewinn von 530 g verbuchen. Diese Menge entspricht umgekehrt wiederum dem ungefähren täglichen Energiebedarf eines nur am Strand dösenden Urlaubers von etwa 7325 Kilojoule (= 1750 Kilokalorien). Jede etwas anstrengendere körperliche Tätigkeit würde diesen Betrag deutlich erhöhen und damit natürlich auch den Kohlenstoffdioxid-Ausstoß über die Atmung. Der 20-m^2-Pflanzenbestand, also etwa ein überschaubares ungemähtes

Wiesenstück, würde für jedes als Betriebsstoff aufgenommene Molekül Kohlenstoffdioxid ein Molekül Sauerstoff abgeben – in jeder Sekunde fünf Milliliter oder rund 18 L/h. Für den täglichen Sauerstoffbedarf eines Menschen müsste man das Wiesenstück daher noch etwas vergrößern, denn die Pflanzen können ja nur im Licht photosynthetisch aktiv sein: Bei einem Sauerstoffverbrauch von weniger als einem Liter in der Minute (in absoluter Ruhelage) würde uns die tägliche Sauerstoffproduktion eines knapp 70 m² großen Wiesenausschnitts am Leben erhalten, nicht eingerechnet natürlich die benötigte Nahrung.

Solche Berechnungen sind wichtig für Überlegungen, wie groß man denn eigentlich künstliche Ökosysteme bemessen muss, mit denen sich Menschen längere Zeit im Weltraum aufhalten können. Der Raum- und Energiebedarf solcher bioregenerativer Systeme ist nicht allzu ermutigend. Auf der Erde, beispielsweise in Ihrem Garten, funktioniert das alles viel problemloser.

Lass Blumen sprechen

Im viktorianischen England entwickelten feine und vornehme, aber blasse und bekanntermaßen lustlose Damenkränzchen eine formale Sprache der Blumen – unter anderem nach dem Vorbild der Schriftstellerin Lady Mary Wortley Montague (1689–1762). In diesem floralen Vokabular standen die Pflanzen symbolhaft unter anderem für die folgenden Beziehungskomplikationen:

Prunkwinde	Koketterie
Akazie	geheime Liebe
Hortensie	Du bist so kühl!
Stiefmütterchen	Zufriedenheit
Löwenzahn	Undankbarkeit
Lungenkraut	unbeachtete Schönheit
Berg-Ahorn	Neugier
Weinraute	Verschmähung
Magnolie	Beharrlichkeit
Rose (weiß)	Ich bin deiner nicht würdig
Zelosie	Du zierst dich so!
Knollenlilie (Tuberose)	Verhängnisvolle Freude

Verwirrende Schreibstile: Warum Hainbuche, aber Rot-Buche?

Beim Herumblättern in einem Pflanzenbuch mag sich schon manche(r) gewundert haben: Da liest man Rosskastanie, aber ein paar Seiten weiter Ess-Kastanie, und da steht die Grasnelke ganz woanders als die Bart-Nelke. Ähnlich ist es mit Hainbuche und Rot-Buche. Was soll denn eigentlich der Bindestrich?

Die Namensähnlichkeit unterstellt engste Verwandtschaft. Die Botanik sieht jedoch klare Unterschiede: Die betreffenden Arten gehören zu verschiedenen Pflanzenfamilien, die Rot-Buche zu den Buchengewächsen/ *Fagaceae*, die Hainbuche aber zu den Birkengewächsen/*Betulaceae*). Genau dies betont die unterschiedliche und auf den ersten Blick vielleicht verwirrende Schreibweise der Namen: Die Rot-Buche (*Fagus sylvatica*) ist eine spezielle Art innerhalb der Gattung Buche (*Fagus*), in der es im kontinentalen Eurasien weitere Arten (wie die Orient-Buche *Fagus orientalis*)

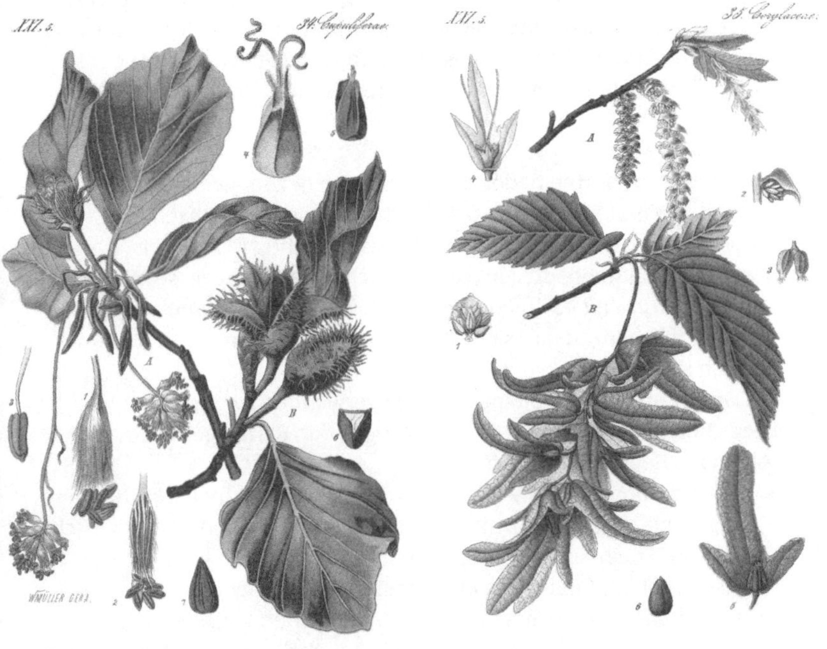

Rot-Buche (links) und Hainbuche (rechts) sind nicht näher verwandt.

gibt. Die Gewöhnliche Hainbuche (*Carpinus betulus*) gehört dagegen zur Gattung Hainbuche (*Carpinus*) und eben nicht zu *Fagus*. Die unkorrekte Schreibweise „Rotbuche" (zulässig allerdings in zusammengesetzten Begriffen wie Rotbuchenholz oder Rotbuchenwälder) würde dagegen bedeuten, dass es eine eigene Gattung Rotbuche gibt, während die Alternative Hain-Buche schlicht eine falsche Gattungszuweisung vornimmt.

Küchen-Zwiebel: ziemlich scharfe Superknospe

Die Zwiebel der Zwiebel besteht aus saftigen, verdickten und ineinander verschachtelten Schuppenblättern – sie ist damit eine enorm angeschwollene Knospe, mit der die Pflanze im Boden die kalte Jahreszeit überdauern könnte, wenn sie denn nicht vorher geerntet würde.

Schon im Altertum nutzte man diese Kulturpflanze, deren Ursprungsgebiet in Westasien liegt. Heute baut man sie weltweit in vielen Sorten an, meist aber nur einjährig. In allen Teilen enthält die Küchen-Zwiebel ein ätherisches Öl mit Methyl-alliin sowie den charakteristischen Scharfstoff Propan-thialoxid, der ziemlich erfolgreich zu Tränen reizt. Als Küchengewürz unterstützt sie die Blutreinigung, wirkt außerdem als Appetitanreger und fördert die Verdauung ebenso wie viele beliebte Zwiebelgerichte (Zwiebelsuppe, Zwiebelkuchen).

Blümchen-Sex

In populären Schriften findet man häufig den dezent-verschämten Hinweis, die Blüten seien die Geschlechtsorgane der Pflanzen. Diese plakative Nachricht ist definitiv falsch. Richtig ist, dass in bestimmten Blütenbauteilen die pflanzlichen Sexualprozesse mit der Zusammenführung von männlichem und weiblichem Erbgut stattfinden. Die (begrifflichen) Details sind allerdings reichlich kompliziert, und deshalb lassen wir sie hier lieber weg.

Gärtner und andere Blumenfreunde verwenden zur genaueren Bezeichnung der Geschlechterverteilung in den Blüten gerne die folgenden Begriffe:
- zwittrig (monoklin): die Blüte enthält Staubblätter und Fruchtknoten
- eingeschlechtig (diklin): die Blüte enthält nur Staubblätter (männlich) oder nur Fruchtknoten (weiblich)
- geschlechtslos (steril): die Blüte besteht nur aus einer dekorativen Blütenhülle; Staubblätter oder Fruchtknoten sind nicht entwickelt. Beispiele sind die Randblüten beim Schneeball oder die oberen Blüten der Schopfigen Traubenhyazinthe.

Bei der Verteilung der eingeschlechtigen Blüten sind folgende Fälle zu unterscheiden:

- einhäusig (monözisch): männliche und weibliche Blüten getrennt auf der gleichen Pflanze wie bei Hasel, Kürbis und Mais
- zweihäusig (diözisch): männliche und weibliche Blüten getrennt auf verschiedenen Pflanzen wie bei Hopfen und Roter Lichtnelke

Unvollständig einhäusig sind Pflanzen mit

- mit männlichen und zwittrigen Blüten: Rosskastanie
- weiblichen und zwittrigen Blüten: Gänseblümchen
- weiblichen, männlichen und zwittrigen Blüten: Spitz-Ahorn jeweils auf dem gleichen Individuum

Unvollständig zweihäusig sind Pflanzen

- nur mit männlichen oder nur mit zwittrigen Blüten: Silberwurz
- nur mit weiblichen oder nur mit zwittrigen Blüten: Minzen, Dost
- nur mit weiblichen, männlichen oder zwittrigen Blüten auf verschiedenen Individuen: Spargel, Esche, Leimkraut

Besucherlenkung in den Blüten

Die meist auffällig ausgefärbten und tierbestäubten Blüten sind sozusagen Werbeplakate in eigener Sache. Nachdem die ursprünglich unauffälligen, weil mit dem Pollentransport durch Wind oder Wasser arbeitenden Blüten zu ungemein attraktiven Blumen geworden sind, erregen sie mit allerhand optischen (und auch duftenden) Mitteln die Aufmerksamkeit ihrer potenziellen Besucher. Mehr noch: Ähnlich wie auch eine gewöhnliche Kneipe mit einem augenfälligen Aushängeschild für die Besucherlenkung ausgestattet ist, versorgen die Blüten ihre möglichen Besucher und Bestäuber auch mit allerhand nützlichen Zusatzinformationen. Eine Blüte versorgt die Bestäubertiere tatsächlich mit mehreren Signalen.

Wer durstig oder hungrig ist und ein Gasthaus ansteuert, möchte verständlicherweise nicht lange nach dem Eingang suchen müssen. Exakt diese Minimalinformation bietet die Blüte auch dem anfliegenden Insekt. Als Lenk- und Landehilfe wirkt dabei die kontrastbetonende Unterscheidung zwischen Blütenzentrum und Blütenrand. Nahezu alle insektenbestäubten Blüten färben ihre für die Besucher ausschließlich interessante Mitte entweder deutlich heller oder wesentlich dunkler als die umgebenden Randbereiche. Beispiele sind unter anderem Vergissmeinnicht, Rosen, Malven oder Storchschnabel. Ein solches Farbprogramm, das an die Zielscheibe vom dörflichen Schützenfest erinnert, führt das anfliegende Insekt genau in das Blütenzentrum, wo sich üblicherweise die Nektarvorräte befinden. Während die Gesamtblüte oder auch ein Blütenstand mit enormer Farbigkeit eher eine Art Leuchtreklame mit ausgesprochener Fernwirkung betreibt, dienen die differenzierten Blütenmuster jeweils der Feinnavigation im Nahbereich. Farbkontraste zwischen innen und außen oder Mitte und Rand sind dazu ein außerordentlich wirksames Mittel, wie auch der kritische Selbstversuch bestätigt: Fast selbstverständlich werden auch unsere Blicke förmlich zum geometrischen Mittelpunkt einer Blüte mit entsprechendem Design hingezogen.

Der Weg zur Blütenmitte ist klar markiert.

Essbare Blüten?

Manche innovativen Kochbücher überraschen mit Rezeptanregungen, die auch Blüten vorsehen. Nicht nur als Dekoration, sondern tatsächlich auch zum Vernaschen eignen sich die Blüten unter anderem von Bärlauch, Borretsch, Dill, Fenchel, Gänseblümchen, Hibiskus, Kapuzinerkresse, Kürbis, Margerite, Nachtkerze, Portulak, Primel, Ringelblume, Schnittlauch, Veilchen, Vergissmeinnicht und Zucchini.

Migranten und Neubürger

Nach dem Zeitpunkt der Einbürgerung unterscheidet man Indigene (Pflanzen, die von selbst während der nacheiszeitlichen Entwicklung der Pflanzendecke nach Mitteleuropa gelangten, beispielsweise Sommer-Linde und Rot-Buche) und Adventivarten (Pflanzenarten, die unter aktiver Beteiligung des Menschen ihr Verbreitungsgebiet erweitert haben).

Bei den Adventiven zieht man relativ willkürlich folgende Zeitschnitte:

- Archäophyten kamen nach Mitteleuropa, nachdem die jungstein-zeitlichen Siedler von der aneignenden (jagend-sammelnden) Wirtschaftsweise allmählich zur produzierenden Wirtschaft mit Feld- und Gartenbau übergingen und Pflanzgut vor allem aus Südeuropa erhielten oder mitbrachten. Im Gefolge der frühen Kulturpflanzen kamen auch etliche Begleitarten aus dem Mittelmeergebiet zu uns, die man heute als Segetalflora (Ackerflora) oder Ruderalflora (Pflanzen der Siedlungsräume und Abfallstellen) bezeichnet. Bekannte Arten sind Klatsch-Mohn, Kornblume, Acker-Rittersporn, Kamille, Breit-Wegerich, Kleine Brennnessel oder Rote Taubnessel.
- Neophyten sind solche Pflanzenarten, die erst nach der Entdeckung Amerikas durch Kolumbus (1492) nach Mitteleuropa kamen. Mitunter wählt man als Zeitschnitt auch einfach das Jahr 1500. Die Eröffnung der transkontinentalen Warenwege führte zu einem beachtlichen Artentausch. Die betreffenden Arten verbreiten sich hier unterdessen weitgehend ohne direktes menschliches Zutun und verhalten sich wie die übrigen angestammten Wildpflanzen. Beispiele in vielen Gärten sind Kleinblütiges Franzosenkraut (Peru), Gelber Hornklee (Brasilien), Berufskraut (Kanada), Mauer-Leinkraut (Mittelmeergebiet), Neubelgische Aster (östliches Nordamerika), Pfeilkresse (Vorderasien), Faden-Ehrenpreis (Kaukasus), Drüsiges Springkraut (Indien), Zackenschote (Schwarzmeergebiet), Großblütige Nachtkerze (westliches Nordamerika), Schmetterlingsflieder (China),

Strahlenlose Kamille (Nordostasien) oder Staudenknöterich (Japan) und Ungleichzähniges Kreuzkraut (Südafrika). Die Neophyten-Liste umfasst insgesamt rund 400 Arten.

Da haben wir den Salat

Obwohl man sie im täglichen Gebrauch durchaus versteht, sind viele Begriffe unserer Sprache beim genaueren Hinsehen mitunter be-merkenswert unlogisch (Ein Zitronenfalter faltet gar keine Zitronen ...) oder inhaltlich schlicht unscharf. So auch der gängige Begriff Salat. Unter Salat verstehen die einen einen Kopf- oder Endiviensalat, die anderen eine bunte Mischung mit Lollo Rosso, Rapunzel, Rucola und Chicorée. Außerdem gäbe es noch Eier-, Nudel-, Reis- und Tomatensalat, und dann wären da auch noch Kartoffel-, Gurken- und Obstsalat. Babylonisch verworren? Das Problem liegt vor allem in der Vieldeutigkeit der beiden Begriffe Obst und Salat.

Zum Salatbegriff gehört üblicherweise das bunte Durcheinander – insofern ist ein grüner Salat nur aus Kopfsalat eigentlich ein Unding. Wenn man also beim Salat eher auf Abwechslung und Vielfalt setzt, sind auch die Zutaten begrifflich nicht besonders festgelegt: Es können Pflanzenteile sein, die roh genießbar sind, oder man komponiert die kulinarische Kreation aus der gesamten pflanzlichen Architektur, nämlich zuvor gegarten und wieder erkalteten Wurzel-, Stängel-, Blatt- oder Blütenteilen.

Sauer macht lustig: Säuregehalt im Presssaft

Art	Säuregrad (pH-Wert)
Apfel	3,4
Brombeere	2,7
Kartoffel	5,7
Orange (reif)	3,8
Preiselbeere	2,4
Rhabarber	3,2
Sellerie	5,2
Tomate	4,4
Zitrone	2,4
Zwiebel	4,3

Zum Vergleich

Saurer Regen	bis < 3,0

Aus aller Herren Länder: Herkunft von Gartenblumen

Deutscher Name	Wissenschaftlicher Name	Herkunftsgebiet	eingeführt
Agave	Agave americana	Mexiko	Mitte 16. Jh.
Bechermalve	Lavatera trimestris	Portugal	um 1620
Bergenie	Bergenia crassifolia	Afghanistan	1743
Blaukissen	Aubrieta deltoidea	Kreta	1700
Blaulilie	Agapanthus africanus	Südafrika	um 1625
Blumenrohr	Canna indica	Karibik	um 1550
Büschelschön	Phacelia tanacetifolia	Kalifornien	1832
Dahlie	Dahlia variabilis	Mittelamerika	1789
Dreifarbige Winde	Convolvulus tricolor	Azoren, Mittel-meergebiet	1620
Fuchsie	Fuchsia magellanica	Peru, Chile	1788
Garten-Fuchsschwanz	Amaranthus caudatus	Südamerika	um 1550
Goldrute	Solidago canadensis	Kanada	um 1640
Hänge-Geranie	Pelargonium peltatum	Südafrika	1700
Indianernessel	Monarda tridyma	Nordamerika	1735
Lampionblume	Physalis alkekengi	Kaukasus	Römerzeit
Leberbalsam	Ageratum houstonianum	Mittelamerika	um 1700
Löwenmäulchen	Antirrhinum majus	Mittelmeergebiet	um 1560
Mädchenauge	Coreopsis verticillata	südöstliche USA	2. Hälfte 18. Jh.
Petunie	Petunia violacea	Südamerika	1831
Prachtscharte	Liatris spicata	östliche USA	Ende 17. Jh.
Prachtspiere	Astilbe japonica	Ostasien	1830
Schmetterlingsflieder	Buddleja davidii	Westchina	1890
Schmuckkörbchen	Cosmos bipinnatus	Mexiko, Arizona	1789
Schönmalve	Abutilon theophrasti	Vorderasien	1. Hälfte 16. Jh.
Sonnenbraut	Helenium autumnale	westliches Nordamerika	1620
	Rudbeckia laciniata	Kanada, USA	um 1620
Staudenknöterich	Renyoutria japonica	Ostasien	um 1770
Sternblümchen	Brachycome iberidifolia	Südaustralien	1841
Stockrose	Alcea rosea	Kleinasien	15. Jh.
Studentenblume	Tagetes erecta	Mexiko	1519
Tränendes Herz	Dicentra spectabilis	Mittelchina	um 1750
Zinnie	Zinnia elegans	Mexiko	1790

Brokkoli – eine Fülle ungeöffneter Blüten.

Es geht auch einfacher

Brassica oleracea subspecies *oleracea* convarietas *botrytis* varietas *italica* – als wissenschaftliche Bezeichnung zwar völlig korrekt, aber zugegebenermaßen ein unerträglicher Silbenschleppzug, der jeden (Hobby-)Koch abschrecken müsste, fände er ihn so in seiner Kochliteratur vor. Zum Glück geht die einfache, aus dem Italienischen abgeleitete Bezeichnung Brokkoli ebenso locker von der Zunge wie eine gelungene Zubereitung ...

Brokkoli ist neben Blumenkohl eines der sehr wenigen Beispiele dafür, dass der Mensch auch darauf kam, komplette Blütenstände nutzbarer Arten zur Kulturpflanze zu entwickeln, wobei die Nutzung immer vor der Entfaltung der Blüten erfolgt.

Mit dem Brokkoli verzehrt man also im Grunde genommen eine stark verdichtete Ansammlung immer noch grüner Blütenknospen.

Manche Fachleute fassen den Brokkoli als gestaltliche Vorstufe zum Blumenkohl auf, andere wiederum als dessen Fortentwicklung. Die Pflanze stammt wie alle übrigen Kohl-Rassen (Butterkohl, Grünkohl, Kohlrabi, Markstammkohl, Rosenkohl, Rotkohl, Weißkohl, Wirsing) vom Wild-Kohl *(B. oleracea)* ab, einer in den Klippen der Meeresküsten vorkommenden Art. In Deutschland hat sie ihren einzigen Wuchsort auf Helgoland. Wenn man die Blütenstände durchtreiben lässt, entfalten sie die für Kohl typischen stark verzweigten Rispen mit etwa 1 cm breiten, schwefelgelben Blüten. Diese sind jedoch im Unterschied zum Blumenkohl meist fertil.

Zucchini oder Zucchetti

stammen trotz ihres italienischen Namens aus dem tropischen Mittel- und Südamerika und sind keine eigene Art, sondern eine Varietät des gewöhnlichen Garten-Kürbis. In Mitteleuropa verbreitete sich die in Italien schon länger recht beliebte Beerenfrucht im Gurkenformat erst nach 1970.

Der korrekte Name lautet übrigens in der Einzahl Zucchino (gesprochen: *sukkino*, nicht *zutschino*) und ist die Verkleinerungsform des italienischen *zucco* für Kürbis. In der Mehrzahl wird daraus *zucchini* (gesprochen: *sukkini*, nicht *zutschini* und auch nicht *zutschinis*!).

Baum oder Strauch?

Auch wenn Bäume fallweise streichholzkurz oder turmhoch sind, zeigen sie immer das gleiche Grundmuster aus Hauptstamm und verzweigter Krone. Sträucher sind dagegen wesentlich variantenreicher. Außer der sommergrünen Standardversion überraschen sie mit vielen ungewöhnlichen Sonderanpassungen.

- Während Bäume sich durch einen einzeln aufragenden Hauptstamm auszeichnen, verzweigt sich die Sprossachse der Sträucher schon tief unten in mehrere gleich starke Stämme.
- Einen Strauch könnte man daher als Baumkrone bezeichnen, die unmittelbar dem Boden aufsitzt.
- Von den in allen Teilen voll verholzten Sträuchern sind die Halbsträucher zu unterscheiden – Pflanzen, die fließende Übergänge zu Kräutern oder Stauden zeigen. Nur ihre Stämmchenbasis und die Hauptäste sind bis ins Mark verholzt, während die jüngeren Zweige noch eine Weile grün, weich und krautig bleiben und erst im zweiten oder dritten Jahr verholzen. Viele bewährte Duft- und

Aromapflanzen wie Salbei oder Thymian sind keine Kräuter, sondern eben Halbsträucher.

- Halbbäume gibt es hingegen nicht.
- Manche Gehölzarten können sich sowohl zur Strauch- als auch zur Baumgestalt entwickeln, etwa der Schwarze Holunder, der meist als Hollerbusch vorkommt, aber ebenso auch (vor allem im Freistand) Holunderbaum sein kann.
- Unter besonderen Wuchsbedingungen unterliegen selbst sehr festgelegte Gehölzarten einem markanten Gestaltwandel: Die Rot-Buche, die üblicherweise imposante Bilderbuchbaumgestalten entwickelt, wird nahe der klimatischen Baumgrenze im Hochgebirge oder in Nordeuropa zum breitwüchsigen Strauch mit tief bodenanliegenden Ästen.
- Der deutsche Name ist nicht immer eine zuverlässige Entscheidungshilfe: Buchsbaum, Essigbaum, Faulbaum, Judasbaum, Sadebaum oder Spindelbaum sind meist nur mittelgroße bis große Sträucher.

Seltsames Symbol

Unter historisch bzw. kunstgeschichtlich Gebildeten gilt die Lilie als Symbol des französischen Königshauses Bourbon. Daher nennt man das häufig verwendete Motiv auch einfach Bourbonenlilie.

Lilie? Jeden Gartenfreund muss das in Stein gehauene, auf Stoff gedruckte, gemalte, gezeichnete, geschnitzte oder sonstwie verarbeitete Blumenmotiv völlig verwirren, denn die Lilien in seinem Garten sehen völlig anders aus. Das Problem löst sich sofort auf, wenn man die stark stilisierte Bourbonenlilie tatsächlich als Iris (Schwertlilie) deutet. Deren Blüte ist übrigens recht ungewöhnlich aufgebaut, weil sie a) aussieht wie drei Einzelblüten und b) von unten nach oben neun blumenblattähnliche Gebilde zur Schau trägt, nämlich drei äußere Hüllblätter, drei innere und als Krönung des Ganzen – drei stark vergrößerte Narbenlappen. Das kann ein Wappenforscher oder Kunsthistoriker natürlich nicht wissen …

Bauerngartenpflanzen

Bauerngarten tragen jeweils zeitgebundene und natürlich auch regionale Züge. Insofern gibt es kein einheitliches oder verbindliches Pflanzprogramm, sondern eine überraschende Vielfalt. Die folgende Pflanzenauswahl könnte einen fantastisch reich bestückten Garten ergeben:

Gemüse
Artischocken, Bohnen, Endivien, Erbsen, Feldsalat, Feuerbohne,
Gurken, Kohlrabi, Kopfsalat, Kürbis, Lauch, Mangold, Möhre, Pastinak,
Rote Bete, Schalotte, Schwarzwurzel, Sellerie, Spinat, Tomate,
Zwiebel.

Gewürz- und Heilkräuter
Anis, Baldrian, Basilikum, Beifuß, Beinwell, Bohnenkraut,
Boretsch, Dill, Dost, Eberraute, Estragon, Fenchel, Kamille, Kerbel,
Koriander, Kümmel, Liebstöckel, Majoran, Meerrettich, Petersilie,
Pfefferminze, Pimpinelle, Rosmarin, Salbei, Weinraute, Wermut, Ysop,
Zitronenmelisse.

Blumen (ungefüllt)
Akelei, Alant, Aster, Aurikel, Balsamine, Bartnelke, Brennende Liebe,
Christrose, Dahlie, Federnelke, Fetthenne, Fingerhut, Frauenmantel,
Gemswurz, Geranien, Gladiole, Glockenblume, Goldlack, Goldrute,
Herbstaster, Iris, Jakobsleiter, Judassilberling, Kaiserkrone,
Königskerze, Malven, Mariendistel, Märzenbecher, Milchstern, Mohn,
Mondviole, Muskatellersalbei, Mutterkraut, Nachtkerze, Nachtviole,
Pfingstrose, Phlox, Purpurglöckchen, Rittersporn, Schneeglöckchen,
Sonnenauge, Sonnenblume, Sonnenbraut, Sonnenhut, Stockrose,
Tränendes Herz, Tulpe, Veilchen, Vergissmeinnicht, Wicken,
Winterling, Zinnie.

Gehölze
Alte Rosen, Apfelbaum, Apfelrose, Bibernellrose, Birnbaum,
Buchsbaum, Essigrose, Flieder, Geißblatt, Goldregen, Hasel,
Holunder, Johannisbeere, Kartoffelrose, Kirschbaum, Kornelkirsche,
Mispel, Pflaumenbaum, Quitte, Schmetterlingsflieder, Schneeball,
Stachelbeere, Waldrebe, Wein, Zentifolie, Zimtrose.

Kräuter der Provençe

in der anerkannt feinen und südfranzösisch inspirierten Küche
auch *Herbes de Provençe* genannt, gedeihen auch in Ihrem Garten
und entwickeln – einen vollsonnigen Standort vorausgesetzt – ihr
unverkennbares Aroma, das erklärte und trainierte Feinschmecker
momentan in heftiges Schwärmen geraten lässt.

Sie sind, wie Marcel Proust einmal sagte, die Entschuldigung der
Natur dafür, dass der provençalische Boden so karg und trocken ist. In
der kreativen Kräuterküche werden sie jeweils gemischt als Ensemble
verwendet und bestehen aus den Hauptbestandteilen Bohnenkraut

oder Majoran, Rosmarin und Thymian. In kleineren Mengen enthalten die Kräutermischungen auch Anis, Basilikum, Dost (Oregano), Fenchel, Estragon, Kerbel, Lavendel, Liebstöckel und Salbei. Ein genau festgelegtes Rezept für die Mischung gibt es nicht – die käuflichen Kompositionen sind jeweils das Geheimnis der verschiedenen Anbieter. Für kreative Eigenmischungen ist demnach genügend Raum.

Lavendel – schmeichelt Augen und Nase gleichermaßen.

Giftpflanzen im Garten

Manche pflanzlichen Inhaltsstoffe sind biologisch so aktiv, dass sie in unserem Körper wichtige Funktionen wie Atmung, Kreislauf oder Verdauung stören oder sogar total lahmlegen – man nennt sie daher Gifte. Solche Pflanzen aber generell zu verteufeln, ist völlig unnötig, denn fallweise können diese Giftstoffe Ausgangssubstanzen für wertvolle Arzneien sein. Generelle Vorsicht ist angeraten u. a. bei folgenden Garten- bzw. Zierpflanzen:

Deutscher Name	Wissenschaftlicher Name	Giftiger Pflanzenteil
Buchsbaum	*Buxus sempervirens*	Blätter, Rinde
Efeu	*Hedera helix*	Früchte
Eibe	*Taxus baccata*	alle Teile außer Samenmantel; für Pferde extrem giftig
Eisenhut-Arten	*Aconitum* spp.	alle Teile
Engelstrompete	*Datura* spp.; *Brugmansia* spp.	alle Teile
Feuer-Bohne	*Phaseolus coccineus*	rohe Bohnensamen
Gelbe Narzisse	*Narcissus pseudonarcissus*	alle Teile
Goldregen	*Laburnum anagyroides*	alle Teile
Kartoffel	*Solanum tuberosum*	alle grünen Teile
Maiglöckchen	*Convallaria majalis*	alle Teile
Oleander	*Nerium oleander*	alle Teile
Pfaffenhütchen	*Euonymus europaea*	Früchte
Pfingstrose	*Paeonia officinalis*	alle Teile
Roter Fingerhut	*Digitalis purpurea*	alle Teile
Seidelbast-Arten	*Daphne* spp.	alle Teile
Stechpalme	*Ilex aquifolium*	alle Teile
Wunderbaum	*Ricinus communis*	Samen
Zaunrübe-Arten	*Bryonia* spp.	Früchte

Kopfrechnen

An den großen, dekorativen Köpfen der blühenden Sonnenblume, erst recht aber am reifen Fruchtstand kann man eine faszinierende Feststellung treffen: Die Einzelblüten bzw. reifen Früchte (Sonnenblumenkerne sind keine Samen, sondern tatsächlich Früchte) sind auf der breiten Sonnenscheibe nicht geradlinig, sondern in Spiralbögen arrangiert. Beim genaueren Hinsehen entdeckt man links-, aber auch rechtsläufige Spiralen. Teilt man die Anzahl der rechts- durch die der linksläufigen Spiralbögen, erhält man eine Bruchzahl sehr nahe der Verhältniszahl des berühmten Goldenen Schnitts (1,618 oder seinem Kehrwert), einer schon in der Antike entdeckten Proportionsregel für besonders harmonische Strukturen.

Als die Römer frech geworden …

… zogen sie nach Deutschlands Norden – lautet der Anfang eines alten Studentenliedes. Zahlreiche Siedlungsgründungen entlang von Donau und Rhein gehen auf römische Kastelle zurück. Mit den Expansionsfeldzügen kamen nicht nur Besatzungstruppen in die Regionen nördlich der Alpen, sondern auch etliche mediterrane Kulturpflanzen. Erwiesenermaßen oder vermutlich auf römische Importe gehen zurück: Aprikosenbaum – Dill – Ess-Kastanie – Feigenbaum – Fenchel – Grünkohl – Gurken – Lauch – Majoran – Mandelbaum – Petersilie – Pflaumenbaum – Rettich – Sauerkirsche – Spargel – Steckrübe – Walnussbaum.

Berauschend und gefährlich

Kräuterkundig zu sein, bedeutete in früheren Zeiten entweder hohes Ansehen wie im Fall der Ärzte und Apotheker oder war lebensgefährlich: Durch viele Jahrhunderte zieht sich die unselige Spur von Hexenwahn und Teufelsspuk. Fallweise mögen die so Verdächtigten tatsächlich den Versuchungen von psychoaktiven Pflanzen vor allem aus der Familie der Nachtschattengewächse (Tollkirsche, Bilsenkraut, Stechapfel) verfallen sein – man würde sie heute als Drogenabhängige bezeichnen: Der Besenritt in der Walpurgisnacht war meist ein Horrortrip mit Giftpflanzen. Diese Schattenseiten der angewandten Pflanzenkunde leben in den (volkstümlichen) Namen einiger Pflanzenarten bis heute fort:

Volkstümlicher Pflanzenname	Offizieller Pflanzen- name	Wissenschaftlicher Name
Hexenbesen	Laubholz-Mistel	*Viscum album*
Hexenblume	Windröschen-Arten	*Anemone* spp.
	Hexenkraut	*Circaea lutetiana*
Hexenmilch	Wolfsmilch-Arten	*Euphorbia* spp.
Hexenrauch	Haselwurz	*Asarum europaeum*
Hexenzwiebel	Bär-Lauch	*Allium ursinum*
	Teufelsabbiss	*Succisa pratensis*
Teufelsauge	Adonisröschen	*Adonis* spp.
Teufelskirsche	Tollkirsche	*Atropa belladonna*
Teufelskraut	Schöllkraut	*Chelidonium majus*
	Teufelskralle	*Phyteuma* spp.
Teufelswurz	Eisenhut-Arten	*Aconitum* spp.

Ein echter Ölkonzern

Die vielfältige Minzen-Gruppe umfasst mehrere heimische Arten sowie durch Kreuzung entstandene Formen und deren Anbausorten. Sie bieten eine reiche Palette verschiedener ätherischer Öle, die entweder kühlend oder erfrischend oder aromatisch oder fruchtig oder alles sind.

Die bekannte und vielfach verwendete Pfeffer-Minze ist nur aus dem Anbau bekannt – sie entstand aus der Kreuzung zweier heimischer Arten, der Grünen Minze (*Mentha spicata*) und der Wasser-Minze (*Mentha aquatica*). Deshalb trägt sie in ihrem wissenschaftlichen Namen *Mentha x piperita* ein zusätzliches Malzeichen (kein x). Das intensiv duftende ätherische Öl enthält vor allem Menthol und Menthon. Die Blätter der Pflanze gehören zu den am häufigsten eingesetzten Teedrogen: Man nimmt sie zur Anregung von Appetit und Verdauung. Weniger bekannt ist die desinfizierende und kühlende Wirkung von Pfefferminzöl, die man in schmerzlindernden Einreibungen nutzt, ebenso wie das besonders mentholreiche Japanische Minzöl, das aus einer Kulturform der nahe verwandten Acker-Minze (*Mentha arvensis*) gewonnen wird. In Mundwässern, Kaugummi und Zahnpasten ist meist das nahezu mentholfreie Öl aus einer Sorte der Grünen Minze enthalten, die vor allem in Amerika vielfach kultiviert wird und dort *spearmint* (Speer-Minze) heißt.

Glatt oder kraus: Die würzende Garten-Petersilie

Wenn es einem die Petersilie verhagelt, ist nicht nur im Garten größeres Ungemach angesagt. Die Redensart unterstreicht die Bedeutung der Pflanze – neben Schnittlauch ist glatt- oder krausblättrige Petersilie wohl das am häufigsten verwendete Würzkraut. Angeblich weist der wissenschaftliche Gattungsname auf die felsigen Standorte der Wildpflanze hin, die im östlichen Mittelmeergebiet beheimatet ist. Tatsächlich gibt er aber einen Hinweis auf die Heilanzeigen: Petersilie wurde

Glattblättrige Petersilie –
kulinarisch einfach besser.

schon immer bei Steinleiden und Nierengrieß eingesetzt. In Wurzeln und Blättern ist nur wenig ätherisches Öl enthalten, in den Früchten der Petersilie relativ viel – je nach Sorte vor allem mit Apiol oder Myristicin. Fertigarzneien nutzen die kräftig harntreibende Wirkung bei Nieren- und Blaseninfektionen. Da hohe Apiol-Gaben Kontraktionen der Gebärmutter bewirken, nahm man damit früher gefährliche Abtreibungen vor. Die Kräuterküche verwendet gerne das frische Kraut, das man allerdings nicht überdosieren sollte.

Zuweilen brauchet die Familie
Als Suppenkraut die Petersilie.
Wilhelm Busch

Kräutergärten im frühen Mittelalter

Die Anfänge der Gartenkultur reichen bis in die Jungsteinzeit zurück. Zu den berühmten Gartenbaudokumenten aus historischer Zeit gehört die in das Jahr 812 datierte Landgüterverordnung *Capitulare de villis* Karls des Großen. In ihrem 70. (und abschließenden) Kapitel enthält sie eine Liste von 73 Gartenpflanzen und zusätzlich 16 Fruchtbaumarten (zum Teil in mehreren Sorten). Die Pflanzennamen sind zum Teil von antiken Autoren übernommene, zum Teil stärker umgeformte lateinische oder griechische Namen. In allen Fällen ist jedoch verständlich, welche Pflanzenart damit benannt ist.

Ein weiteres einzigartiges Dokument dieser Zeitstellung ist der aus dem Jahre 820 stammende Grundrissplan des Klosters St. Gallen, in dem ein Baumgarten mit 15 Arten bzw. Sorten, ein Gemüsegarten mit 18 Arten und ein Kräutergarten mit 16 Nameneintragungen benannt sind.

Ein drittes Gartendokument aus karolingischer Zeit ergänzt das Bild: Es ist das berühmte Gartengedicht *Hortulus* über den Kräutergarten der Abtei Reichenau/Bodensee, im Jahre 827 verfasst von deren Abt Walahfried. In allen drei Dokumenten sind die Pflanzen mit den gleichen oder doch sehr ähnlichen Namen aufgeführt, sodass man auf die gleiche Tradition schließen kann: Im Capitulare, im Klosterplan und im Gartengedicht bildet sich das Gartenwissen der früh-mittelalterlichen Benediktinerklöstern ab. Die nachfolgende Übersicht stellt einige der vielen Benennungen von Kräutern und Gemüsen gegenüber:

historische Bezeichnung	heutiger Name	Nennung im		
		Capitulare	*Gartenplan*	*Gartengedicht*
Salvia	Salbei *(Salvia officinalis)*	✿	✿	✿
Ruta	Weinraute *(Ruta graveolens)*	✿	✿	✿
Pulegium	Polei-Minze *(Mentha pulegium)*	✿	✿	✿
Menta	Wasser-Minze *(Mentha aquatica)*	✿	✿	✿
Cumino	Kreuzkümmel *(Cuminum cyminum)*	✿	✿	
Leuisticum		✿		
Lubestico	Liebstöckel *(Levisticum officinale)*		✿	
Lybisticum				✿
Fasiolo	Ackerbohne *(Vicia faba)*	✿	✿	
Costum	Frauenminze *(Chrysanthemum balsamita)*	✿		
Costo			✿	
Costus				✿
Pepones	Melone *(Cucumis melo)*	✿		✿
Sclareia	Muskateller-Salbei *(Salvia sclarea)*	✿		
Sclarega				✿
Fenigrecum	Bockshornklee *(Trigonella foenum-graecum)*	✿		
Fenograecum			✿	
Tanazitam	Rainfarn *(Tanacetum vulgare)*	✿		

Zerknautscht, zerknittert und zerknüllt

Alle Blätter einer Pflanze gehen als Knospe an den Start – Laubblätter ebenso wie die oft auffallend ausgefärbten Blütenblätter. Wenn sie fertig und betriebsbereit sind, ist meist nicht mehr zu erkennen, wie sie eigentlich in der schützenden Knospenhülle eingezwängt waren. Durch einen beachtlichen Wasserdruck in den Blattgeweben sind sie dann prall und glatt wie ein aufgepusteter Ballon. Bei manchen Blättern ist die ursprüngliche Knospenlage aber noch nach Wochen und Monaten zu sehen: Bei der Hainbuche waren sie ziehharmonikaartig zusammengelegt. Wenn sie aus der Knospe drängen, findet buchstäblich Entfaltung statt, aber die scharfen Knickstellen bleiben. Bei anderen Pflanzen werden sie dagegen schraubig gedreht angelegt und

„entwickeln" sich folglich nach der Knospenöffnung – eindrucksvoll zu sehen bei Hibiskus, den Malven oder beim Immergrün. Nach dem Strecken sind ihre jugendlichen Rundungen kaum noch wahrzunehmen. Neben diesen überaus ordentlichen Lösungen gibt es auch völlig chaotische Verhältnisse: Fallweise liegen die Blätter nämlich total zerknautscht in der Knospe wie ein zerknülltes Taschentuch. Beim Klatsch-Mohn ist das so – er bekommt seine seidendünnen Blütenblätter einfach nicht mehr glatt, was sich für die kurze Blühdauer einer Blüte vermutlich auch nicht lohnt. Wenn sich die Blüten der Nachtkerzen in der fortgeschrittenen Dämmerung öffnen, entfalten sich ihre Knitterblätter übrigens mit vernehmlichem Knistern.

Nadelhölzer, Koniferen und Nacktsamer

Alles das Gleiche? Die Begriffe überschneiden sich tatsächlich teilweise und werden daher auch nicht immer richtig verwendet. Sie bedeuten im Einzelnen:

• Nadelhölzer sind Holzpflanzen mit nadelförmigen Blättern wie Fichte, Kiefer und Tanne. Häufig werden auch die Arten mit schuppenförmigen Blättern wie Lebensbaum und Scheinzypresse so bezeichnet.

• Koniferen oder Zapfenträger sind diejenigen Nacktsamer, die ihre Samen auf zapfenförmigen Samenständen entwickeln. Dazu gehören Fichte, Lärche, Kiefer, Tanne und Zeder. Die Zapfenschuppen können fallweise fleischig werden und dann wie eine Beere aussehen wie beim heimischen Wacholder. Eiben sind zwar Nadelhölzer, aber keine Koniferen, weil sie keine Zapfen, sondern nur Einzelsamen entwickeln.

• Nacktsamer sind alle Samenpflanzen, deren Samen sich nicht in einem geschlossenen Fruchtknoten entwickeln. Alle Nadelhölzer und Koniferen gehören dazu, außerdem der seltsame Ginkgobaum, der flächige Laubblätter trägt.

Lebendige Denkmäler

Der schwedische Botaniker Carl von Linné (1707–1778) entwickelte um 1730 die heute übliche wissenschaftliche Benennung der Lebewesen. Viele Pflanzengattungen hat er nach Bekannten, Freunden und Schülern benannt. Auch nach ihm galt es als besondere Ehre, in einem Gattungsnamen verewigt zu werden. Beispiele sind

Gattungsname		benannt nach
Aldrovanda	Wasserfalle	Ulisse Aldrovani (1522–1605), italienischer Arzt und Botaniker
Aubrieta	Blaukissen	Claude Aubriet (1665–1742), französischer Blumenmaler
Begonie	Schiefblatt	Michel Bégon (1709–1739), französischer Gouverneur des heutigen Haiti
Buddleja	Schmetterlings-flieder	Adam Buddle (1660–1715), englischer Botaniker
Fallopia	Staudenknöterich	Gabriele Falloppia (1523–1563), italienischer Arzt und Anatom
Forsythia	Goldglöckchen	William A. Forsyth (1737–1804), englischer Botaniker

Schmetterlingsblüten

sind die typischerweise immer zweiseitig symmetrischen (spiegel-symmetrischen) Blüten der Schmetterlingsblütengewächse wie Wicken, Platterbsen, Ginster, Erbsen, Bohnen oder Klee. Sie bestehen aus fünf meist ziemlich auffällig gefärbten und daher dekorativen Kronblättern, die man von oben nach unten Fahne, zwei Flügel und Schiffchen (zwei verwachsene Kronblätter) nennt. Im Schiffchen sitzen der lange Griffel und ein Ensemble aus meist 11 Staubblättern. Die meisten von deren Stielchen sind zu einer Röhre verwachsen.

Obwohl der Name etwas anderes unterstellt, werden diese Blüten gewöhnlich nicht von Schmetterlingen besucht, sondern fast aus-schließlich von typischen Pollensammlern wie Hummeln und Bienen.

Schmetterlingsblumen

gehören dagegen ganz anderen Konstruktionstypen an. Sie präsentieren ihren Nektar in engen, aber einigermaßen leicht zugänglichen Röhren, in die die auf Flüssignahrung (Nektar) angewiesenen Schmetterlinge ihre langen Saugrüssel vertiefen können. Während Schmetterlingsblüten nur eine einzige Familie auszeichnen, kommen Schmetterlingsblumen in verschiedenen Pflanzenfamilien vor. Beispiele unter den Gartenpflanzen sind Feuerlilie, Spornblume, *Phlox*-Arten, Bart-Nelke und kleinere Lippenblütler wie Dost und Majoran.

Notizen zu den Gartentieren

Wer einen Garten anlegt, denkt meist nicht primär an die heimische Tierwelt. Etablierten Nutz- und Zierpflanzen gilt das Hauptinteresse, und vielleicht ist auch der heckenumsäumte Gartenwinkel ein besonders gehegtes Wunschziel, in dem man sich auf einer schönen Gartenbank oder -liege genüsslich mit der aktuellen Zeitung, einem spannenden Krimi oder der ergreifenden romanhaften Darstellung einer gescheiterten Beziehungskiste gelegentlich zurückziehen kann.

Indessen: Ein Garten besteht nicht nur aus Botanik. Wenn er ökologisch einigermaßen funktioniert und nicht nur aus kurz geschorenem Zierrasen mit Zwergkoniferen-Umrahmung besteht, kommen auch die tierischen Gartenbesucher – durchweg ganz ungefragt, meist auch recht zahlreich, fast immer unproblematisch und von Natur aus mit besonderem Unterhaltungswert ausgestattet. Jeder Garten ist eben ein typisches Offenland-Ökosystem, und dazu gehören außer den grünen Primärproduzenten Pflanzen eben auch die vielen geliebten, geduldeten oder gescheuchten Gartentiere, die sich irgendwo auf der Größenordnungsskala zwischen Ameise und Nachbars Katze einsortieren lassen. Viele davon haben sozusagen von Natur aus einen soliden Sympathiebonus wie Hummeln, Schmetterlinge, Schwebfliegen und Singvögel. Bei den Spinnen legen manche erklärten Gartenfreunde dagegen die Stirn in Falten, und gänzlich unwillkommen sind Maulwürfe, Wühlmäuse oder gar Nacktschnecken, die nächtens das Blattwerk der geliebten Beetpflanzen zerschreddern. Nun ja – ein funktionierendes Ökosystem hat sein eigenes Regelwerk, und deshalb scheitert eine nach bürokratischen Gesichtspunkten selektierende Auswahl schon im Ansatz erbarmungslos.

Tiere, die den Garten im Namen führen

Gartenbaumläufer	Gartenkreuzspinne	Gartenschläfer
Gartengrasmücke	Gartenlaufkäfer	Gartenspitzmaus
Gartenhaarmücke	Gartenrotschwanz	Gartenschnirkelschnecke

Feldtiere sind dagegen

Feldgrille	Feldlerche	Feldschwirl
Feldhamster	Feldmaikäfer	Feldsperling
Feldhase	Feldmaus	Feldwespe
Feldheuschrecke	Feldsandlaufkäfer	

Die Gartenschnecken

Rötlich dämmert es im Westen,
Und der laue Tag verklingt,
Nur dass auf den hohen Ästen
Lieblich noch die Drossel singt.

Jetzt in dichtbelaubten Hecken,
Wo es still verborgen blieb,
Rüstet sich das Volk der Schnecken
Für den nächtlichen Betrieb,

Tastend streckt sich ihr Gehörne.
Schwach nur ist das Augenlicht.
Dennoch schon aus weiter Ferne
Wittern sie ihr Leibgericht.

Schleimig, säumig, aber stete,
Immer auf dem nächsten Pfad,
Finden sie die Gartenbeete
Mit dem schönsten Kopfsalat.

Hier vereint zu ernsten Dingen
Bis zum Morgenschein
Nagen sie geheim und dringen
Tief ins grüne Herz hinein.
Wilhelm Busch

Sammelleidenschaft: Wie viel Arbeit steckt in einem Glas Honig?

Während Wespen ihre Brut ausschließlich mit Fleisch ernähren und
selbst nur süße Pflanzensäfte (z. B. von Pflaumen bzw. Zwetschgen)
schlürfen, sind die Bienen in allen Lebensstadien reine Vegetarier und in
ihrer Ernährung ganz auf Blütenstaub (Pollen als Proteinnahrung) und

Flüssigkost (Kohlenhydratnahrung Nektar und Honigtau, die zuckerigen Ausscheidungen von Blattläusen) angewiesen.

Bienen sammeln bei ihren Blütenbesuchen Nektar und/oder Pollen. Mit ihrem Saugrüssel schlürfen sie den Nektar in ihren im Hinterleib gelegenen, ungefähr stecknadelkopfgroßen Honigmagen. Dieser ist durch einen Ventilverschluss vom Darm abgeriegelt. Beim Pollen- und vor allem beim Nektarsammeln darf eine Arbeiterin allerdings nur so viel Zuladung aufnehmen, dass sie ihr Startgewicht nicht überschreitet. Andererseits sind die ausbeutbaren Nektarmengen der Blüten mitunter sehr gering. Eine Sammlerin muss für eine komplette Honigmagenfüllung (rund 250 Milligramm) etwa 1000 Klee- oder 200 Taubnessel-Blüten anfliegen. Aus jeder besuchten Blüte gewinnt sie art- und tageszeitenabhängig etwa 0,1–1 Milligramm reinen Zucker. Ein gestrichener Teelöffel Honig entspricht der Tagesleistung von rund zwei Dutzend Sammelbienen.

Die eingesammelte Flüssignahrung ist, auch wenn sie im Honigmagen der Biene transportiert wird, zunächst noch flüssiger Nektar und noch kein eingedickter Honig. Im Stock würgt die Sammlerin ihr Transportgut aus und gibt es an Stockbienen weiter. Durch wiederholte Weitergabe wird der Wasseranteil stufenweise verringert. Auch bei der Speicherung in den Waben verdunstet ein Teil des Wassers. So wird aus etwa drei Teilen Nektar schließlich ein Teil Honig.

Rechnet man diesen Wert zurück, so müssen die Bienen für ein 500-g-Honigglas etwa 2 Millionen Blütenbesuche erledigen. Dazu ist eine Flugstrecke bis zu 120 000 km (= dreifacher Erdumfang) nötig. An einem einzigen ertragreichen Sommertag kann ein fleißiges Bienenvolk etwa 1 Kilogramm Honig zusammenbringen. Nur wenn die Nektartracht ungewöhnlich ergiebig ist, wie beispielsweise bei einem blühenden Rapsfeld, ist die Ausbeute höher.

Tannenhonig?

Der Weg von der Blüte zum Bienenhonig ist einfach und überschaubar: Sprichwörtlich fleißige Sammelbienen schwärmen zu lockenden Blüten aus, schlürfen den angebotenen Nektar auf, tragen ihn zu den Wabenzellen ihres Bienenstocks und lassen ihn zum Honig reifen. Aber Tannenhonig? Wer spendet denn hier den Blütennektar, wo doch Tannen, Fichten und sämtliche übrigen Nadelhölzer grundsätzlich Windblüter sind und für ihre Pollenverbreitung gar keine tierische Bestäubungshilfe benötigen? Produzieren die Nadelbaumblüten am Ende dennoch süßen Nektar als Lockspeise für ihre Gäste?

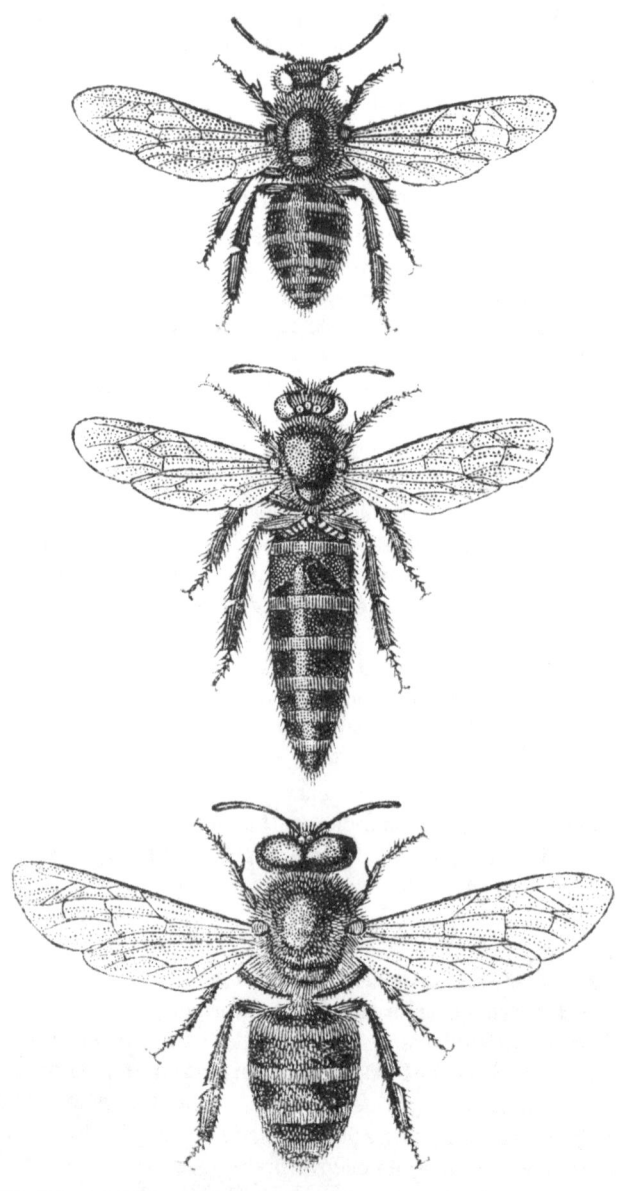

Bienen gibt es als verschiedene Wesen:
Arbeiterin (oben), Königin (Mitte) und Drohn (unten).

Nein, tun sie nicht. Die Quelle des süßen Erntegutes, das Bienen von Fichten, Kiefern, Lärchen und Tannen eintragen, sind nämlich saugende Blattläuse. Diese sitzen ab Frühsommer eventuell zu Tausenden an den Zweigen, stechen mit ihrem Rüssel die Stoffleitbahnen des Baumes an und lassen sich mit Zuckersaft aus der Produktion der Nadelblätter vollaufen. An sich sind sie gar nicht so sehr an der Zuckermasse interessiert, sondern an anderen wichtigen Nährstoffen, die ebenfalls in den Stoffleitbahnen der Pflanzen fließen, aber nur in geringer Konzentration vorhanden sind. Den überschüssigen, nicht brauchbaren Zuckersaft lassen die Blattläuse daher unverdaut durch sich hindurchfließen und scheiden ihn einfach als konzentrierte Lösung aus – Blatttau oder Honigtau nennt man diese zuckerig-klebrigen Ausscheidungen.

Was der Imker eine Blatttracht oder Honigtautracht nennt und seinen Bienen im Blick auf eine besondere Honigqualität gerne zugutekommen lässt, könnte man etwas überspitzt – pardon – als Blattlaus-Fäkalien bezeichnen. Außer den Bienen sind übrigens auch noch viele weitere Insekten an den Blattlausausscheidungen interessiert. Verfolgen Sie doch mal eine Ameisenstraße über Stängel und Zweige Ihrer Gartenpflanzen: Hier sind Heerzüge von Honigtauinteressenten zu den weiter oben saugenden Blattläusen unterwegs.

Fünf gute Argumente für die Winterfütterung der Vögel

1. In der offenen und meist völlig ausgeräumten Kulturlandschaft ist die Nahrungsgrundlage für die überwinternden Vogelarten völlig unzureichend.
2. Zufütterung im Winter begünstigt nicht die Allerweltsarten gegenüber den selteneren Gefiederten. An den Futterstellen finden sich auch gefährdete Singvögel wie Stieglitz, Hänfling oder Goldammer ein – insgesamt mehr als 70 verschiedene Vogelarten.
3. Die Winterfütterung macht die Vogelarten nicht von der Futterstelle abhängig oder hält sie gar von der Schädlingsbekämpfung ab. Vögel decken ihren Nahrungsbedarf zu keinem Zeitpunkt ausschließlich an den Futterplätzen.
4. Füttern bis in die Brutzeit macht die Vögel keinesfalls bequem und verleitet sie auch nicht dazu, ihre Jungen mit „ungeeigneter" Kost zu versorgen.
5. Füttern päppelt auf keinen Fall die Standvögel durch und lässt sie deshalb auch nicht zur unnötigen Konkurrenz für die wiederkehrenden Zugvögel werden.

Gute Argumente gegen die Winterfütterung der Vögel
Es gibt keine.

Geeignetes Winterfutter für die Gartenvögel
- Apfelstücke für Amseln und andere Drosseln
- Streufutter mit hohem Anteil an Sonnenblumenkernen, Hanf, wenig Getreide und Erdnüssen
- Fettfutter mit Haferflocken auf der Basis von frostsicherem Fett mit höchstem Nährwert
- Meisenknödel mit Sämereien aus Rindertalg
- vorzugsweise von den Naturschutzverbänden (z. B. NABU) empfohlenes Winterfutter aus dem Fachhandel verwenden
- Samen- und Fruchtstände auf den Staudenbeeten nicht schon im Herbst abräumen

Gänzlich ungeeignetes Futter für alle Vögel
- Tischabfälle und Speisereste
- Brot- und Kuchenstücke einschließlich Krümel
- Braten-, Wurst- und Käsereste
- Margarine, Back- und Bratfette
- Pommes frites
- Gekochte Kartoffeln und Quark

Der Maulwurf

In seinen Garten freudevoll
Ging ein Gärtner namens Knoll.
Doch seine Freudigkeit vergeht,
Ein Maulwurf wühlt im Pflanzenbeet.
Schnell eilt er fort und holt die Hacke,
Dass er den schwarzen Wühler packe.
Jetzt ist vor allem an der Zeit
Die listige Verschwiegenheit.
Aha! Schon hebt sich was im Beet,
Und Knoll erhebt sein Jagdgerät.
Schwupp! – Knoll verfehlt das Ziel.
Die Hacke trennt sich von dem Stiel.
Das Instrument ist schnell geheilt;
Ein Nagel wird hineingekeilt.
Und wieder steht er ernst und krumm
Und schaut nach keiner Seite um.
Schon wieder wühlt das Ungetier.
Wart! denkt sich Knoll. Jetzt kommen wir.
Er schwingt die Hacke voller Hast –
Radatsch – oh schöner Birnenast!
Die Hacke ärgert ihn doch sehr,
Drum holt er einen Spaten her.
Schwupp! Dringt die Schaufel wie der Blitz
Dem Maulwurf unter seinen Sitz.
Und mit Hurra in einem Bogen
Wird er herauf ans Licht gezogen.
Schon hat der Maulwurf sich derweil
Ein Loch gescharrt in Angst und Eil.
Doch Knoll, der sich empor gerafft,
beraubt ihn seiner Lebenskraft.
Da liegt der schwarze Bösewicht
Und wühlte gern und kann doch nicht.
Denn hinderlich, wie überall,
Ist hier der eigne Todesfall.

Wilhelm Busch

◁ *Das Fell des Maulwurfs hat keinen Strich – er kann sich
in seinen Gängen mühelos vor- und rückwärts bewegen.*

Übrigens: Wie bei Wilhelm Busch darf man heute nicht mehr verfahren: Der in Gärten ohnehin nur wenig aktive Maulwurf ist nach der geltenden Bundesartenschutzverordnung eine geschützte Tierart. Und noch eins: Die vom Maulwurf aufgeworfene Erde ist, weil frei von Wildkrautsamen, ein wunderbares Anzuchtmedium für Töpfe, Kästen oder Frühbeete.

Die Vogeluhr

Nur männliche Singvögel erfreuen uns mit ihrem Gesang, obwohl wir gar nicht die eigentlichen Adressaten sind. Vielmehr möchten sie damit ihren Weibchen imponieren und ihren Mitmännchen nach Art eines Sängerkrieges akustisch verdeutlichen, wo das Revier bereits besetzt ist.

Interessanterweise beginnen die Garten-, Park- und Waldvogelarten frühmorgens nicht völlig regellos mit ihren Gesangsdarbietungen, sondern nach einem genauen Zeitplan. Man bekommt das aber nur mit, wenn man in einigermaßen ländlicher Umgebung bei offenem Fenster schläft. Genau taktender Zeitgeber ist immer die Helligkeit. Daher verfrüht sich der Gesangsbeginn im Monat März täglich um einige Minuten entsprechend der zunehmenden Tageslänge. Außerdem ist der Gesangsbeginn vom Breitengrad abhängig: Rotkehlchen beginnen in Hamburg 13 Minuten später als in München, aber immer ziemlich genau 1 Stunde und 20 Minuten vor Sonnenaufgang.

Vogelart	Gesangsbeginn vor bzw. nach Sonnenaufgang (h:min)
Gartenrotschwanz	1:30
Rotkehlchen	1:20
Amsel	1:15
Zaunkönig	1:10
Kohlmeise	0:50
Zilpzalp	0:40
Buchfink	0:30
Sonnenaufgang	
Star	0:10
Gartengrasmücke	0:50

Verschiedene Vorlieben

Die Nahrungsketten in der Natur funktionieren so zuverlässig, weil nicht alle Tiere wahllos alles konsumieren, sondern ihre jeweiligen Nahrungsvorlieben entwickeln. Diese praktizieren sie natürlich auch in Ihrem Garten:

Bezeichnung	Konsumgut	Beispiel
carnivor	Fleisch	Katze
detritivor	Abfall	Bodenmilben
folivor	Blätter	Raupen
fructivor	Früchte	Vögel
herbivor	Kraut, Gemüse	Nacktschnecken
insectivor	Insekten(larve)	Maulwurf
lignivor	Holz	Bohrkäfer(larven)
nectarivor	Nektar	Schmetterlinge
omnivor	alles	Mensch
radivor	Wurzeln	Wühlmäuse
sanguivor	Blut	Stechmücken
vermivor	Würmer	Maulwurf

Sechs Gefahrenquellen für Gartentiere

Vieles, was Architekten planen, Heimwerker praktisch umsetzen oder Gartenbesitzer anstellen, kann für Gartentiere eine ernste oder sogar tödliche Gefahr sein, beispielsweise

1. oben offene Regenfallrohre
2. nicht abgedeckte Kellerschächte
3. Gartenteich oder Wasserbecken nur mit Steilufer
4. Verbrennen von Gartenabfällen
5. große Fensterscheiben ohne Gardine
6. Gifteinsätze

Seltsame Gartenbesucher

In der heimischen Tierwelt gibt es zahlreiche Arten mit sehr ungewöhnlichen deutschen Namen, die sich nicht auf den ersten Blick erschließen. Viele davon sind entweder in den Gärten zu Hause oder kommen je nach Gartenumfeld zumindest einmal auf eine kurze Stippvisite:

Deutscher Name	Wissenschaftlicher Name	... ist ein(e)
Ameisenjungfer	Myrmeleon formicarius	Netzflügler
Bienenwolf	Trichodes apiarius	Käfer
Blumenbock	Clytus arietis	Schmetterling
Brauner Mönch	Shargacucullina verbasci	Schmetterling
Eisvogel	Limenitis camilla	Schmetterling
Federgeistchen	Pterophorus pentadactylus	Schmetterling
Flechtenbär	Atolmis rubricollis	Schmetterling
Goldafter	Euproctis chrysorrhoea	Schmetterling
Grasglucke	Euthrix potatoria	Schmetterling
Haselblattroller	Apoderus coryli	Käfer
Kupferglucke	Gastropacha quercifolia	Schmetterling
Lappenrüssler	Otiorhynchus sulcatus	Käfer
Laternenträger	Dictyophara europaea	Zikade
Lilienhähnchen	Lilioceris lilii	Käfer
Mauerfuchs	Lasiommata megaera	Schmetterling
Mondvogel	Phalera buccephala	Schmetterling
Ochsenauge	Maniola jurtina	Schmetterling
Regenbremse	Haematopota pluvialis	Zweiflügler
Saftkugler	Glomeris marginata	Doppelfüßer
Taubenschwänzchen	Macroglossum stellatarum	Schmetterling
Thymianwidderchen	Zygaena purpuralis	Schmetterling
Totengräber	Necrophorus vespilloides	Käfer
Warzenbeißer	Decticus verrucivorus	Laubheuschrecke
Zackeneule	Scoliopteryx libatrix	Schmetterling

Überraschende Vielfalt

Wenn Schnecken im Garten gesichtet werden, schrillen beim Hobby-gärtner die Alarmglocken. Jedoch sind bei Weitem nicht alle Arten gefräßige Ungeheuer, die über Nacht ganze Pflanzbeete schreddernd ruinieren. Zu den gänzlich problemlosen Arten gehören die heimischen Bänderschnecken – so genannt nach den hübschen Bandverzierungen auf ihren Gehäusen. Sie weiden lediglich Algenrasen und sonstiges Kleinzeug von Rinden und Steinen ab. Beide Arten überraschen mit einer enormen Vielfalt der Gehäusezeichnung: Von einheitlich gelb oder rötlich bis dunkel gestreift ist selbst innerhalb der gleichen Population die gesamte Palette vertreten. Die beiden Arten sind daher nicht einfach zu unterscheiden: Bei der Garten-Bänderschnecke (*Cepaea hortensis*) ist die Gehäusemündung gewöhnlich hell bis rein weiß, bei der etwas häufigeren Hain-Bänderschnecke (*Cepaea nemoralis*) dagegen dunkelbraun.

Ohrwürmer

Sie sind interessante Vertreter einer eigenen Insektenordnung, tragen ihren Namen aber völlig zu Unrecht – denn sie kriechen entgegen althergebrachter Ängste gar nicht in die Ohren. Ihre gut ausgebildeten Zangen am Hinterleib dienen nur der Verteidigung, dem Festhalten des Paarungspartners und zum komplizierten Entfalten der selten eingesetzten Flügel. Beim Männchen sind die Zangen stark einwärts gekrümmt, beim Weibchen fast gerade.

Die überwiegend dämmerungsaktiven Tiere sind zwar Allesfresser, vertilgen aber bei entsprechendem Angebot auch mengenweise Blattläuse oder Spinnmilben – je Nacht bis über 100 Exemplare. Im Obstbau fördert man sie daher gezielt und bietet ihnen geeignete Tagesverstecke an, nämlich umgekehrt aufgehängte Blumentöpfe mit Holzwolle vollgestopft.

Vielfalt

In einem Garten kommen durchschnittlich etwa 100 verschiedene Spinnenarten und ungefähr 1000 Arten Insekten vor. Brutplatzvorlieben der häufigsten Gartensingvögel:

	Neststandort			Nischenbrüter	Höhlenbrüter
	Nest nahe am Boden	Nest niedrig in Gebüsch oder Baum	Nest meist hoch im Baum		
Amsel		✿	✿		
Blaumeise					✿
Buchfink			✿		
Fitis	✿				
Gartengrasmücke		✿			
Gartenrotschwanz				✿	
Gelbspötter		✿			
Girlitz		✿	✿		
Grauschnäpper				✿	
Grünfink		✿	✿		
Hausrotschwanz					✿
Haussperling				✿	✿
Heckenbraunelle	✿				
Kohlmeise					
Rotkehlchen	✿				
Singdrossel		✿			
Star					✿
Zaunkönig		✿			
Zilpzalp	✿				

Das wurmt den Boden

In Mitteleuropa gibt es 39 Arten Regenwürmer, die alle zur Familie Lumbricidae gehören. In Acker- und Gartenböden kommen je Quadratmeter bis zu 15 Arten vor. Die unter einem Quadratmeter Garten lebenden Regenwürmer haben eine Masse von 50–80 g. Sie lassen jährlich bis zu 10 kg Boden durch ihren Darm passieren. In rund 100 Jahren wandert somit einmal Ihr gesamter Gartenboden durch den Regenwurmdarm.

Die Schmetterlingsuhr

Das erste Auftreten bzw. die stärkste Flugaktivität und Besuchsfrequenz auf Ihren Gartenblumen beobachtet man an trockenen, warmen Sommertagen zu folgenden Uhrzeiten:

Deutscher Name	Wissenschaftlicher Name	Uhrzeit
Bläulinge	*Lycaena* spp.	8
Weißlinge	*Pieris* spp.	9
Taubenschwänzchen	*Macroglossum stellatarum*	10
Admiral	*Vanessa atalanta*	11
Schachbrett	*Melanargia galathea*	12
Segelfalter	*Iphiclides podalirius*	14
Gamma-Eule	*Phytometra gamma*	15
Widderchen	*Zygaena* spp.	17
Wolfsmilchschwärmer	*Celerio euphorbiae*	18
Totenkopfschwärmer	*Acherontia atropos*	19
Weißer Bär	*Spilosoma menthastri*	20
Ligusterschwärmer	*Sphinx ligustri*	21

Nützling oder Schädling?

Ein in Sachen Ökologie trainierter Gartenliebhaber wird bei dieser Begriffsalternative zu Recht die Stirn in Falten legen, denn diese höchst anthropomorph-einseitige Kennzeichnung ist in dieser plakativen Unbedachtheit völlig unzutreffend. In der Natur und eben auch im Garten haben alle Arten ihren vorgesehenen Platz, die sich in diesem gelenkten Ökosystem ansiedeln möchten. Nur in widernatürlichen Monokulturen, in denen die üblichen Regulative total versagen (müssen), können Befallswellen einzelner Arten zu desaströsen Ernteausfällen führen.

Ob eine bestimmte Art sich nun im Sinne des gärtnerischen Tuns als wirksamer Helfer oder eher als kritischer Besucher betätigt, ist ohne subtile Artenkenntnis nicht immer einfach zu entscheiden. Eine einfache, aber eben nur als solche funktionierende Faustregel besagt, dass schnelle Tiere (Vögel, Säugetiere) eher willkommene Gartengäste sind, während langsame Vertreter (Blattläuse, Raupen, Schnecken) meist nicht besonders erwünscht sind.

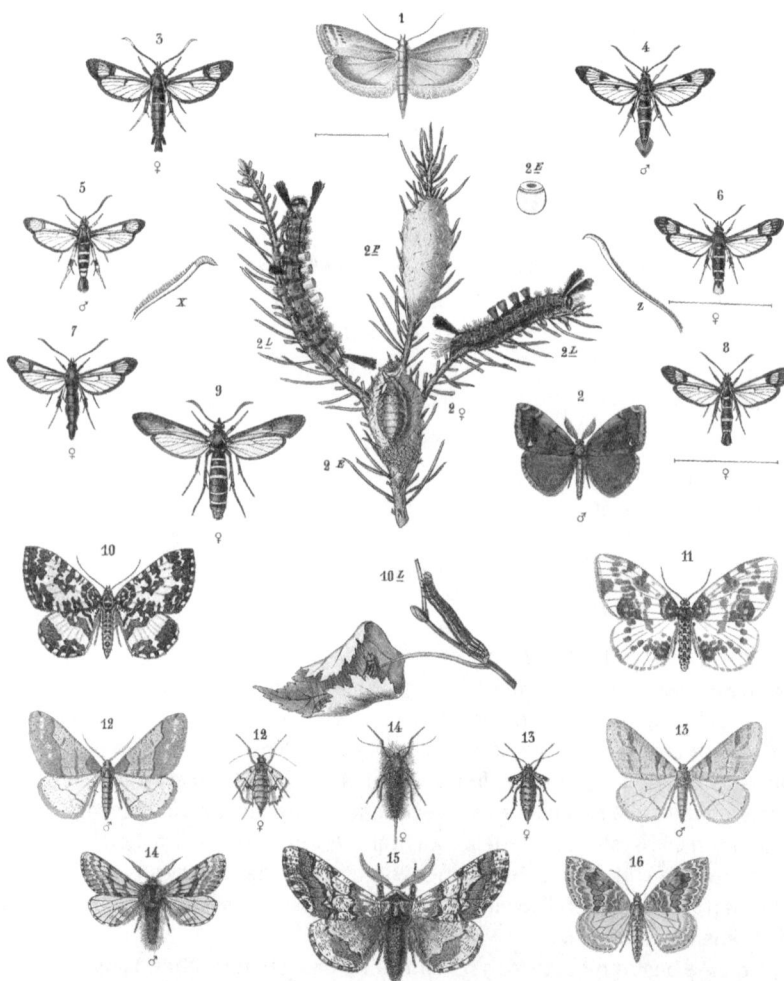

Schädliche Schwärmer u. Nachtfalter. (meist nat. Gr.)

Lep. Taf.

Bombyx.
2. antiqua.

Sesia.
3. sphegiform: 4. scoliaeform:
5. cynipiform: 6. cephiform:
7. culiciform: 8. nomadaef:
      9. laphriaeformis.

Geometra.
10. hastata.   11. ulmaria.
12. progemmaria.   13. aurantiaria.
14. pomonaria.   15. prodromaria.
      16. variata.

Tinea.
1. Hageniella.

Tieffenbach pinx. it sc.

Die Vielfalt der Falter (auch) im Garten ist beachtlich.

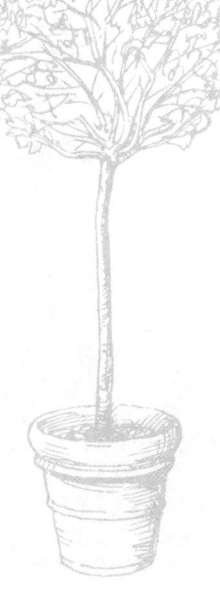

Der Job der Krümelmonster

Jeder Gartenboden ist ein perfekt arbeitender Recyclingbetrieb. Nichts bleibt so, wie es auf ihn gefallen ist. Am Ende längerer bis langer Abbauwege stehen die remineralisierten Inhaltsstoffe des Gartenabfalls bzw. Komposts.

- Springschwänze und Hornmilben machen sich über die frisch gefallenen Blätter her und greifen die Blattoberflächen an: ⇨ Fensterfraß. Jetzt kann der Blattrest von Bakterien und Pilzen besiedelt werden.
- Zweiflüglerlarven, Milben und Springschwänze durchlöchern die restlichen Blattgewebe ⇨ Löcherfraß.
- Verschiedene Insektenlarven zerbröseln das Blattgewebe bis auf die Leitbündel (Blattnerven) ⇨ Skelettfraß. Pilze und Bakterien erledigen den Rest.
- Die mit den Ausscheidungen der Erstzersetzer verklebten Gewebereste werden von Regenwürmern zusammen mit Bodenteilchen gefressen und im Wurmdarm zu Ton-Humus-Komplexen geformt.

Schmetterlingsraupen auf Brennnesseln

Brennnesseln sind im Garten nicht besonders beliebt, und knabbernde Raupen auch nicht. In der Gartenumgebung könnte man aber tolerant sein. Die Raupen folgender prächtiger Tagfalter leben auf und von den Blättern der Großen Brennnessel:

1. Tagpfauenauge
2. Admiral
3. Landkärtchen
4. Kleiner Fuchs
5. C-Falter

85

Gartenpraktisches:
Säen, Keimen, Wachsen und Ernten

D ie antike Mythologie wimmelt nur so von Gottheiten, die für alle
Bereiche des menschlichen Lebens zuständig waren, so auch
für die Anbauflächen: Demeter war bei den alten Griechen die Göttin der
Fruchtbarkeit und des Wachstums. Bei den Römern hieß sie Ceres, wovon
sich der moderne (in vielen Sprachen der romanischen Sprachfamilie
ähnliche) Sammelbegriff Cerealien für Getreide ableitet. Demeter hatte
mit Zeus eine Tochter Persephone (bei den Römern Proserpina genannt),
die symbolhaft für den hoffnungsfrohen Frühling steht. Sie wurde
allerdings von Hades, dem Gott der Unterwelt ent- und vermutlich auch
verführt. Demeter schloss mit diesem grobschlächtigen Gesellen einen
Kompromiss: Ein halbes Jahr sollte ihre Tochter in der Unterwelt weilen,
das übrige Halbjahr aber an der Oberfläche wirken – ein hübsches Bild für
das Sprießen, Blühen, Fruchten und Absterben in der Natur im Jahreslauf.

Ein guter Grund
Der Boden (Pedosphäre) ist die mit Wasser (Hydrosphäre), Luft (Atmosphäre) und Lebewesen durchsetzte Verwitterungsschicht der
festen Erdkruste (Lithosphäre). Er dient Pflanzen als Standort, Wasser-
und Mineralstoffquelle und ermöglicht direkt oder indirekt die Existenz
aller Lebewesen.

Gärtnerische Tätigkeiten

binden	kappen	schneiden
ernten	kompostieren	schreddern
düngen	lockern	setzen
gießen	mähen	stutzen
graben	mulchen	trimmen
grubbern	okulieren	vereinzeln
hacken	pfropfen	vertikutieren
jäten	säen	wässern

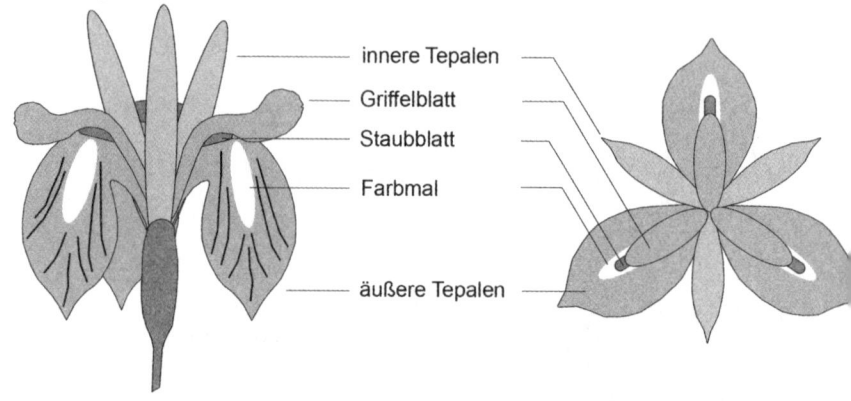

innere Tepalen

Griffelblatt

Staubblatt

Farbmal

äußere Tepalen

Eine Iris-Blüte ist komplexer aufgebaut, als man zunächst vermutet.

Samengewichte

In der gärtnerischen und landwirtschaftlichen Praxis ist es für die Bemessung der Aussaatmengen üblich, nicht die Einzelgewichte von Samen anzugeben, sondern entweder das Tausendkorngewicht (TKG) oder das Hektolitergewicht (HLG). Einige Werte für wichtige Kulturpflanzen sind:

Art	TKG (in g)	HLG (in kg)
Ackerbohnen	250–300	75–85
Garten-Erbsen	200–300	75–81
Hafer	33–40	50–60
Kulturmais	240–320	80–105
Lupinen	100–200	76–80
Luzerne	2–3	70–80
Raps	4–6	65–72
Rot-Klee	2–3	70–80
Sommergerste	35–40	62–63
Winterroggen	25–35	70–73
Winterweizen	35–40	74–76

Fünf Gründe, die Gartenbeete nicht umzugraben

1. Die Ruhe im Boden regt größere Bodenbewohner wie die Regenwürmer dazu an, den Job für Sie zu erledigen.
2. Bei ruhender Krume verringert sich der Feuchteverlust.
3. Umgraben stellt die Bodenordnung auf den Kopf und stört die gewachsene Struktur.
4. Unkrautsamen gelangen beim Umgraben an die Oberfläche und können leichter keimen.
5. Es tut dem Rücken nicht besonders gut.

Fünf Gründe, die Gartenbeete umzugraben

1. Umgraben bricht stark verdichteten Boden auf und lässt ihn wieder besser atmen.
2. Unkräuter überleben das Umgraben nicht.
3. Schädlinge werden von Räubern oder Kälte leichter angegriffen
4. Für den Anbau mancher Nutzpflanzen braucht man ungleich größere Mengen Mulch oder Kompost.
5. Die körperliche Anstrengung ist ein exzellentes Training.

Benennung der Bodenreaktion (pH-Werte)

pH-Wert	und der Boden ist
> 11	extrem alkalisch
10,0–11,0	sehr stark alkalisch
9,0–10,0	stark alkalisch
8,0–9,0	mittel alkalisch
7,5–8,0	schwach alkalisch
7,0–7,5	sehr schwach alkalisch
7,0	neutral
6,5–7,0	sehr schwach sauer
6,0–6,5	schwach sauer
5,0–6,0	mittel sauer
4,0–5,0	stark sauer
3,0–4,0	sehr stark sauer
< 3,0	extrem sauer

Warum duftet Gartenerde?

Blumen locken mit ihrem feinen Duft nicht nur tierische Besucher an, sondern betören auch unsere Sinne. Früchte duften ebenfalls recht einladend – Friedrich Schiller soll immer dann in Dichterlaune geraten sein, wenn das Aroma überreifer Äpfel ihm aus der Schreibtischschublade in die Nase stieg. Bei edlen Weinen spricht man vom Bukett und meint damit jenen Teil des komplexen Erlebens, den überwiegend unser Geruchssinn vermittelt. Aber Erdgeruch und Bodenduft?

Auf Hobbygärtner wirken die spezifisch „erdigen" Duftnoten von frisch umbrochenem Gartenboden fast schon berauschend. Während jedoch die Duftquellen bei Blüten und Früchten eine klare Signaladresse haben, sind die geruchlichen Eigenschaften von Acker-, Garten- und Waldboden weniger eindeutige Botschaften. Die versammelten Duftnoten, von Fachleuten als Geosmine bezeichnet, sind in erster Linie ein (sehr gutes!) Zeichen der sogenannten Bodenaktivität. Darunter versteht man die Tätigkeit der im Boden überaus zahlreich vorhandenen Mikroorganismen.

Alle im Boden lebenden Organismen, die eindeutig nicht zum Tierreich gehören, fasst man unter der Sammelbezeichnung Bodenflora zusammen, obwohl sie überwiegend keine Vertreter des Pflanzenreiches im modernen engeren Sinne sind. Sie besetzen durchweg die Größenklassen unter 50 Mikrometer (1 Mikrometer = 1/1000 Millimeter) Zelldurchmesser und sind daher eigentlich nur bei mikroskopischen Untersuchungen erkennbar. Wegen ihrer Kleinheit kann man sie in ihrer Gesamtheit vereinfachend auch als Bodenmikroflora bezeichnen. Deren wichtigste Verwandtschaftsgruppen sind neben einer Unzahl von Bodenbakterien die zahlreichen Kleinpilze des Bodens. Hinzu kommen einzellige oder fädig wachsende Algen, obwohl man diese Formen eher als Typorganismen von Gewässern kennt. In einer einzigen Handvoll krümeliger Gartenerde leben mehr Mikroorganismen als derzeit Menschen auf der Erde.

Außer den Bodenbakterien sind insbesondere die zu den Streptomyceten gehörenden Bodenpilze an der Duftstoffproduktion beteiligt. Wenn die Märzsonne nach der winterlichen Ruhe den dunklen Boden erwärmt, nehmen die Bodenorganismen ihre Stoffwechseltätigkeit auf, und nach wenigen Stunden „riecht es nach Frühling". Charakteristische Düfte verströmt der Boden aber auch im Sommer, wenn ein Gewitterguss einsetzt. Das einsickernde Niederschlagswasser vertreibt die Luft in den Bodenporenräumen, und dann nimmt die Nase eben den typischen Sommerregengeruch wahr. Erst ein längerer Landregen wäscht die Duftwolken weg.

Wirksame Waffen gegen Wespen

Hummeln sind urgemütliche Brummer, die allenfalls zwischen den Gartenblumen hin- und hereilen, aber nicht den Pflaumenkuchen heimsuchen. Aber die Wespen ... Ab Hochsommer sind sie scharenweise unterwegs und möchten an allen möglichen im Garten oder Gartenrestaurant servierten Köstlichkeiten teilhaben. Verscheuchen hilft nicht und macht sie nur aggressiv. Wirksame Abhilfe verspricht folgendes konzertiertes Vorgehen:

a) Stellen Sie einen Topf mit Basilikum auf den Tisch.
b) Stecken Sie einige Gewürznelken in 1–3 frische Zitronenscheiben und legen Sie diese auf einer kleinen Schale aus. Wespen mögen diese Duftkomposition überhaupt nicht. Der Erfolg ist überwältigend – sogar direkt neben einem Wespennest haben Sie Ihre Ruhe.

Verräterische Zeigerpflanzen

Bodeneigenschaft	*Pflanzenart*
nährstoffreich, fett (besonders reich an anorganischen Stickstoffverbindungen)	*Nährstoffzeiger* Große Brennnessel Kletten-Labkraut Zaun-Giersch Zaun-Winde Löwenzahn Vogel-Sternmiere Knoblauchsrauke
nährstoffarm, mager (unterversorgt an anorganischen Stickstoffverbindungen	*Magerkeitszeiger* Wiesen-Hornklee Kleines Habichtskraut Wiesen-Margerite Flockenblumen Acker-Schachtelhalm
sauer	*Säurezeiger* Besenheide Besenginster Heidelbeere Kleiner Sauerampfer Adlerfarn

basisch	*Basenzeiger* Wiesen-Salbei Wundklee Esparsette Bunte Kronwicke
trocken	*Trockenheitszeiger* Tüpfel-Johanniskraut Sand-Thymian Hasen-Klee Natterkopf Kleine Bibernelle Kartäuser-Nelke
feucht, wassergesättigt	*Nässezeiger* Arznei-Baldrian Schlangen-Knöterich Mädesüß Blutweiderich Sumpf-Vergissmeinnicht Wasser-Schwertlilie Sumpf-Kratzdistel
lehmig, verdichtet	*Verdichtungszeiger* Gänseblümchen Breit-Wegerich Vogel-Knöterich Gänse-Fingerkraut Huflattich
salzhaltig (auch an Autobahnen und anderen streusalzimprägnierten Fernstraßen)	*Salzzeiger* Salz-Aster Dänisches Löffelkraut Salz-Schwaden Salz-Binse Strand-Wegerich

Auch Böden haben Bildung

Böden entstehen, entwickeln und verändern sich – eine nahezu unendliche Geschichte, bis es mal so richtig locker zugeht. Am Anfang steht fast immer felsenfestes Gestein. Auch wenn es bereits Jahrmillionen alt sein sollte, zernagt es der Zahn der Zeit unerbittlich und zermalmt sogar den härtesten Granit. Wenn die Sommersonne dunklen Fels aufheizt, bleibt der tiefere Kern kalt. Der nächste Gewitterregen

Die häufigste der heimischen Iris-Arten ist die Gelbe Wasserschwertlilie.

kühlt die Oberfläche ab und lässt sie gegenüber dem Kern schrumpfen.
Solche Verformungen halten die Gesteinsteilchen nicht lange aus: Feine
Schichten schuppen ab, scharfkantige Stücke brechen weg, und am
Hangfuß sammeln sich Schutt und Geröll an.

Auch Wasser, das in feine Risse eindringt, setzt dem Gestein zu: Beim
Frieren vergrößert es sein Volumen und setzt den Fels von innen unter
Druck. Durch solche Frostsprengung zerfallen schließlich auch Gerölle zu
Staub.

Das ABC der Horizonte

Böden – und auch solche in den Gärten – zeigen von Natur aus einen
Etagenbau, den man als Bodenprofil bezeichnet. Fast immer sind dabei
drei Horizonte zu unterscheiden, die mit Großbuchstaben bezeichnet
werden:

A-Horizont = Oberboden	Mit Humus angereichert und deswegen dunkel, stark durchwurzelt und von Bodenorganismen besiedelt, auch als Auswaschhorizont oder Krume bezeichnet
B-Horizont = Unterboden	Anreicherungshorizont von Stoffen aus dem Oberboden, meist humusarm und heller als der A-Horizont, nur wenig Bodenleben
C-Horizont = Ausgangsgestein	Mineralischer Untergrund, Mutter- oder Ausgangsgestein ohne oder am Beginn der Verwitterung

In Mitteleuropa setzte die Bildung der heute landwirtschaftlich oder
forstlich genutzten Böden erst nach der letzten Eiszeit ein – sie sind
demnach höchstens 12 000 Jahre alt.

Pflanzliche Lebensformen

Christen Christiansen Raunkiaer (1860–1938) war Botaniker in Kopen-
hagen und ist durch seine Einteilung der Pflanzen nicht nach der
Wuchsform, sondern nach ihren Lebensformen entsprechend der Lage
der Überdauerungseinrichtungen bekannt geworden. Dieses in der
Ökologie immer noch häufig verwendete Konzept veröffentlichte
er erstmals 1905 in französischer Sprache. Unterschieden werden
danach:

Einjährige *(Therophyten)*	Der Lebenszyklus wird in 12 Monaten abgeschlossen. Die Pflanzen überdauern die ungünstige Jahreszeit als Samen. Innerhalb dieser Gruppe unterscheidet man Sommer- und Winterannuelle.
Erdpflanzen *(Geophyten)*	Ausdauernde Pflanzen mit besonderen Überdauerungsorganen im Boden, beispielsweise Zwiebeln, Knollen, Speicherwurzeln und Rhizome (Erdsprosse).
Erdschürfepflanzen *(Hemikryptophyten)*	Ausdauernde oder zweijährige Pflanzen mit Überdauerungsknospen dicht an der Bodenoberfläche, z. B. als grundständige Blattrosette oder als Horst.
Oberflächenpflanzen *(Chamaephyten)*	Ausdauernde, aber krautige oder nur an der Basis verholzte Pflanzen mit Erneuerungsknospen höchstens 30 cm über der Bodenoberfläche, geschützt durch Knospenschuppen oder abgestorbene Sprossteile. Hierher gehören Kriechstauden, Sukkulente, Polsterpflanzen, Halbsträucher und Zwergsträucher.
Luftpflanzen, Gehölze *(Phanerophyten)*	Die Überdauerungs- bzw. Erneuerungsknospen sitzen an vollständig verholzten Trieben und sind meist durch besondere Knospenschuppen geschützt. Binnengruppen sind Sträucher, Lianen und Bäume.

Botanische und gärtnerische Zeichen

Wie fast alle Fachdisziplinen hat auch der professionelle Gartenbau im Laufe der Zeit besondere Zeichen entwickelt oder übernommen, die zum Teil auf die mittelalterlichen Alchimisten zurückgehen. Entsprechend sehen die betreffenden Botschaften auf den ersten Blick wie eine Geheimsprache aus, sind aber heute tatsächlich in einem besonderen Normblatt (DIN 11530) verbindlich geregelt. Sie dienen der Kennzeichnung von Pflanzenarten in Katalogen oder Listen von Saatzuchtbetrieben.

Zeichen	Bedeutung
⊙	einjährige Pflanze
⊙	zweijährige Pflanze
♃	Staude
♄	Halbstrauch
♄	Strauch
♄	Baum
×	Bastard (Hybride)
⦂	Hängepflanze
⦂	Kletterpflanze
﹏	Kriechpflanze
⌒	Polsterpflanze
△	Steingartenpflanze
∼	Ufer-/Sumpfpflanze
≋	Wasserpflanze
▽	besonders geschützt nach der Bundesartenschutzverordnung
*	besonders geschützt nach dem Washingtoner Artenschutzabkommen
♂	männlich (Schild und Speer des Mars)
♀	weiblich (Spiegel der Venus)
☿	zwittrig
○	Sonnenpflanze
◐	bevorzugt Halbschatten
●	erträgt auch Schatten
III–V	Blühmonat(e)

Bodenart
bezeichnet die Korngrößenverteilung im Boden und lässt beispielsweise
Ton-, Sand-, Lehm- und Torfböden unterscheiden.

Bodentyp
Die Beschaffenheit der Schichtfolge im Boden, die Bodenhorizonte von
der Streuauflage bis zum unzersetzten Festgestein ergeben den Bodentyp.
In Mitteleuropa kommen etwa 30 verschiedene Bodentypen vor,
beispielsweise Pseudogley, Rendzina, Braunerde, Schwarzerde und Podsol.

FRAGARIA ELATIOR EHRH. 1311.

Die vegetative Vermehrung der Erdbeeren durch Ausläufer funktioniert hervorragend.

Ausbreitungsformen der Blütenpflanzen

Pflanzen haben verschiedene Möglichkeiten entwickelt, ihre Aus-
breitungseinheiten (= Diasporen) möglichst wirksam über größere
Räume zu verteilen. Fachleute unterscheiden übrigens ziemlich
säuberlich zwischen Aus- und Verbreitung. Ausbreitung ist die
räumliche Verteilung der Diasporen, die Verbreitung dagegen das
daraus resultierende (bio)geographische Ergebnis. Diasporen können
außer Samen und Früchten auch Brutzwiebeln, Ausläufer oder

andere Pflanzenteile sein. Vielfach setzen die Pflanzen auch mehrere Ausbreitungsformen nebeneinander ein. Unterschieden werden:

Selbstausbreiter (Autochoren)	Ungeschlechtliche (vegetative) Vermehrung durch oberirdische Ausläufer (Erdbeere) oder unterirdische Kriechsprosse (Schachtelhalm), ferner Brutknöllchen (Scharbockskraut) oder Wurzelsprosse (Ackerwinde).
Selbstausstreuer (Ballautochoren)	Saftdruckstreuer schleudern ihre Samen explosionsartig aus (Springkraut), Austrocknungsstreuer nach Platzen der Fruchthülle beim Trocknen (Wicke).
Schwerkraft-wanderer (Barochoren)	Größere Samen (Früchte) mit elastischen Hüllen rollen oft hangabwärts wie z. B. Ess-Kastanien und Rosskastanien.
Windwanderer (Anemochoren)	Ballonflieger sind extrem klein und leicht (Orchideen-Samen, Knöterich-Nussfrüchte); Schirmchenflieger hängen an Gleiteinrichtungen (Löwenzahn, Weidenröschen); Scheibenflieger verwenden meist kleine Flügelnüsse (Birke, Ulme); Schraubenflieger haben propellerartige Einrichtungen (Hainbuche, Linde).
Wasserwanderer (Hydrochoren)	Schwimmverbreitung praktizieren die Diasporen von Seerosen und Sumpf-Schwertlilie. Regentropfenwanderer sind viele Ehrenpreis- und Veilchen-Arten.
Tierwanderer (Zoochoren)	Die Ausbreitungseinheiten werden überwiegend von Tieren (Menschen) verschleppt, z. B. durch Kletteinrichtungen (Waldmeister), Klebemechanismen (Wegerich), durch Verdauungsverbreitung oder Verfrachtung von Samen mit nahrhaften Anhängen (Ölkörperchen wie bei Taubnessel und Wolfsmilch).
Kulturwanderer (anthropochoren)	Ausbreitung und Einbürgerung unter direkter Beteiligung des Menschen, darunter Gartenflüchter (Goldrute, Astern, Springkraut), Kulturrelikte aus früherem Anbau (Färber-Waid, Ess-Kastanie) und Kulturbegleiter (Kornrade, Kornblume, Leindotter).

Wundern Sie sich also nicht, wenn in Ihrem Garten Arten auftreten, die Sie nicht eigens angesät oder ausgepflanzt haben.

Niederschläge

sind für das Gedeihen im Garten unentbehrlich. Doch es regnet mal so und mal so ...

Typ	Tropfendurch-messer (mm)	Fallgeschwindig-keit (m/s)	Tropfenenergie (kJ/(m² h)
Nebel	0,01	0,003	10^{-6}
Sprühregen	0,10	0,200	10^{-3}
Nieselregen	1,00	4,200	10^{0}
Leichter Regen	1,20	4,900	10^{1}
Mittlerer Regen	1,60	5,800	10^{2}
Starker Regen	2,10	6,900	10^{3}
Gewitterregen	3,00	8,400	10^{4}

Niederschläge misst man mit besonderen Regensammlern. Die mm-Angabe in Klimaübersichten (beispielsweise 650 mm/Jahr) bedeutet, dass auf jeden Quadratmeter Boden 650 L fallen (ergeben eine theoretische Überstauung von 650 mm).

Schrebergarten

Der Leipziger Pädagoge und Schulleiter Dr. Ernst Innozenz Hauschild gründete 1864 einen Verein, den er nach seinem verstorbenen Kollegen Dr. Daniel Gottlob Moritz Schreber benannte. Hauschild pachtete eine Wiese und legte kleine Blumengärten an, die von Schulkindern bepflanzt und gepflegt werden sollten. Erst 1869 gab sich dieser Schreberverein eine Vereinssatzung. Bis 1891 bestanden in Leipzig schon 14 weitere Schreber-vereine. Die historische Kleingartenanlage „Dr. Schreber" steht heute unter Denkmalschutz und beherbergt seit 1996 das Deutsche Kleingärtnermuseum. Für Kleingärten gilt – wie könnte es denn im überregulierten Deutschland auch anders sein – das Bundeskleingartengesetz.

Essbare Stadt

Mit einem bundesweit stark beachteten und unterdessen mehrfach ausgezeichneten Projekt setzt die Stadtverwaltung Andernach seit dem Jahre 2010 ein neues Konzept der Stadtbegrünung und Lebensraumaufwertung um: Statt der sonst üblichen und eher langweiligen Geranien-Rasen-Rosen-Einheitskultur wachsen beispielsweise im Schlosspark an der 1689 im Pfälzer Erbfolgekrieg zerstörten Burg unter anderem Bohnen, Beeren, allerhand sonstige Gemüse, Kartoffeln, Küchenkräuter und viele weitere Nutzpflanzen. Sogar ein kleiner Weinberg mit Rebsorten zum Direktgenuss ist angelegt. Daneben gibt es ausgedehnte und bemerkenswert artenreiche Wildblumenfluren – das bisher größte Urban-Gardening-Projekt in Deutschland. Und das Schönste: Die Andernacher Bürger dürfen die hier ankultivierten Nutzpflanzen kostenlos für den Eigenverzehr ernten. Diese Art der Stadtbegrünung zeigt nicht nur, wie attraktiv Artenvielfalt in Gartenbau bzw. Landwirtschaft (in Fachkreisen Agrobiodiversität genannt) aussehen kann, sondern sie unterstreicht auch, dass man in der Stadt durch multifunktionale Grünflächen interessante Lebensräume schaffen und auch eine erlebniswerte Alternative der Wohnumfeldverbesserung erreichen kann.

Fünf Fakten zum Wasserkreislauf (auch durch Ihren Garten)

1. Wasser ist ständig unterwegs. Auch wenn man es nur am Lauf von Rinnsalen, Bächen und Flüssen unmittelbar ablesen kann: Das gesamte Wasser der festländischen Hydrosphäre ist ständig in Bewegung.

2. Es ändert zusammen mit dem Wasser der Weltmeere nicht nur unentwegt seinen Aggregatzustand (meist zwischen flüssig und gasförmig), sondern führt auch großräumige horizontale Ortswechsel durch.

3. Die kontinuierliche Bewegung des Wassers, zusammenfassend Wasserkreislauf genannt, ist eine der Grundbedingungen für die Aufrechterhaltung der irdischen Ökosysteme.

4. Der Gesamtprozess Wasserkreislauf ergibt sich aus den jeweils hintereinandergeschalteten Teilabläufen Verdunstung, Niederschlag und Abfluss. Speicher in diesem Kreislauf sind neben den Ozeanen die Atmosphäre, die Bodenfeuchte (auch Ihres Gartens!), die Seen, Gletscher und Grundwasservorräte, eben die Wasserreservoire der Erde.

5. Gerichtete Materialflüsse zwischen diesen Speichern ergeben sich aus Verdampfung (aus dem Boden = Evaporation), Verdunstung (durch Pflanzen = Transpiration), Verlagerung (Wolkentransport), Niederschlag, Versickerung (Grundwasser) und Abfluss (Fließgewässer).

Vom Tropfen (durch Ihren Garten) zum Strom und zurück

1. Die Ozeane verlieren jährlich etwa 430 000 km^3 durch Verdunstung, erhalten aber nur 390 000 km^3 durch Niederschläge zurück.

2. Das Defizit von rund 40 000 km^3 wird in der globalen Wasserbilanz durch den Niederschlagsabfluss von den Festländern ausgeglichen – jährlich 26 000 km^3 direkt aus den Flüssen, 2100 km^3 aus Seen und Talsperren und 11 900 km^3 aus den Grundwasserströmen.

3. Der Gesamtbeitrag des Rheins zur Nordsee nimmt sich mit rund 70 km^3/Jahr verhältnismäßig bescheiden aus. Ungleich größer sind die Meeresströmungen. Dagegen ist selbst der riesige Amazonas nur ein kleines Rinnsal: In der Dänemarkstraße zwischen Grönland und Island fließen in jeder Sekunde etwa 5 Mio. m^3 arktisches Tiefenwasser in das hier rund 3500 m tiefe nordatlantische Becken.

4. Die täglich durch Verdunstung und Niederschlag zwischen Atmosphäre und Erdoberfläche bewegte Wassermenge beträgt etwa 1035 km^3. Davon verdunsten von der Meeresoberfläche rund 875 km^3, vom Festland aus an einem Tag 160 km^3. Täglich gelangen

davon rund 775 km³ verdunstetes Wasser durch Abregnen oder andere Niederschläge wieder ins Meer, während die restlichen 100 km³ mit Luftmassenbewegungen über das Land getragen werden und dort niedergehen.

5. Während eines Jahres verdunstet von den Ozeanen im Durchschnitt eine Schicht von 1250 m Dicke – um diesen Betrag würde der Meeresspiegel weltweit sinken, wenn es nicht den Wasserrücklauf über die Niederschläge und den Abfluss vom Festland gäbe. In den Wärmegürteln der Erde beträgt die Verdunstungsrate sogar regional bis 2500 mm, in den polnäheren Gebieten ist es entsprechend weniger. Die gesamte jährliche Verdunstungsmenge von rund 430 000 km³ entspricht etwa der fünffachen Wassermenge des Schwarzen Meeres.

6. Vom Gesamtwasservorrat der Erde sind ständig nur etwa 0,001 % oder $1,36 \times 10^{13}$ t in der Atmosphäre enthalten. Verteilt man diese Wassermasse gleichmäßig über die gesamte Erde, so entfallen auf jeden Quadratmeter 26,6 kg (entspricht rund 26,6 L) oder eine Wasserhöhe von 26,6 mm.

7. In der Atmosphäre ist in jedem Augenblick nur eine Wassermenge enthalten, die einer Niederschlagshöhe von 26,6 mm entspricht. Im Durchschnitt muss etwa alle 11 Tage die gesamte atmosphärische Wassermenge als Niederschläge zur Erde zurückkehren und dabei anteilig auch Ihren Garten treffen. Die mittlere Aufenthaltsdauer des Wassers in der Lufthülle beträgt demnach 11 Tage.

Wasserhistorie

Wasser ist seit Urzeiten unentwegt in allen möglichen irdischen Kreisläufen unterwegs. Was Sie im Frühstückskaffee oder Fünfuhrtee erquickt oder soeben auf Ihr Salatbeet gegossen haben, könnte schon einmal die Träne eines Dinosauriers gewesen sein, aber ebenso ein Tautropfen in vorantiken Paradiesgärten, die Schweißperle von Alexander dem Großen im Schlachtgetümmel oder erst letztes Jahr ein Nebeltropfen im tropischen Regenwald ...

Licht und Luft genügen nicht – die Mineralstoffernährung der Pflanzen

Von den 92 in der Natur vorkommenden chemischen Elementen benötigen die Pflanzen nur knapp 20. Keiner dieser Stoffe darf fehlen, und keiner kann durch einen anderen ersetzt werden.

Element	Symbol	%-Gehalt in 100 g Trockenmasse
gewinnt die Pflanze aus Wasser und Kohlenstoffdioxid		
Kohlenstoff	C	45
Sauerstoff	O	45
Wasserstoff	H	6
gewinnt die Pflanze als Makronährstoffe aus dem Boden		
Stickstoff	N	1,5
Kalium	K	1,0
Calcium	Ca	0,5
Magnesium	Mg	0,2
Phosphor	P	0,2
Schwefel	S	0,1
Silicium	Si	0,1
gewinnt die Pflanze als Mikronährstoffe (Spurenelemente) aus dem Boden		
Chlor	Cl	0,01
Eisen	Fe	0,01
Mangan	Mn	0,005
Bor	B	0,002
Zink	Zn	0,002
Natrium	Na	0,001
Kupfer	Cu	0,0006
Nickel	Ni	0,00001
Molybdän	Mo	0,00001

Viele Pflanzen enthalten als Spurenstoffe auch noch geringste Mengen Kobalt (Co) und Selen (Se), die für Pflanzen keine bekannte Funktion haben, aber für den Menschen essenzielle Mikronährstoffe darstellen.

Der Job der mineralischen Pflanzennährstoffe

Element	Symbol	unersetzliche Funktion für ...
		die organischen Verbindungen der Pflanze
Stickstoff	N	Aminosäuren, Proteine, Nukleinsäuren
Schwefel	S	Aminosäuren, Proteine, Coenzym A
		Struktur und Energiestoffwechsel der Pflanze
Phosphor	P	Zuckerphosphate, Nukleotide, Coenzyme, Schlüsselfunktion bei ATP-Reaktionen
Bor	B	Komplexe mit Zellwandbaustoffen
Silicium	Si	Bestandteil von Zellwänden (v. a. Gräser)
		den Zellstoffwechsel der Pflanze
Kalium	K	Cofaktor von mehr als 40 Enzymen
Natrium	Na	Bedeutung für Ladungsneutralität
Magnesium	Mg	Bestandteil des Blattgrüns (Chlorophyll)
Calcium	Ca	Stoffwechselregulation, Zellwandbestandteil
Mangan	Mn	Sauerstoffentwicklung in der Photosynthese
Chlor	Cl	Sauerstoffentwicklung in der Photosynthese
		den Energiestoffwechsel der Pflanze
Eisen	Fe	Photosynthese, Atmungskette
Kupfer	Cu	Komponente wichtiger Enzyme
Zink	Zn	Komponente wichtiger Enzyme
Molybdän	Mo	Komponente wichtiger Enzyme
Nickel	Ni	bei Pflanzen mit Knöllchenbakterien Beteiligung an der N_2-Bindung

Mobile Beete

Der römische Kaiser Tiberius (Regierungszeit 14–37 n. Chr.) war ein ausgesprochener Gurken-Fan. Man servierte sie ihm praktisch zu jeder Mahlzeit. Um die kaiserliche Nachfrage zu bedienen, erfanden seine Gärtner ein drehbares Anzuchtbeet, mit dem man die Gurkenpflanzen jeweils optimal in die Sonne rücken konnte.

Gute Nachbarn im Gartenbeet

Die gärtnerische Erfahrung zeigt, dass manche Pflanzen in enger Nachbarschaft zueinander besonders gut gedeihen. Dafür gibt es mancherlei Gründe. Die eine Art lockert den Boden für die Wurzeln der anderen auf, die andere vertreibt Parasiten oder sonstige Schädlinge der einen, und eine dritte lockt nützliche Insekten an. Solche förderlichen und häufig empfohlenen Nachbarschaften sind:

Artischocke	Petersilie
Blumenkohl	Dill, Kartoffeln, Salbei
Buschbohnen	Sellerie, Gurken
Erbsen	Minze, Petersilie
Gurken	Boretsch, Kopfsalat, Erbsen
Kartoffeln	Kohl, Petersilie
Kopfkohl	Kartoffeln, Salbei, Rosmarin, Dill
Kopfsalat	Möhren, Gurken, Knoblauch, Erdbeeren
Kürbis	Zuckermais, Kresse
Möhren	Zwiebeln, Knoblauch, Lauch
Rettich	Gurke, Erbsen, Kopfsalat
Rote Bete	Zwiebeln
Spargel	Tomaten, Petersilie, Basilikum
Spinat	Erbsen, Erdbeeren, Rhabarber
Tomaten	Möhren, Spargel, Sellerie, Zwiebeln

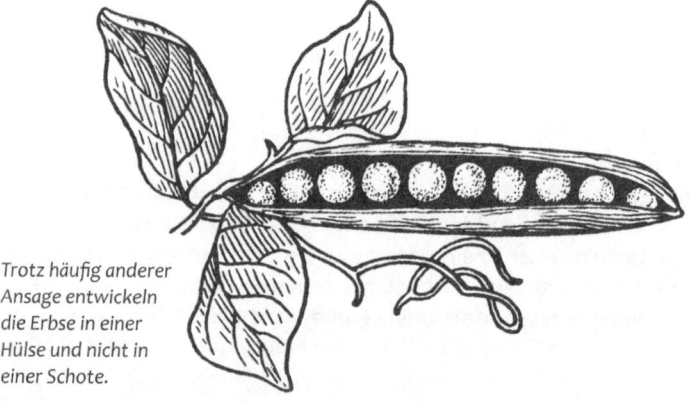

Trotz häufig anderer Ansage entwickeln die Erbse in einer Hülse und nicht in einer Schote.

Schlechte Nachbarn im Beet

Die folgenden Kombinationen sollte man möglichst vermeiden –
die betreffenden Pflanzen mögen sich nämlich nicht:

Artischocke / Knoblauch	Blumenkohl / Spinat
Brokkoli / Erdbeere / Tomate	Knoblauch / Erbsen und Bohnen
Kohl / Erdbeeren	Gurken / Kartoffeln
Kohl / Tomaten	Kopfsalat / Fenchel
Zwiebeln / Bohnen	Rettich / Kartoffeln
Erbsen / Kartoffeln	Kartoffeln / Kürbis

Es liegt was in der Luft

Der Pollenversand der windblütigen Pflanzen (vor allem sämtliche
Nadelhölzer, Waldbäume, Süßgräser einschließlich Getreide, Binsen
und Seggen) durch den Wind erinnert ein wenig an Flaschenpost,
ist aber dennoch ein recht zuverlässiges Mittel, um die Bestäubung
und damit die Samenbildung zu sichern. Die Sache funktioniert aber
nur, weil die Arten enorme Pollenmengen auf den Weg bringen. Die
folgenden Angaben beruhen auf einer Langzeitstudie im Auftrag des
Bundesgesundheitsamtes:

Lebensraum	mittlere jährliche Anzahl Pollenkörner in 1 m^3 Luft	akute Anzahl Pollenkörner in 1 m^3 Luft (im Monat)
Küste, Düne	15,9	80 (Juni)
Bergwald	27,8	95 (Mai)
Stadtzentrum	38,0	120 (Mai)
Bergwiese	46,6	186 (Juli)
Industriegebiet	50,7	180 (Mai)
Stadtrand	61,9	205 (April/Mai)
Heide	70,2	300 (Mai)
Ländlicher Raum	74,4	310 (Juni)
Grünland	114,7	800 (Mai/Juni)

Flugplan: Die Pollen sind unterwegs

Vom Spätwinter bis zum Frühherbst blühen in der heimischen Flora
ständig bestimmte Pflanzenarten, die ihren Pollen vom Wind verfrachten
lassen und zur Sicherung der Bestäubung große Pollenmengen

losschicken. Empfindliche Personen nehmen diese pflanzliche Luftfracht mit ihren Schleimhäuten (Augen, Atemwege) je nach Sensibilisierung allesamt oder nur selektiv wahr. Die Pollenflugzeiten hängen vom regionalen Witterungsverlauf ab und können sich eventuell um Wochen verschieben. Angegeben sind dekadenweise die Vor-, Haupt- und Nachsaison der einzelnen Windblüher:

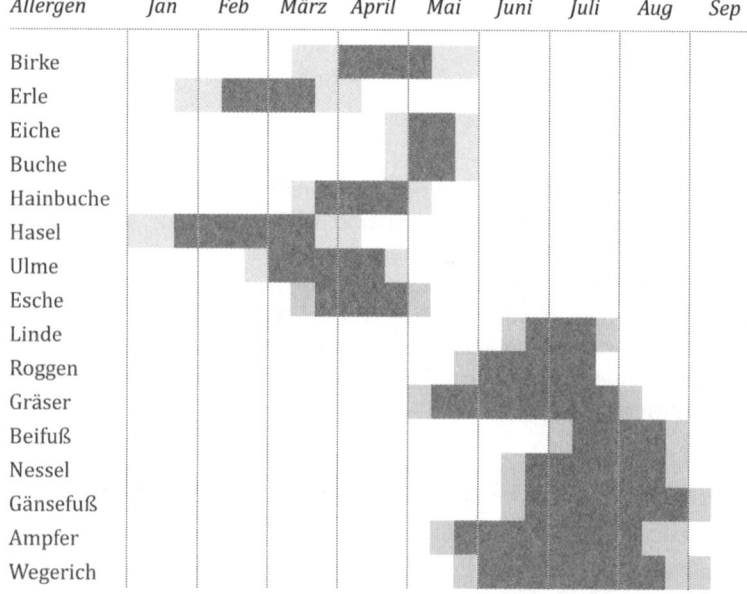

Allergen	Jan	Feb	März	April	Mai	Juni	Juli	Aug	Sep
Birke									
Erle									
Eiche									
Buche									
Hainbuche									
Hasel									
Ulme									
Esche									
Linde									
Roggen									
Gräser									
Beifuß									
Nessel									
Gänsefuß									
Ampfer									
Wegerich									

Erde

ist für einen Geographen unser Heimatplanet, für einen Gärtner dagegen das Pflanzsubstrat für die Kultur von Pflanzen in Gefäßen. Wegen des begrenzten Wurzelraums in einem Blumentopf müssen die Erden besonderen Anforderungen genügen, die ein gewachsener Boden nicht erfüllen kann. Die Zusammensetzung der Erden beruht auf jahrzehntelanger gärtnerischer Erfahrung. Man unterscheidet beispielsweise Komposterde, Lauberde oder Mistbeeterde.

Bezeichnung von Böden nach ihrem Humusgehalt

Anteil organischer Substanz (Humus) in %	Bodenbezeichnung
< 1	humusarm
1–2	humushaltig
2–4	humos
4–8	stark humos
8–15	sehr stark humos
15–30	anmoorig
> 30	torfig

Gemüse ist gesund
Zusammensetzung und Nährwert von Gartengemüse
(% in je 100 g essbarem Anteil)

Pflanze	Wasser	Protein	Fett	Kohlen-hydrate	Energie kcal	kJ
Bohnen	11,6	21,3	1,6	61,6	338	1415
Gurken	95,6	0,8	0,1	3,0	13	55
Kartoffeln	79,8	2,1	0,1	17,7	76	318
Möhren	88,6	1,1	0,2	9,1	40	167
Kohl	92,1	1,7	0,2	5,5	25	105
Kopfsalat	95,1	1,3	0,2	2,5	14	59
Lauch	87,8	2,0	0,3	9,4	44	184
Radieschen	93,7	1,1	0,1	3,6	18	75
Rhabarber	94,9	0,5	0,1	3,8	16	67
Rote Bete	87,3	1,6	0,1	9,9	43	180
Sellerieknolle	88,4	1,8	0,3	8,5	40	167
Spargel	92,9	2,1	0,2	4,1	21	88
Spinat	90,7	3,2	0,3	4,3	26	109
Zwiebeln	89,2	1,5	0,2	4,7	38	159

und zum Vergleich:

Erdnüsse	1,8	26,2	48,7	20,6	582	2436

... und natürlich auch ein paar Gartenfrüchte:

Pflanze	Wasser	Protein	Fett	Kohlen-hydrate	Energie kcal	kJ
Äpfel	84,0	0,3	0,6	15,0	58	243
Erdbeeren	89,9	0,7	0,5	8,0	37	155
Kirschen	83,4	1,2	0,4	14,4	60	251
Pflaumen	85,7	0,7	0,1	12,3	50	210

Wirksame Lebenshilfen für Gartentiere

1. Igelwohnung
2. Insektenhotel mit Halmen oder Bohrlöchern
3. Hummelbehausung aus Blumentöpfen
4. Holzwolle-Nachtquartier für Ohrwürmer
5. Fledermauskasten
6. Vogeltränke
7. Gartenteich mit Flachufer
8. Nistkästen für Nischen- und Höhlenbrüter
9. Ganzjähriger Futterplatz für Kleinvögel

Mit dem Nacken durch die Wand

Die Keimung ist ein wunderbarer, weil genau programmierter und bei den meisten Pflanzen nahezu gleichartig ablaufender Vorgang mit exakt eingehaltener Choreographie: Zuerst nimmt der Same Wasser auf und lässt den gesamten Sameninhalt quellen. Dadurch baut sich ein beträchtlicher Druck auf, der die Samenschale öffnet. Jetzt erscheint die der Erdschwerkraft folgende und daher nach unten (in den Boden) wachsende Keimwurzel. Dann erst wächst der zwischen der Wurzel und den Keimblättern liegende Achsenabschnitt, das Hypokotyl, und bildet zunächst einen Haarnadelbogen (Hypokotylhaken). Dieser streckt sich, durchbricht die Bodenoberfläche und zieht in seinem Schutz die Keimblätter sowie den dazwischenliegenden, druckempfindlichen Sprossvegetationspunkt nach. Auf diese Weise wird also ein vorzeitiger und gewiss fatal endender Crash-Test für diese empfindlichen Erstlingsorgane vermieden. Sobald die Keimblätter den Boden verlassen haben, richtet sich das Hypokotyl auf, und dann geht es in gestreckter Haltung aufrecht weiter.

Gemüsekultur im Blumentopf

Wenn es der Platz nicht zulässt oder kein Garten vorhanden ist, kann man seine Gemüsekultur auch miniaturisieren und den Kleingarten auf einzelne Pflanztöpfe verteilen. Solche Container-Kultur gelingt im Allgemeinen gut mit: Aubergine – Gurke – Kartoffeln – Kopfsalat – Möhre – Radieschen – Tomate – Wurzelpetersilie – Zucchini.

Zunehmend gewinnt vor allem in Städten auch die Technik des *vertical gardening* besondere Freunde. Die Natur macht es uns vor allem im Hochgebirge mit seinen Extremstandorten an senkrecht abfallenden Felswänden vor: Immer wieder findet sich auch hier doch noch eine Gesteinskluft oder Felsnische, in der sich eine Pflanze erfolgreich ansiedeln kann. Was in den Alpen, Karpaten und Pyrenäen schon lange funktioniert, ist auch eine bedenkenswerte Alternative für öde städtische Mauern und selbst für Bauzäune.

Gehölzschnitt

Gartensträucher, die vor der Sommermitte blühen, schneidet man am besten im Herbst. Sträucher, die später blühen, werden im Frühjahr geschnitten.

Salate

sind nicht nur eine Zubereitungsform diverser Speisen, die eventuell gar nichts mit der Botanik zu tun haben (Fisch-, Nudel-, Wurst-Salat), sondern „richtige" Pflanzen. Meist bezeichnet der Gärtner als Salatpflanzen eine ähnlich dem Kohl äußerst variantenreiche Kulturpflanzengruppe, die botanisch zu den Lattichen (Gattung *Lactuca*) gehört und sich vermutlich von der südeuropäischen Steppenpflanze Wild-Lattich (*Lactuca serriola*) ableitet.

- Kopfsalat, heute weltweit verbreitet, ist eine stark vergrößerte Knospe. Eine aus Süditalien stammende Sorte mit sehr fest geschlossenen und knusprigen Blättern wird als Eis-, Eisberg- oder Krachsalat bezeichnet.
- Spargelsalat verlängert sich rasch aus seiner Rosette und liefert ein spargelähnliches Stängelgemüse.
- Pflück- oder Schnittsalat wächst eher als breite Rosette und kann mehrfach beerntet werden. Beliebte Varietäten sind der grüne „Eichenlaubsalat", der rote „Lollo rossa" und der gelbliche „Lollo bionda".
- Beim Römischen Salat (= Romana-Salat, Sommerendivie) bilden die länglichen Blätter einen lockeren Kopf. Durch Zusammenbinden werden die inneren Blätter bleich und zart. Daher nennt man ihn auch Bindesalat.

Die Winterendivie gehört zwar in die gleiche Familie Korbblütengewächse wie die Lattich-Salate, ist aber Mitglied einer anderen Gattung *Cichorium*, zu der auch die Wurzelzichorie und die davon abgeleitete Chicorée (Salatzichorie) gehören.

Wasser ist nicht normal

Chemisch betrachtet ist Wasser eine der einfachsten Verbindungen, dessen Formel H_2O fast jeder kennt. Es ist so alltäglich, dass man seine höchst ungewöhnlichen Eigenschaften – Anomalien genannt – schon fast gar nicht mehr wahrnimmt.

- Wasser ist einer der wenigen Naturstoffe, die sich beim Erwärmen und beim Abkühlen ausdehnen. Daher schwimmt Eis auf flüssigem Wasser.

- Die größte Dichte hat Wasser bei knapp +4 °C (genau bei 3,9 °C). Dichtes, kaltes Wasser dieser Temperatur sinkt auf den Gewässergrund, während das leichtere, aber noch kältere oben schwimmt. Daher friert Ihr Gartenteich nicht vom Boden zur Oberfläche durch – für das Überleben der Teichbewohner äußerst folgenreich.

- Eigentlich ist es überaus erstaunlich, dass Wasser im normalen Temperaturbereich überhaupt flüssig ist. Die chemisch sehr ähnliche Verbindung Schwefelwasserstoff (H_2S), die man von Stinkbomben und faulen Eiern kennt, siedet bereits bei –60 °C und ist deshalb bei Raumtemperatur gasförmig.

- Wasser hat eine ungewöhnlich hohe Wärmekapazität: Um 1 kg Wasser von 14,5 auf 15,5 °C zu erwärmen, benötigt man die Energie von 1 Kilokalorie (kcal). Seit 1978 verwendet man statt Kalorie die Energieeinheit Joule (J): 1 kcal entspricht 4,1855 kJ.

- Wegen der hohen Wärmekapazität ist Wasser klimawirksam. Die obersten Dezimeter Wasser der Weltmeere speichern genauso viel Energie wie die gesamte Atmosphäre darüber.

Temperaturangaben

Das Thermometer zeigt zwar 30 Grad an, aber dennoch sind die Menschen mit Mütze, Schal und dicker Jacke unterwegs. Ort der Handlung sind die USA, denn hier misst man die Temperaturen anders als bei uns: Auf der dort bis heute üblichen Fahrenheit-Skala sind 30 °F etwas weniger als die hierzulande vertrautere Angabe in Grad Celsius, nämlich leicht frostige –1 °C. Auf vielen Gartenthermometern sind beide Temperaturskalen angebracht.

Genaue Temperaturmessungen waren bis zum frühen 18. Jahrhundert ein schwieriges Unterfangen, weil es keine brauchbaren Instrumente gab. Das änderte sich grundlegend vor rund 300 Jahren, als der Danziger Kaufmannssohn und Hobbyphysiker Daniel Fahrenheit (1686–1736) ein präzises Thermometer erfand, mit dem Temperaturen reproduzierbar zu bestimmen waren. Seine Thermometerskala verwendete als unteren Fixpunkt die Temperatur einer Eis-Salz-Mischung, nämlich 0 °F entsprechend –17,8 °C, der tiefsten Temperatur, die damals technisch zu erzeugen war. Der zweite Fixpunkt war der von schmelzendem Eis (32 °F) und der dritte die durchschnittliche Körpertemperatur des Menschen (rund 100 °F). Fahrenheits Thermometer waren zunächst mit gefärbtem Alkohol gefüllt. Später verwendete er Quecksilber, das eine höhere Genauigkeit ermöglichte. Fahrenheit-Thermometer gelten als Meilenstein der Messtechnik – die wissenschaftliche Welt war seinerzeit begeistert. Im englischsprachigen Raum wurden sie vor allem deswegen populär, weil ihr Erfinder 1724 in die berühmte britische Royal Society aufgenommen wurde.

In der Messpraxis sind die Zahlenwerte der Fahrenheit-Skala relativ unpraktisch. Deshalb schlug der schwedische Astronom Anders Celsius (1701–1744) im Jahre 1742 die heute nach ihm benannte Skala vor – mit den Fixpunkten Schmelzpunkt (0 °C) und Siedepunkt (100 °C) von reinem Wasser unter Normaldruck (1013,25 hPa). Kurioserweise setzte er den Siedepunkt ursprünglich mit 0 °C, den Schmelzpunkt von Eis dagegen mit 100 °C fest. Erst sein Freund, der Botaniker Carl von Linné (1707–1778), kehrte die Skala wenig später in die heute übliche Form um.

Außer Linné war in der Temperaturbranche auch einmal ein Zoologe tätig: Der französische Privatgelehrte René-Antoine Ferchault de Réaumur (1683–1757), der sich unter anderem mit der Perlenbildung in Muscheln beschäftigte, entwickelte 1730 ein Alkoholthermometer und teilte die Differenz zwischen Schmelzpunkt und Siedepunkt von Wasser in nur 80 Skalenintervalle ein. Diese Skala war vor allem in Frankreich und in der Schweiz bis 1901 in Gebrauch, hat heute aber fast nur noch anekdotischen Wert.

°F	0	32	50	68	86	100
°C	–18	0	10	20	30	38

Für die Umrechnung auf dem Taschenrechner gilt die Formel °C = 5/9 (°F – 32)

Botschaften vom Barometer

Das Wettergeschehen in der Atmosphäre wird im Wesentlichen von Zonen höheren oder niedrigeren Luftdrucks bestimmt, wobei der Durchzug eines Tiefdruckgebietes keineswegs immer Schlechtwetter bedeuten muss, und ein Hochdruckgebiet nicht unbedingt eine Schönwetterperiode garantiert, denn zu viele weitere Faktoren sind auf komplizierte Weise an der Entstehung von Wetter beteiligt.

Die jeweiligen Druckverhältnisse zeigt das Barometer an – meist sogar mit verschiedenen Skalen. Die beteiligten Größen und Einheiten stehen in folgendem Zusammenhang:

1 Normalatmosphäre (atm) = 1,033 kp/cm^2 = 1013,25 mbar = 1013,25 Hektopascal (hPa) = 760 Torr = 760 mm Quecksilbersäule (mm Hg). Wetterbedingt treten Schwankungen zwischen 880 und 1080 mbar (hPa) auf.

Obwohl sie schwer auf uns lastet, scheint Luft federleicht zu sein. Tatsächlich wiegt 1 Kubikmeter (m^3) Luft am Erdboden bei 0 °C und Normaldruck 1,239 kg. Die Luftmenge eines normalen Wohnraums von 5 x 5 x 2,5 m Abmessung ist daher schon fast ein Fall für einen gut trainierten Gewichtheber.

Bodenzahl

Mit der Bodenzahl bewertet man die Eignung eines Bodens für die gärtnerische oder landwirtschafliche Nutzung. Bezugsgröße (100) ist der Ertrag auf dem besten mitteleuropäischen Boden, der Schwarzerde der Magdeburger Börde. Dazu setzt man die erreichbaren Erträge der anderen Böden in Beziehung. Eine Bodenzahl 60 bedeutet, dass etwa 60 % des Maximalertrags zu erreichen sind. Zusätzlich geht man von 8 °C Jahresdurchschnittstemperatur, 600 mm Jahresniederschlag und ebener Lage aus.

Weichen die lokalen Gegebenheiten von den Durchschnittsannahmen ab (günstigere Bedingungen, schlechtere Werte), wird die Bodenzahl mit Zu- oder Abschlägen versehen und ergibt dann die Ackerzahl. Sie wird –

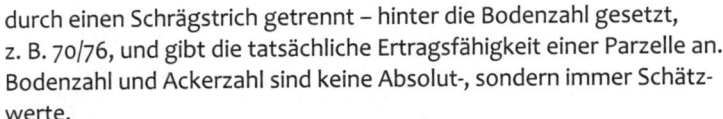

durch einen Schrägstrich getrennt – hinter die Bodenzahl gesetzt, z. B. 70/76, und gibt die tatsächliche Ertragsfähigkeit einer Parzelle an. Bodenzahl und Ackerzahl sind keine Absolut-, sondern immer Schätzwerte.

Sonderkultur

Getreide wie Mais, Weizen, Roggen, Hafer und Gerste kann man in Mitteleuropa mit Ausnahme der höchsten Mittelgebirgslagen und der Alpen fast überall anbauen. Andere Kulturpflanzen gedeihen dagegen nur in bestimmten Gebieten. Ihr Anbau gelingt entweder nur auf besonderen Böden oder erfordert besondere Techniken. In solchen Fällen spricht man von Sonderkulturen. Beispiele sind der Anbau von Blattgemüse, Hanf, Hopfen, Spargel oder Wein. So gesehen ist jeder Garten eigentlich eine Anbaufläche mit zahlreichen Sonderkulturen.

Ein wenig Blatt-Stilkunde

Wenn man ein normales Laubblatt dreht und wendet, stellt man fest, dass sich Ober- und Unterseite in ihrem Grünwert deutlich unterscheiden: Üblicherweise sind Blätter oben deutlich dunkler als unten. Diese beinahe banale Feststellung erklärt sich aus der Innenarchitektur der Blätter: Zur Oberseite liegt das dicht geschlossene und daher sehr farbintensiv erscheinende Palisadengewebe, zur Unterseite das ziemlich lockermaschige Schwammgewebe. Blätter dieses Bautyps werden von den Botanikern bifazial (= zweigesichtig) genannt.

Es geht auch anders: Bei Tulpe, Schwertlilie oder Gladiole sind Blattober- und -unterseite nicht so einfach zu unterscheiden, weil die inneren Blattgewebe nicht in Palisaden- und Schwammschicht gegliedert sind. Unter Fachleuten heißen solche Blätter äquifazial (gleichgesichtig).

Die mit Abstand kurioseste Blattkonstruktion zeigen die Röhrenblätter von Schnittlauch oder Zwiebel. Man kann sich vorstellen, dass sie durch Längsverwachsung der Blattränder entstanden sind, wobei die Oberseite nach innen gerät und die Außenflanke die ehemalige Unterseite darstellt. Dieser in der Natur seltene Blatttyp heißt fachmännisch unifazial.

Üppig ...

Ein Rasensprenger verbraucht im Dauerbetrieb in einer Stunde ungefähr so viel Wasser wie eine vierköpfige Familie an zwei Tagen.

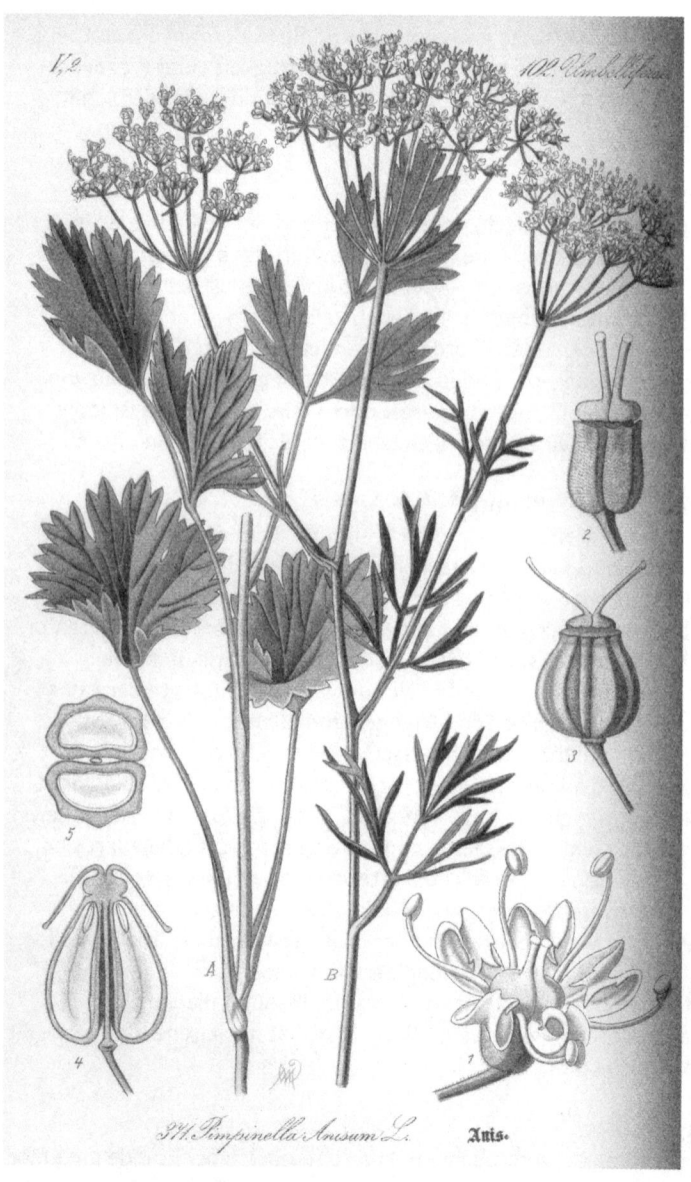

Anis liefert die ätherischen Öle vor allem für Gebäck und Hustenbonbons.

Fünfzehn renommierte Aromaklassiker,
die in keinem Küchengarten, Kräuterbeet, Duft- oder Aromagarten fehlen dürfen:

Pflanzen-name	Wissenschaft-licher Name	Hauptbestandteil(e) des ätherischen Öls	Pflanzenteil
Doldenblütengewächse			
Anis	*Pimpinella anisum*	Anethol, Anisketon	frisches Kraut, getrocknete Früchte
Dill	*Anethum graveolens*	Carvon, Phellandren	frisches Kraut, getrocknete Früchte
Fenchel	*Foeniculum vulgare*	Anethol, Fenchon	junge Blätter, getrocknete Früchte
Liebstöckel	*Levisticum officinale*	Butylphthalide u. a.	frisches Kraut, Wurzelstock
Kümmel	*Carum carvi*	Carvon	frisches Kraut, getrocknete Früchte
Petersilie	*Petroselinum crispum*	Apiol, Myristicin	frisches oder getrocknetes Kraut
Lippenblütengewächse			
Basilien-kraut	*Ocimum basilicum*	komplexes Gemisch	frisches Kraut
Bohnen-kraut	*Satureja hortensis*	Cymol, Carvacrol	frisches oder getrocknetes Kraut
Dost	*Origanum vulgare*	Thymol, Carvacrol	frisches oder getrocknetes Kraut
Majoran	*Origanum majorana*	Pinen, Origanol u. a.	blühendes oder getrocknetes Kraut
Melisse	*Melissa officinalis*	Citronellal, Citral, Geraniol, Linalool	frisches Kraut
Rosmarin	*Rosmarinus officinalis*	Cineol, Borneol	frische oder getrocknete Blätter
Salbei	*Salvia officinalis*	Thujon, Cineol, Campher, Borneol	frische oder getrocknete Blätter
Thymian	*Thymus vulgaris*	Thymol, Carvacrol, Cymol, Borneol	frisches oder getrocknetes Kraut
Ysop	*Hyssopus officinalis*	Pinen, Pinocamphen	frisches oder getrocknetes Kraut

Bäuerlich-gärtnerische Wetterregeln

Januar
Neujahrsnacht still und klar
deutet auf ein gutes Jahr.
Januar warm,
dass Gott erbarm!
Wenn der Tag fängt an zu langen,
kommt die Kälte erst gegangen.
St. Julian [8. Jan.] bricht das Eis,
bricht er's nicht, umarmt er es.
Ist der Jänner kalt und weiß,
Wird der Sommer sicher heiß.

Februar
Ist's an Lichtmess [2. Feb.]
hell und rein,
wird ein langer Winter sein.
Wenn es aber stürmt und schneit,
ist der Frühling nicht mehr weit.
St. Dorothee [6. Feb.]
bringt meistens Schnee.
Ist's am Valentin [14. Feb.]
noch weiß,
blüht zu Ostern schon das Reis.
Was der Hornung nicht will,
das nimmt der April.

März
Donner im März,
Frost im April.
Märzenwind und Aprilregen
Verheißen im Mai großen Segen.
Ist Gertrud [17. März] sonnig
wird's dem Gärtner wonnig.
Raufrost auf der Flur
Milder Witterung Spur.

April
April und Weiberwill
ändern sich schnell und viel.
Palmsonntag im Klee
Ostern im Schnee.
Bringt der April viel Regen,
So deutet es auf Segen.
April windig und trocken
lässt alles Wachstum stocken.
Regen auf Walpurgisnacht
[30. April],
Hat immer ein gutes Jahr
gebracht.

Mai
1. Mai reif oder nass
macht dem Bauern Spaß.
Nordwind im Mai
Bringt Trockenheit herbei.
Ein Gewitter im Mai
Singt der Gärtner juchhei!
Pankratius [12. Mai] hält den
Nacken steif,
Sein Harnisch klirrt von Frost
und Eis.
Wie das Wetter am Himmel-
fahrtstag,
So auch der ganze Herbst
sein mag.
Wie sich's an St. Urban [25. Mai]
verhält,
So ist's noch zwanzig Tage
bestellt.

Juni

Juniregen bringt reichen Segen.
Wie soll das Juniwetter sein?
Viel Regen und viel Sonnenschein.
Menschen und Juniwind
ändern sich geschwind.
Wenn nass und kalt der Juni war,
verdirbt er meist das ganze Jahr.
Regnet's am Siebenschläfertag
[27. Juni],
Der Regen sieben Wochen nicht
weichen mag.

Juli

Juli heiß lohnt Müh' und Schweiß.
Wenn der Regen dauert lang,
wird's dem Gärtner angst und bang.
Margaretenregen [13. Juli] bringt
keinen Segen.
Hat St. Vinzenz [19. Juli] starken
Regen,
kommt das allen ungelegen.
Jakobi [25. Juli] klar und rein,
wird das Christfest frostig sein.
Ist St. Anna [26. Juli] erst vorbei,
kommt der Morgen kühl herbei.

August

Hitze an St. Dominikus [4. August],
Ein strenger Winter kommen muss.
Häufiger starker Tau
Hält den Himmel blau.
Wenn es blitzt von Westen her,
deutet's auf Gewitter schwer.
Kommt von Norden her der Blitz,
deutet es auf große Hitz.
Morgenrot, regnet's auf das
Vesperbrot.

September

Septemberwetter warm und
klar,
verheißt ein gutes nächstes Jahr.
Wie im September tritt der
Neumond ein,
so wird das Wetter den Herbst
durch sein.
Nach Septembergewittern
wird man im Hornung vor Kälte
zittern.
Auf gut Wetter vertrau,
beginnt der Tag nebelgrau.

Oktober

Oktobergewitter sagen beständig,
der künftige Winter wird
wetterwendig.
Ein Oktoberhimmel voller Stern'
Hat warme Öfen gern.
Wenn abends dicker Nebel liegt,
dann das schöne Wetter siegt.
Wenn Simon und Judas [28. Okt.]
sind vorbei,
rückt der Winter schon herbei.

November

November tritt oft hart herein,
muss nicht viel dahinter sein.
Fliegen im November noch
Sommerfäden,
wirst du lang nicht vom Frühling
reden.
Wenn's an Allerheiligen [1. Nov.]
schneit,
halte deinen Pelz bereit.
Bringt St. Martin [11. Nov.]
Sonnenschein,

tritt ein kalter Winter ein.
Friert im November früh das Wasser,
wird der Jänner umso nasser.

Dezember
Kalter Dezember und frucht-
bar Jahr
Sind vereinigt immerdar.

Regnet's an St. Nikolaus
[6. Dezember],
wird der Winter streng und graus.
Donnert's im Dezember gar,
bringt viel Wind das nächste Jahr.
Wenn St. Thomas [21. Dez.]
dunkel war,
gibt's ein schönes neues Jahr.

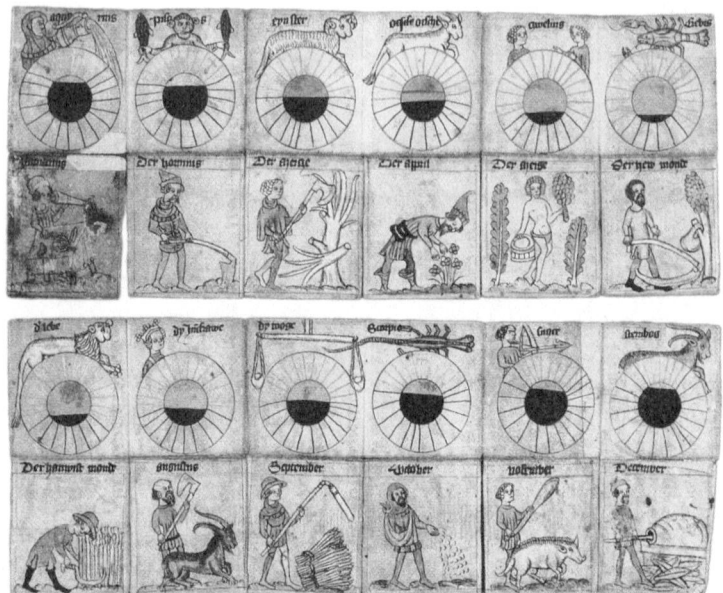

Der jahreszeitlich wechselnde Sonnenstand bestimmt die bäuerlichen Tätigkeiten.

Kräuterphantasien

Heil- und Würzkräuter aus dem eigenen Garten taugen nicht nur für
den Tee, sondern lassen sich in vielerlei anderer Verpackung wirksam
anwenden. Bedenkenswerte Möglichkeiten sind etwa:

- Kräuteröl konserviert das Aroma in Speiseöl (auf der Basis
  von Oliven- oder Sonnenblumenöl) für Kosmetik (Einreibeöle)
  oder Kräuterküche (Salatöl).

- Kräuteressig mit Geschmacks- und Wirkstoffen in Speise-Essig.
- Kräuterbutter mit untermischten frischen Kräutern.
- Kräutersalz besteht aus zerkleinerten Kräutern in normalem Kochsalz als Konservierungsmittel.
- Kräutersenf mit Würzkräutern wird zum aromatischen Scharfmacher.
- Kräutergelee aus Apfel-, Quitten- oder Traubengelee mit Kräutern zu Geflügel, Fisch oder Wild.
- Kräuterschnaps mit 5 Esslöffeln frischem oder getrocknetem Kraut auf 1 Liter klaren Branntwein (Korn oder weißer Rum).
- Kräuterlikör ist ein Kräuterschnaps mit Zuckersirup.

Kräuterbeet auf dem Balkon

Durch Aussaat, Steckling, Ausläufer, geteilte Wurzelstöcke oder Zwiebeln lassen sich die meisten Küchenkräuter sehr einfach ankultivieren. Wo kein Kräuterbeet im Garten vorhanden ist, genügen auch ein paar Blumentöpfe oder Pflanzschalen auf Fensterbank und Balkon – zudem eine überaus interessante Aktionsmöglichkeit des heute begeistert propagierten *urban gardening*.

Die Gartenkresse ist das einzige Gewürzkraut, von dem üblicherweise nur die Keimpflänzchen verwendet werden. Spätestens nach einer Woche ist die Kresse-Kultur in der Anzuchtschale erntefähig. Die Pflänzchen sind so genügsam, dass sie bis zum Erntezeitpunkt sogar ohne Erde gedeihen – für Unerfahrene in Sachen Kräuterkultur genau das richtige Pflanzenmaterial für die ersten Erfolgserlebnisse. Mit den anderen Heilkräutern aus dem Eigenanbau muss man etwas mehr Geduld haben, denn frühestens zwei bis drei Monate nach der Aussaat kann die Aromaernte einsetzen. Wer es eilig hat, begründet seinen eigenen Kräutergarten drinnen oder draußen mit Jung- bzw. Containerpflanzen aus dem Gartenfachbetrieb.

Kräuter konservieren

Das älteste und zugleich einfachste Konservierungsverfahren ist die schonende Trocknung von Duft- und Gewürzkräutern. Kleineres Erntegut wie Blüten oder Blätter, aber auch Früchte und Samen, breitet man in flacher Lage auf Zeitungspapier oder Gaze aus. Wenn die Pflanzenteile vernehmlich rascheln, ist die Trocknung abgeschlossen. Mehr als 90 % des ursprünglichen Wassergehaltes sind jetzt weg und machen die kostbaren Aromaträger unangreifbar für Schimmel- und Fäulnispilze.

Größere Kräuterportionen hängt man in Bündeln oder Sträußen an einem schattigen, luftigen Platz zum Trocknen auf. Zusätzliches oder gar forciertes Erwärmen schadet dem Wirkstoffgehalt meist. Anschließend werden die Blätter und Blüten vorsichtig von den Stängeln gestreift und in aromafesten Gefäßen (Blechdosen, Gläser) aufbewahrt. Alles Erntegut wird nach dem Sammeln sofort mit einem Etikett versehen, auf dem Pflanzenart, Herkunft und Datum vermerkt sind.

Manche Kräuter lassen sich nicht durch Trocknen konservieren (z. B. Basilikum). Dann hilft nur Einfrieren, am besten gleich in verwendungsgerechten Portionen. Diesen Kälteschlaf überstehen selbst sehr empfindliche Wirk- und Aromastoffe.

Das Wasser auf der Erde

Bedenken Sie beim nächsten Gießen Ihrer Gemüsebeete einmal Folgendes: Auf der Erde gibt es insgesamt ungefähr 1 348 120 000 Kubikkilometer Wasser. Aber: Nur 2,6 % davon sind Süßwasser – also etwa eine Tasse voll aus dem Gesamtvorrat eines Wassereimers. Das meiste davon – nämlich 2,2 % – ist aber gar nicht für den Wasserschlauch im Garten verfügbar, weil es in Polareis, Meereis und Gletschern gebunden ist oder dem tiefen Grundwasser angehört. Was am ständigen Wasserkreislauf teilnimmt, ist weniger als ein Fingerhut voll aus dem irdischen Wassereimer, und gerade verteilen Sie diese kostbare Winzigkeit portionsweise auf die Salatköpfe ...

Spotted Bikini – ein Sommercocktail für die Gartenparty

Zutaten (für 10 Portionen):
>   40 cl Wodka, 20 cl weißer Rum, 20 cl Milch, Saft von vier Zitronen,
>   zerstoßenes Eis, 1–2 reife Passionsfrüchte
>   (nur Samenmasse).

Zubereitung:
>   Spirituosen, Milch, Eis und Zitronensaft im Shaker mischen
>   und gründlich durchschütteln, in ein gekühltes Cocktailglas
>   füllen, Maracuja-Samen hinzufügen und mit einer aufgesteckten
>   Zitronenscheibe garnieren.

Nachwuchs vom Nachtisch

Von einer im Sommer gekauften (d. h. mit Sicherheit nicht dem Frost ausgesetzten) Ananas trennt man mit einem scharfen Messer den Blattschopf ab, legt die Sprossachse durch Entfernen von

124

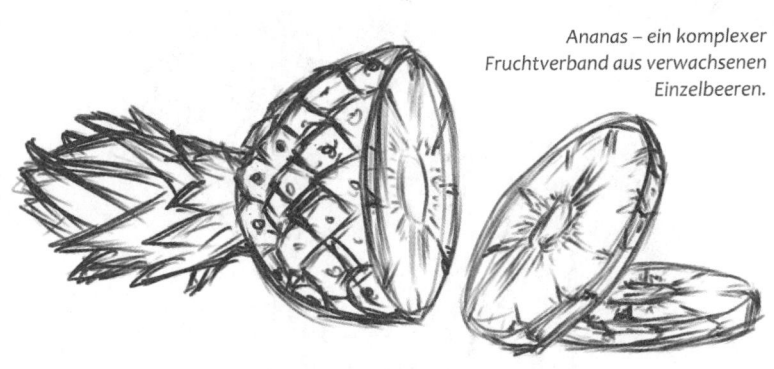

Ananas – ein komplexer Fruchtverband aus verwachsenen Einzelbeeren.

Fruchtfleischresten vorsichtig frei und entfernt die unteren 2–3 Reihen Schopfblätter durch Abziehen. Dann die Schnittflächen 2–3 Tage lang an der Luft abtrocknen lassen und anschließend in gut durchfeuchtete Anzuchterde pflanzen. Einen Klarsichtbeutel überstülpen, der für die Anwachsphase (Bewurzelung) die erforderliche hohe Luftfeuchtigkeit garantiert.

Weiche Schale, harter Kern oder umgekehrt

„An ihren Früchten werdet ihr sie erkennen", verspricht die Bibel (Matthäus 7,16), aber so einfach ist es nun auch wieder nicht. Mancherlei Verwirrung ergibt sich daraus, dass der bürgerliche vom botanischen Sprachgebrauch mitunter stark abweicht. Der folgende kleine Ausflug in die Anatomie der äußerst variantenreichen Früchte, mit dem Sie so manche (Garten-)Partywette gewinnen können, zeigt es überdeutlich:

- Eine Beere ist eine Frucht mit relativ dünner Fruchthaut, saftigem Fruchtfleisch und wenigen darin eingelassenen kleinen Samen. Diesem Bild entsprechen – botanisch völlig korrekt – unter anderem Johannisbeeren, Blaubeeren oder Weinbeeren. Die Ananas ist ein Beerenfruchtverband.
- Weinbeeren sind zwar auch als Weintrauben bekannt, aber mit Traube bezeichnet der Botaniker nur eine besondere Verzweigungsform. Das Fruchtensemble der Johannisbeeren ist eine richtige Traube, dasjenige der Weinbeeren aber eine Rispe.
- Richtige Beeren im botanischen Sinne sind auch Tomate, Gurke, Aubergine, Dattel, Banane, Kürbis und Melone.
- Erdbeeren heißen zwar so, sind aber botanisch keine Beeren, sondern

Kirschen: prall, rot, saftig – und somit Verführung pur.

Sammelnussfrüchte. Ihr köstliches Fruchtfleisch entsteht durch
Verdickung des Blütenbodens und nicht aus dem Fruchtknoten.

- Bei den Steinfrüchten vom Typ Kirsche, Pfirsich oder Pflaume bleibt
nur der äußere Teil der Fruchtwand saftig und fleischig, während
der innere ein festes, hart verholztes Gehäuse bildet, in dem der
nussartige Samen (Kern) geborgen ist. Zu dieser Bauart gehören
auch Walnuss und Kokosnuss sowie die Himbeere, wobei diese
eine Sammelsteinfrucht mit vielen kleinen süßen Einzelfrüchtchen
darstellt. Die Feige ist ein recht kompliziert aufgebauter
Steinfruchtverband.

- Bei den richtigen Nüssen verholzen alle drei Fruchtwandschichten
zu einer fallweise extrem harten Schale wie bei der Haselnuss, einer
der wenigen botanisch echten Nüsse. Die knallharten Paranüsse
sind dagegen stark verholzte Kapseln, die australische Macadamia
entwickelt sich als Balgfrucht. Nussverbände sind die Bucheckern und
die Ess-Kastanien.

- Begrifflich unsauber werden häufig die noch nicht vollreifen und als Gemüse verwendeten Früchte von Bohnen und Erbsen benannt: Beide gehören bekanntermaßen zu den Hülsenfrüchten, und ihre kennzeichnende Fruchtform ist demnach eine Hülse, aber selbst die sonst uneingeschränkt empfehlenswerte Kochliteratur von Viersterneköchen zitiert sie gerne als Schoten.

Zehn Schritte zum naturfreundlichen Garten

1. Kein Gift
2. Weniger Katzen
3. Hügel und Mulden anlegen
4. Wildstauden anpflanzen
5. Blumenwiese einrichten
6. Steinhaufen oder Trockenmauer vorsehen
7. Den Torf im Moor lassen
8. Gartenhecken pflanzen
9. Tierwohnungen für Singvögel, Igel und Insekten bauen
10. Wasserflächen anlegen

Bodengefüge

Unter dem Bodengefüge (= Bodenstruktur) versteht man die räumliche Anordnung der festen Bodenbestandteile. Die Hohlräume dazwischen bilden das Porenvolumen. Die Poren sind mit Luft- und/oder mit Wasser gefüllt. Vom Bodengefüge hängt der Wasser-, Luft-, Wärme- und Mineralstoffhaushalt des Bodens und damit seine Durchwurzelbarkeit bzw. Lebensraum von Bodenorganismen ab. Ein für das Pflanzenwachstum günstiges Bodengefüge besteht aus 50 % fester Substanz, 30 % Wasser und 20 % Luft.

Beim Einzelgefüge (Elementargefüge) liegen die festen Bodenteilchen lose nebeneinander – bei Trockenheit zerrieselt der Boden zwischen den Fingern wie Sand. Günstiger für das Bodenleben ist ein Krümelgefüge mit lockerer Anlagerung der mineralischen und organischen Teilchen.

Löchriger Grund: Porengrößen im Boden

Porengröße	Porendurchmesser in Mikrometer (mm)
Grobporen, weit	> 50
Grobporen, eng	10–50
Mittelporen	0,2–10
Feinporen	< 0,2

Prozentverteilung der Porengrößen in verschiedenen Böden

Bodenart	Porenvolumen	Grobporen	Mittelporen	Feinporen
Sandböden	46 ± 10	30 ± 10	7 ± 5	5 ± 3
Schluffböden	47 ± 9	15 ± 10	15 ± 7	15 ± 5
Tonböden	50 ± 15	8 ± 5	10 ± 5	35 ± 10
Hochmoor	85 ± 10	25 ± 10	40 ± 10	25 ±10

Porenvolumen und Porengröße sind von größter Bedeutung für die Bodendurchlüftung und die Durchwurzelung. Die feinen Wurzelhaare der Pflanze (Durchmesser > 10 Mikrometer) können nur zwischen Grobporen wachsen. Pilzhyphen (Durchmesser etwa 3–6 Mikrometer) und Bakterien (Durchmesser bis ungefähr 1 Mikrometer) können auch noch in Mittelporen leben.

Einteilung der Teilchengrößen von Böden nach DIN 4022

Lockermaterial		Durchmesser (mm)	Symbol	
Blöcke		> 200	B	
Gerölle	Steine	200–63	X	Bodenskelett
Grobkies		63–20	gG	
Mittelkies		6,3–20	mG	
Feinkies	Grus	2,0–6,3	fG	
Grobsand		0,63–2,0	gS	
Mittelsand	Sand	0,20–0,63	mS	
Feinsand		0,10–0,20	fS	
Feinstsand		0,063–0,10	ffS	
Grobschluff		0,020–0,063	gU	
Mittelschluff	Schluff	0,006–0,020	mU	Feinboden
Feinschluff		0,002–0,006	fU	
Grobton		0,0002–0,0063	gT	
Mittelton	Ton	0,0063–0,0002	mT	
Feinton		< 0,0002	fT	

Planwirtschaft auf den Gemüsebeeten

Ebenso wie man schon vor Jahrhunderten die Vorteile der Dreifelderwirtschaft für die Ertragsbildung entdeckte, lehrt die gärtnerische Erfahrung, dass man auch auf den Gemüsebeeten eine gewisse An-

baufolge einhalten soll, um die Bodenfruchtbarkeit zu erhalten.
Der Rhythmus der Beetbepflanzung könnte so aussehen:

1. Jahr	Stark zehrende Pflanzen: Blattgemüse Kohl-Arten, Mangold, Gurken, Lauch, Spinat, Sellerie, Tomaten

Mit frischem Stallmist kräftig düngen

2. Jahr	Mittelstark zehrende Pflanzen: Wurzelgemüse Möhren, Rote Bete, Rettich, Kopfsalat, Schwarzwurzel, Radieschen

Mit Kompost düngen

3. Jahr	Schwach zehrende Pflanzen: Hülsenfrüchte Erbsen, Ackerbohnen, Bohnen außerdem Zwiebeln

Nicht düngen

Bodenübungen

Beim Umgraben der Beete (vorzugsweise im Herbst) soll die Bearbeitungstiefe einem Spatenblatt entsprechen und etwa 25 bis 30 cm betragen.

Um tiefere Verdichtungen mit Spaten oder Grabegabel zu beheben, werden zwei althergebrachte gärtnerische Verfahren verwendet: Beim Holländern wird der Boden auf 2, beim Rigolen auf 3 Spatenstichtiefen umgegraben.

Holländern

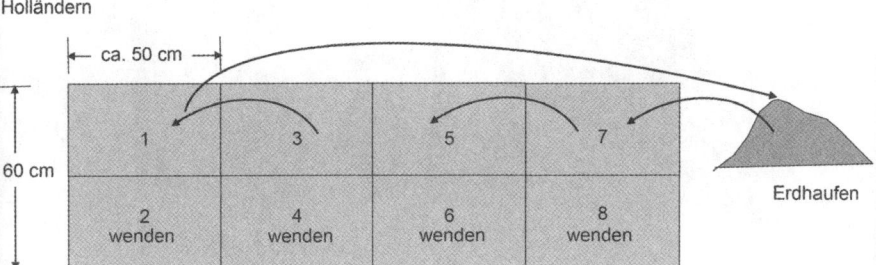

Holländern ist eine der Möglichkeiten, den Gartenboden umzugraben.

129

Die Große Brennnessel – nicht besonders beliebt, aber von vielfachem Nutzen.

Mineralische Nährlösungen

Nach den grundlegenden Arbeiten des Gießener Chemikers Justus von Liebig über die mineralische Pflanzenernährung entwickelten mehrere Pflanzenforscher schon Mitte des 19. Jahrhunderts besondere Nährlösungen, in denen man Pflanzen auch ohne Boden ernähren konnte. Gärtnerisch nennt man diese Anzuchtverfahren Hydroponie, vereinfacht Hydrokultur. Die ersten Rezepte stammen von Wilhelm Knop (Knop'sche Lösung). Eine wesentliche Verbesserung brachte die bis heute in der Hydrokultur verwendete Nährlösung nach dem Amerikaner Dennis R. Hoagland von 1874.

Was brennt an der Brennnessel?

Im Garten ist regelmäßig weniger erwünschter Wildwuchs zu entfernen, und dabei kann es mancherlei Probleme geben: Die unsachgemäße Handhabung der überaus spitzfindigen Dorn- und Stachelpflanzen, die sich so zuverlässig in Hemd, Hose und Haut verhaken, hat wohl schon so manchen leisen Fluch eines Hobbygärtners provoziert. Die Wehrhaftigkeit solcher Pflanzen ist jedoch meist so rechtzeitig und deutlich zu erkennen, dass man ihrer peinlichen Eindringlichkeit auch aus dem Wege gehen kann. Leider ist das jedoch nicht immer so: Die feinen Sticheleien der Brennnesseln umgeht man erst dann, wenn man damit bereits hautnahe Erfahrungen hinter sich hat.

Die Brennhaare der Brennnesseln sind besondere und außerordentlich interessante Abwehreinrichtungen – höchst eigenartige und technisch verblüffend funktionssicher konstruierte Gebilde, geradezu ein Geniestreich der Evolution. Jedes Brennhaar besteht aus einer besonders großen Zelle mit verdickter Basis und lang ausgezogener Spitze, an der seitlich ein kleines, rundliches Köpfchen ansitzt. Die kugelige Zellbasis, die in einem grünen Gewebehöcker steckt, ist betont elastisch. Der längliche Brennhaarteil ist dagegen starr und biegefest, die Spitzenregion sogar ausgesprochen spröde. Bei unvorsichtiger Berührung wird das Brennhaar augenblicklich kopflos – das Haarköpfchen bricht einfach weg und hinterlässt eine scharfkantige, ritzende Bruchstelle – ähnlich wie eine Glasampulle, der man zum Entleeren ein Ende weggebrochen hat. Das messerscharfe Ende dringt sofort und mühelos in die Haut ein. Hier entleert das entkopfte Brennhaar seinen Inhalt so, wie das Schreibpapier durch Kapillarwirkung die Tinte aus der Füllerfeder zieht. Meist wird es bei der Berührung auch noch leicht geknickt. Dabei gerät die verdickte Zellbasis unter Druck, gibt diesen an die Brennhaarkanüle weiter und entleert ihren gesamten Inhalt in die zuvor aufgeritzte Haut. Diese gesamte Attacke vollzieht sich in Sekundenschnelle – man spürt es eben sofort, wenn man bei der Brennnessel unliebsam Anstoß erregt hat. Augenblicklich rufen die injizierten Stoffe (unter anderem das biologisch hoch wirksame Histamin, ein hormonartiger Stoff) in der Haut mit Rötung, Schwellung, Erwärmung und Schmerz eine klassische Entzündungsreaktion hervor. Außerdem gehört zur chemischen Ausstattung der Brennhaar-Giftspritze die Substanz Acetylcholin, die buchstäblich auf die Nerven geht und sie stark erregt. Nur bei nackter Haut funktioniert dieser unfreundliche Empfang – Kleidung können die Brennhaare nicht durchdringen. Singvögel, die an den Brennnesseln herumturnen und die Samen fressen, sind durch ihr Gefieder geschützt und haben mit dieser Pflanze ebenso wenig Probleme wie eine dickfellige Katze, die im Brennnesseldickicht die Mäuse beschleicht. Auch die Raupen von Tagpfauenauge oder Kleinem Fuchs, die von Brennnesselblättern leben, sind für die winzigen Giftspritzen unerreichbar, denn sie sind viel zu klein.

Gehalt an Vitaminen (Auswahl)
von Obst und Gemüse aus dem Garten in je 100 g essbarem Anteil

Pflanze	A*	B1	B2	B6	C	E	H
Äpfel	90	0,04	0,02	0,03	5	0,3	0,001
Erdbeeren	60	0,03	0,07	0,04	60	-	0,0011
Johannis-beere (rot)	120	0,04	0,02	0,05	41	-	0,0026
Johannis-beere (schwarz)	220	0,05	0,03	0,08	136	-	0,0026
Kirschen	1 000	0,05	0,06	0,06	10	-	0,0004
Kartoffeln	5	0,11	0,04	0,2	20	0,06	0,0001
Kopfsalat	970	0,06	0,07	0,07	8	0,6	0,003
Möhre	-	0,06	0,06	0,12	20	0,45	0,003
Spargel	900	0,18	0,20	0,14	33	2,5	-
Spinat	8 100	0,1	0,2	0,2	51	2,5	0,007
Tomaten	900	0,06	0,04	0,1	23	0,27	0,004
Weißkohl	70	0,05	0,04	0,11	46	0,7	-

* angegeben als Internationale Einheiten (IE). Diese Größe wird von der Weltgesundheitsbehörde (World Health Organization, WHO) festgelegt und ist für jeden in der Medizin oder Ernährung verwendeten Stoff anders definiert. Im Fall der Vitamingruppe A ist 1 IE = 0,3 Mikrogramm Retinol +0,6 Mikrogramm b-Carotin. 1 Mikrogramm = 1/100 000 000 Gramm.

Früher verwendete Färberpflanzen

Vor der Erfindung synthetischer Farbstoffe im 19. Jahrhundert war
die Palette erzielbarer Farbtöne für Textilien oder andere Materialien
denkbar gering. Allerdings wurden in früherer Zeit verschiedene Beizen
erfunden, mit denen man die Farbtöne zum Teil stark verändern oder
vertiefen konnte. Etliche der traditionell eingesetzten Färberpflanzen
wurden auch in Bauerngärten gezogen. Viele dieser Arten finden sich bis
heute als Wildpflanzen in der freien Flur.

Art	verwendeter Pflanzenteil	Färbegut	Effekt
Bärentraube	Blätter	Wolle	ocker
Berberitze	Wurzelrinde	Leder	gelb
Besenginster	Blüten	Textilien	gelb
Birke	Borke	Textilien	rötlich
Brennnessel	Blätter	Textilien	gelb
Eberesche	Borke	Textilien	beige-braunrot
Eiche	Rinde	Textilien	braunrot
Färber-Ginster	Blätter	Textilien	gelb
Färberkamille	Blütenköpfe	Textilien	gelb
Färber-Resede	Blätter	Textilien	gelbgrün
Färber-Waid	Blätter	Textilien	jeansblau
Hartriegel	Blüten	Tee	goldgelb
Labkraut	Wurzeln	Textilien	rötlich
Löwenzahn	Blütenköpfe	Butter	gelb
Odermennig	Blüten	Textilien	gelb
Ringelblume	Blütenköpfe	Lebensmittel	gelb
Rittersporn	Blüten	Textilien	blau
Rosskastanie	Blätter	Textilien	gelb
Safran	Narben	Backwaren	goldgelb
Sal-Weide	Borke	Textilien	gelb-braun
Schafgarbe	Blätter	Textilien	braungelb
Schwarz-Erle	Borke	Textilien	schwarz
Walnuss	Blätter, Fruchtschale	Haare	braun
Wiesen-Kerbel	Blätter	Textilien	olivgrün
Wilde Malve	Blüten	Tee	rot

Gartenweisheiten –
bemerkenswerte Einsichten für
Herz und Verstand

In diesem Abschlusskapitel sind einige nette Wahrnehmungen aus oder über Gärten von A (wie Aphorismen) bis Z (wie Zitate) versammelt – gelegentliche und im Zettelkasten konservierte Fundstücke aus der reichlich vorhandenen Gartenliteratur.

Aphorismen sind etwas kurz Gesagtes als Ergebnis von lang Gedachtem. Erst seit wenigen Jahren sind diese oft verblüffenden, fallweise auch ironischen und fast immer in wohltuendem Wortwitz verpackten Mitteilungen in der Literaturwissenschaft als eigene Prosagattung anerkannt. Aus fast allen Jahrhunderten gibt es kernig-komprimierte Sätze zu Einschätzungen, Empfindungen, Erfahrungen oder Erkenntnissen auch aus Gärten, die wegen ihrer besonderen Nähe zu den Bedürfnissen des Alltags die Menschen schon immer stark beschäftigt haben. Aphorismen sind somit bemerkenswerte Kerngedanken oder gedankliche Kondensate – eben auf wesentliche Inhalte eingedampfte Erkenntnisse und Überlegungen. Es gibt sie für alle wesentlichen Lebensbereiche. Nicht nur Garten- oder generell Naturbegeisterte haben solche griffigen Botschaften zum kulturellen Erbe beigesteuert, sondern bezeichnenderweise auch viele Wissenschaftler, die kleine und kennzeichnende Bemerkungen über ihre jeweiligen Fachgebiete auf eine knappe, aber treffende Formel verkürzt haben. Es wäre überaus lohnend, die in der Literatur weit verstreute Aphoristik speziell zur Natur oder zu den Naturwissenschaften einmal nicht nur sammelnd-sichtend, sondern auch systematisch zu untersuchen.

Zum Begriff eines Aphorismus gehört, dass er sich auf ein oder zwei Sätze beschränkt. So manche mitteilenswerte Botschaft aus dem Garten erfüllt diese formalen Kriterien nicht unbedingt und könnte eher als Zitat aufgefasst werden. Die darin übermittelte Überlegung ist aber dennoch aufschlussreich. Deshalb unterscheidet die folgende kleine Anthologie nicht nach streng literaturwissenschaftlichen Kriterien, sondern reiht sie großzügig unsortiert aneinander.

Gott schütze diesen Erdball, die
Elefanten, die Wale, die Gemeine
Feldmaus ... Gott schütze sie alle –
vor uns!

Dieter Hildebrandt

Es ist wichtiger, dass jemand
sich über die Rose freut,
als dass er ihre Wurzeln unter
das Mikroskop bringt.

Oscar Wilde

In freier Luft, in frischem Grün,
Da wo die bunten Blümlein blühn,
In Wiese, Wäldern,
auf der Heide,
Entfernt von jedem
Wohngebäude,
Auf rein botanischem Gebiet,
Weilt jeder gern, der voll Gemüt.

Wilhelm Busch

Nur weil die Gewohnheit
abstumpft, wenn Bäume fallen
und Baukräne aufwachsen,
wenn Gärten asphaltiert werden,
ertragen wir das alles so
gleichmäßig.

Alexander Mitscherlich

Mit stillgewordenen Augen
betrachtete der Blumenvater
freundlich und forschend
das bescheidene Wunder;
ihm sandte jede Blüte errötend
ihren Abendgruß ins Herz.

Hermann Hesse

Die Sehnsucht, hier zu bleiben und
nichts im Garten zu verpassen,
der Wunsch, keiner knospenden
Pflanze Lebewohl sagen zu
müssen, ist fast ebenso groß wie
die Reiselust. Stärker als je weist
uns der Garten in alle Fernen
der Welt hinaus, und wundervoller
als je ruft er uns aus allen Fernen
der Welt zurück.

Karl Foerster

Überm Garten durch die Lüfte
Hört ich Wandervögel ziehn,
Das bedeutet Frühlingsdüfte,
Unten fängt's schon an zu blühn.

Joseph von Eichendorff

Der Boden ist der Quell aller Güter.

Justus von Liebig

Die Herzen sind wie Blumen: Dem
leise fallenden Tau stehen
sie offen, aber vor dem Platzregen
verschließen sie sich.

Jean Paul

Keinem Gärtner verdenk ich's,
dass er die Sperlinge scheuchet;
Doch nur Gärtner ist er, jene gebar
die Natur.

Johann Wolfgang von Goethe

Der Garten ist der Zufahrtsweg
zur Natur.

Richard von Weizsäcker

Ein Menschheitstraum: die Erde in einen blühenden Garten verwandeln. Wer Träume verwirklichen will, muss wacher sein und tiefer träumen als andere.

Karl Foerster

Seltsamerweise besitzen die Pflanzen auf ihrer reichen Farbpalette keine Farbstoffe für Schwarzmalerei.

Adolf Portmann

Die meisten Krankheiten haben ihre Ursache in der Entfernung des Menschen von der Natur.

Sebastian Kneipp

Die Natur hat zehntausend Farben, und wir haben uns in den Kopf gesetzt, ihre Skala auf zwanzig zu reduzieren.

Hermann Hesse

In der Enge unseres heimatlichen Gartens kann es mehr Verborgenes geben als hinter der Chinesischen Mauer.

Antoine de Saint-Exupéry

Was wir wissen, ist ein Tropfen, was wir nicht wissen, ein Ozean.

Isaac Newton

Die billigsten Gartenbücher kommen uns am teuersten zu stehen: die Kataloge der Versandgärtnereien. Gratis lässt man uns schwelgen und träumen, aber die verlockend moderaten Einzelpreise summieren sich unversehens zu gewaltigen Beträgen, wenn wir alles ankreuzen, was wir unbedingt brauchen, und dazu noch das, was wir immer schon haben wollten, und auch das, worauf uns der Katalog soeben erst neugierig gemacht hat.

Jürgen Dahl

Wenn ich wüsste,
dass morgen die Welt untergeht,
würde ich heute noch ein
Apfelbäumchen pflanzen.

Martin Luther

Der seelenloseste Garten braucht nur zu verwildern, um sich zu beseelen.

Hugo von Hofmannsthal

Nur mit Arbeit früh bis spät
Wird es dir geraten.
Alle seh'n das Blumenbeet.
Niemand sieht den Spaten.

Sinnspruch an der Gartentür eines Hobbygärtners

Ich brauche zum Gartentor drei Sekunden – und Sie?

Hinweisschild mit Hundekonterfei an einem Hausgarten

Im kleinsten Raum pflanz einen Baum
Und pflege sein. Er bringt dir's ein.

Johann Wolfgang von Goethe

In der Erde und Pflanzenwelt
hat sich nichts verändert,
seit wir Kinder waren.
Das beruhigt.

Hermann Hesse

Die meisten verstehen nur
die Frakturschrift im Buche
der Schöpfung und übersehen
die kleine Perlschrift auf
Wiesen, Blumen und
Schmetterlingsflügeln.

Adalbert Stifter

Wer mit einem Baum sprechen
kann, braucht keinen Psychiater.
Nur meinen die meisten Menschen
das Gegenteil.

Phil Bosman

Es liegt … in der Bestimmung des
Menschen, nur in der natürlichen
Gemeinschaft mit Pflanzen und
Tieren, Wind und Wasser, Himmel
und Erde wahrhaft Mensch sein zu
können.

Klaus Michael Meyer-Abich

Du darfst ruhig Blume zu mir
sagen.

Das Stinktier zu Bambi (Walt Disney)

Die Seele wird vom Pflaster-
treten krumm.
Mit Bäumen kann man wie
mit Brüdern reden
Und tauscht bei ihnen seine
Seele um.
Die Wälder schweigen. Doch

sie sind nicht stumm.
Und wer auch kommen mag,
sie trösten jeden.

Erich Kästner

Beiß' nicht gleich in jeden Apfel!

Wencke Myrhe

Der Mörder ist immer der Gärtner.

Reinhard Mey

Hüte, hüte den Fuß und die Hände,
Eh' sie berühren das ärmste Ding!
Denn du zertrittst eine hässliche
Raupe
Und tötest den schönsten
Schmetterling.

Theodor Storm

Wie Blüten gehen Gedanken auf,
Hundert an jedem Tag –
Lass blühen! Lass den Dingen
den Lauf!
Frag nicht nach dem Ertrag!

Hermann Hesse

In einem Garten ging die Welt
verloren,
in einem Garten wurde sie erlöst.

Blaise Pascal

Energie kommt von der Sonne, aber
ohne grüne Pflanze wäre sie von
den Steinen empfangen, zerstreut
worden und hätte die Entropie
der Welt vermehrt. Das Leben ist
ein Widerstand gegenüber den
Gewinnen der Entropie.

Antoine de Saint-Exupéry

In allem, was die Natur hervorbringt,
ist etwas Bewundernswertes.
Aristoteles

Die Natur entspricht unserem Wissen,
weil unser Wissen der Natur
entspricht.
Erwin Chargaff

Die Beschäftigung mit Erde und
Pflanzen kann der Seele
eine ähnliche Entlastung und Ruhe
geben wie die Meditation.
Hermann Hesse

Schöne Blömkes un schöne
Miäkens staoht nich lange.
Redensart aus dem Münsterland

Ich habe heute ein paar Blumen
für dich nicht gepflückt,
um dir ihr Leben mitzubringen.
Christian Morgenstern

Nichts ist so unnütz,
dass es nicht noch als schlechtes
Beispiel dienen kann.
*Auch auf Gärten anwendbare Büro-
weisheit*

Die Hortensie führt ihren Gartenstandort sogar im Namen.

Gärten sollen wie hübsche,
gut proportionierte Mädchen
sein – angenehme Rundungen,
verschwiegene Winkel,
unerwartete Ablenkungen,
verführerische Überraschungen
und dann noch mehr Rundungen.

Henry Bates

Hätte es doch im Garten Eden bloß
nicht diesen Obsttag gegeben!

Klaus Kages

Der Herbst ist auch deswegen
ein zweiter Frühling,
weil jedes bunte Blatt aussieht
wie eine Blume.

Albert Camus

Wo die Natur nicht will,
ist die Arbeit vergebens.

Seneca

Dumme rennen, Weise warten,
Kluge gehen in den Garten.

Indisches Sprichwort

Solange Adam allein war,
war der Garten Eden ein Paradies.

Werner Mitsch

Das Schönste, was wir ent-
decken können,
ist das Geheimnisvolle.

Albert Einstein

Die Natur ist das einzige Buch,
das auf allen Blättern großen
Inhalt bietet.

Johann Wolfgang von Goethe

Schön ist eigentlich alles,
was man mit Liebe betrachtet.

Christian Morgenstern

Wir sind der Natur gefährlicher
geworden als sie uns je war.

Hans Jonas

Wohlvertraut mit allen Rätseln
Aller Kräuter und Gewächse,
Weiß sie Heiltrank zu bereiten
Und man nennt sie – eine Hexe.

Friedrich Wilhelm Weber

Eine hässliche Frau ist der beste
Zaun um den Garten.

Denis Diderot

Unkraut ist die Opposition
der Natur gegen die Regierung
der Gärtner.

Oskar Kokoschka

Ein Gärtner soll den Garten nur
so groß bemessen,
dass seine Frau ihn bearbeiten
und pflegen kann.

Anonymus

Weit und schön ist die Welt, doch
o wie dank ich dem Himmel,
Dass ein Gärtchen, beschränkt,
zierlich, mein eigen gehört.
Bringet mich wieder nach Hause!
Was hat ein Gärtner zu reisen?
Ehre bringt's ihm und Glück, wenn
er sein Gärtchen versorgt.

Johann Wolfgang von Goethe

140

Nicht jeder Mist ist ein Dünger.
Erwin Chargaff

Wir kommen aus der Erde, wir
kehren zur Erde zurück,
und zwischendurch sind wir im
Garten.
Anonymus

Langeweile ist etwas,
was der Garten nicht kennt.
Sie ist eine Erfindung der Städter.
Hermann Hesse

Gerade das Schöne der Blumen ist
oft völlig zwecklos.
Doch zwecklos heißt nicht sinnlos.
Adolf Portmann

Der Tropfen auf den heißen Stein
kann der Beginn eines
ergiebigen Landregens sein.
Anonymus

Und auch diese sind gärtnerisch-
bäuerliche Einsichten und Bos-
bzw. Weisheiten:

Fällt Juniregen in den Roggen,
bleibt der Weizen auch nicht
trocken.
Auf März folgt stets April,
das ist so der Kalenderwill.
Geraten sehr wohl die Hopfen und
Reben,
so wird's danach wohl viel
Räusche geben.
Eine Geliebte ist Milch, eine Braut
Butter, eine Ehefrau Käse.

Literatur

Birkenbeil, H. (Hrsg.): Schulgärten. Planen und anlegen, erleben und erkunden, fächerverbindend nutzen. Stuttgart 1999

Boomgarden, H., Oftring, B., Ollig, W.: Natur sucht Garten. Stuttgart 2011

Bundesamt für Naturschutz (Hrsg.): Daten zur Natur 2008. Bonn 2008

Bund Heimat und Umwelt in Deutschland (Hrsg.): Wie Ernährung unsere Landschaft formt. Bonn 2013

Bund Heimat und Umwelt in Deutschland (Hrsg.): Naturschutz vermitteln in Friedhofs- und Parkanlagen. Bonn 2009

Carroll-Spillecke, M., Higonot, J. C.: Der Garten von der Antike bis ins Mittelalter. Darmstadt 1995

Dahl, J.: Nachrichten aus dem Garten. Praktisches, Nachdenkliches und Widersetzliches aus einem Garten für alle Gärten. München 1989

Dahl, J.: Neue Nachrichten aus dem Garten. Praktisches, Nachdenkliches und Widersetzliches aus einem Garten für alle Gärten. München 1990

Dahl, J.: Zeit im Garten. Zwölf Gänge durch den Garten am Lindenhof und anderswo. München 1994

Foerster, K.: Freude und Ärger im Garten. 3. Aufl., Stuttgart 2007

Goulson, D.: Und sie fliegt doch. Eine kurze Geschichte der Hummel. München 2014

Hauschild, S.: Der Zauber von Klostergärten. München 2013

Hensel, W.: Wächst nicht gibt's nicht. Antworten auf die 100 wichtigsten Gartenfragen. Stuttgart 2012

Hücking, R.: Mit Goethe im Garten. Inspiration und grünes Wissen aus der Goethezeit. München 2013

Kremer, B. P.: Wasser! Naturstoff – Lösemittel – Lebensraum. Baltmannsweiler 2010

Kremer, B. P.: Blütengeheimnisse. Wie Pflanzen werben, locken und verführen. Bern 2013

Kremer, B. P.: Mein Garten – ein Bienenparadies. Die 200 besten Bienenpflanzen. Bern 2014

Kremer, B. P.: Kulturlandschaften lesen. Vielfältige Lebensräume erkennen und verstehen. Bern 2015

Kremer, B. P., Oftring, B.: NaturGenies. Die verblüffenden Tricks der Pflanzen und Tiere. Berlin 2010

Kremer, B. P., Richarz, K.: Ins Bockshorn gejagt. Tierische Sprichwörter und blumige Redewendungen. Darmstadt 2015

Kulturstiftung Dessau-Wörlitz (Hrsg.): Unendlich schön: Das Gartenreich Dessau-Wörlitz. 3. Aufl., Berlin 2014

Lohmann, M.: Naturinseln in Stadt und Dorf. München 1986

Markl, H.: Natur als Kulturaufgabe. Über die Beziehungen des Menschen zur lebendigen Natur. Stuttgart 1986

Quadbeck-Seeger, H.-J.: Zwischen den Zeichen. Aphorismen über und aus Natur und Wissenschaft. Weinheim 1988

Quadbeck-Seeger, H.-J.: Aphorismen und Zitate über Natur und Wissenschaft. Weinheim 2013

Richarz, K.: Natur rund ums Haus. Tiere im Garten kennenlernen und erleben. Stuttgart 2010

Rose, G.: Der romantische Garten. München 1989

Roth, H.-J., Richter, W.: Schöne alte Klostergärten. Würzburg 1998

Stengel, H. (Hrsg.): Mit Wilhelm Busch im Garten. Düsseldorf 1990

Stevenson, V.: Der schöne wilde Garten. München 1985

Straße der Gartenkunst zwischen Rhein und Maas e. V. (Hrsg.): Gärten und Parks an Rhein und Maas. 2. Aufl., Duisburg 2006

Thomas, A.: Gärtnern für Tiere. Das Praxisbuch für das ganze Jahr. Bern 2013

Wöbse, H.: Landschaftsästhetik. Über das Wesen, die Bedeutung und den Umgang mit landschaftlicher Schönheit. Stuttgart 2002

Bildnachweis

7 Tor: Moljavka @ shutterstock.com | 9 Gartengeräte: bioraven @ shutterstock.com | 12 Hängende Gärten: garanga @ shutterstock.com | 17 Feige_Fig_Ficus: Bob Burkhardt @ Wikimedia Commons | 19 Apfel: Chrizz~commonswiki @ Wikimedia Commons | 24 Bauerngarten: WolfD59 @ Wikimedia Commons | 28 Koloquinte: Fæ @ Wikimedia Commons | 32 Erdnuss: Editor at Large @ Wikimedia Commons | 35 Göttin Flora: Eugene a @ Wikimedia Commons | 41 Pilz: Oksmith @ Wikimedia Commons | 46 Rose: Ashaio @ Wikimedia Commons | 51 Rotbuche: Kilom691 @ Wikimedia Commons | 51 Hainbuche: ArtMechanic @ Wikimedia Commons | 54 Stiefmütterchen: anemad @ shutterstock.com | 58 Brokkoli: OpenClipart-Vectors @ pixabay.com | 62 Lavendel: Yudina Anna @ shutterstock.com | 65 Petersilie: Nadezhda Shoshina @ shutterstock.com | 70 Gartenrotschwanz: Dn Br @ shutterstock.com | 74 Honigbienen: Grafissimo @ istockphoto.com | 76 Maulwurf: Jarlhelm @ Wikimedia Commons | 84 Schmetterlinge: MagentaGreen @ Wikimedia Commons | 86 Göttin Demeter: OpenClipart-Vectors @ pixabay.com | 88 Autor | 91 Gartenarbeit: Canicula @ shutterstock.com | 94 Sumpf-Schwertlilie: Topjabot @ Wikimedia Commons | 98 Erdbeere: FloraUploadR @ Wikimedia Commons | 101 Schrebergarten: Lorelyn Medina @ shutterstock.com | 106 Erbse: PatríciaR @ Wikimedia Commons | 109 Pflanze im Topf: IRINA OKSENOYD @ shutterstock.com | 112 Mauerpflanze: Anna Pavlyuk @ shutterstock.com | 115 antikes Barometer: duncan1890 @ istockphoto.com | 118 Anis: Topjabot @ Wikimedia Commons | 122 Kalender: ³~commonswiki @ Wikimedia Commons | 125 Ananas: Polina Maltseva @ shutterstock.com | 126 Kirsche: Bob Burkhardt @ Wikimedia Commons | 129 Autor | 130 Brennessel: Augiasstallputzer~commonswiki @ Wikimedia Commons | 134 Monet: Ralf Roletschek @ Wikimedia Commons | 139 Hortensie: Karen Arnold @ publicdomainpictures.net | 144 Gartenschaukel: ArtMari @ shutterstock.com